ESSAI
SUR
L'ESTHÉTIQUE DE DESCARTES

ÉTUDIÉE

DANS LES

RAPPORTS DE LA DOCTRINE CARTÉSIENNE

AVEC LA

LITTÉRATURE CLASSIQUE FRANÇAISE AU XVIIᴱ SIÈCLE

PAR

ÉMILE KRANTZ

ANCIEN ÉLÈVE DE L'ÉCOLE NORMALE SUPÉRIEURE
AGRÉGÉ DE PHILOSOPHIE
MAÎTRE DE CONFÉRENCES A LA FACULTÉ DES LETTRES DE NANCY
DOCTEUR ÈS LETTRES

PARIS
LIBRAIRIE GERMER BAILLIÈRE ET Cⁱᵉ
108, boulevard Saint-Germain, 108
—
1882

A MONSIEUR PAUL JANET

MEMBRE DE L'INSTITUT

PROFESSEUR A LA FACULTÉ DES LETTRES DE PARIS

HOMMAGE DE RESPECT ET DE RECONNAISSANCE

ÉMILE KRANTZ.

ESSAI

SUR

L'ESTHÉTIQUE DE DESCARTES

AVANT-PROPOS.

Il manque au Cartésianisme une Morale et une Esthétique. Sur la question du Bien, Descartes n'a guère écrit que ses trois règles, annoncées comme provisoires, mais par le fait définitives (1). Sur la question du Beau, rien (2).

De ces deux lacunes du système, c'est la première seule que les disciples semblent avoir remarquée et tenté de combler. Les plus grands, c'est-à-dire les plus libres, Pascal, Malebranche et Spinoza ont fait dans leur philosophie la plus large place à cette morale à qui le maître l'avait promise, sans la donner. Mais on sait que chacun d'eux a bien moins continué l'œuvre propre de Descartes, dans son sens primitif, qu'édifié par-dessus ses principes une métaphysique et une morale personnelles. De sorte que leurs théories, si dissemblables d'ailleurs, ne peuvent passer ni l'une ni l'autre pour la véritable morale

---

(1) Dans les lettres à la princesse Élisabeth, qui sont un commentaire du traité « *de vita beata* » de Sénèque, Descartes ne fait guère que développer et expliquer les préceptes déjà si stoïciens du *Discours de la méthode*.

(2) Paul Janet. *De la dialectique de Platon et de Hégel*.

cartésienne. Elles ne sont que des interprétations originales, diverses, infidèles même et que Descartes le premier eût sans doute désavouées.

Quant à l'Esthétique, jusqu'au père André, qui est du siècle suivant, personne n'y pense. Le premier effort pour résoudre philosophiquement la question du Beau date de 1739. Encore cet essai, de l'aveu de l'auteur, est-il inspiré surtout de saint Augustin. Ainsi, la philosophie de l'art semble avoir tiré moins encore de la Métaphysique de Descartes que la philosophie des mœurs. De ce côté nous ne trouvons même pas l'équivalent du *Traité théologico-politique* de Spinoza ou du *Traité de morale* de Malebranche, c'est-à-dire un développement même arbitraire et indocile des principes cartésiens dans le sens de l'Esthétique.

Est-ce à dire pourtant que le Cartésianisme pour s'être ainsi désintéressé de la théorie du Beau soit resté sans influence sur l'art contemporain? Loin de là.

Toute métaphysique implique plus ou moins une esthétique. S'il ne plaît point au métaphysicien de la dégager lui-même et de lui donner une forme explicite, elle n'existe pas moins au fond du système, comme conséquence incluse et comme développement possible. Car le double objet que se propose le métaphysicien, c'est d'étudier d'abord l'essence des choses, puis nos moyens de les connaître. Or, une définition de l'Être renferme nécessairement celle d'un type de beauté, puisqu'elle institue une hiérarchie entre les êtres par la seule évaluation qu'elle en fait. D'autre part, une détermination des facultés du moi établit aussi entre elles une hiérarchie qui correspond à celle des êtres et leur attribue d'autant plus de valeur que les êtres qu'elles nous font connaître sont placés à un rang plus élevé. De cette symétrie des êtres et des facultés on tire cette double notion : ce qu'il est beau et bon d'être, ce qu'il est beau et bon de connaître. Étudier ce que sont les choses, c'est les étudier dans leurs différentes manières d'être, et la beauté en est une.

Si l'on s'arrête, comme certaines philosophies, à la manière de voir subjective et qu'on n'aille pas jusqu'à l'affirmation et jusqu'à l'analyse d'un beau extérieur, on trouve encore dans le moi et sans en sortir, une interprétation individuelle des choses qu'il appelle le sentiment du beau et qu'il faut tout de même expliquer. Ainsi, toute doctrine philosophique, même la plus limitée du côté de l'idéal, renferme une sorte d'esthétique latente, qu'à défaut de cette philosophie même, la critique de cette philosophie en peut tirer.

Bien plus, avant cette application toujours tardive et rétrospective de l'analyse à un système, il arrive souvent que les artistes contemporains du système s'inspirent inconsciemment de cette esthétique latente qu'il recèle et la réalisent dans leurs œuvres. Ainsi, il y a un art chrétien, sans esthétique chrétienne. De même, il y a, nous semble-t-il, un art cartésien. Le XVIIe siècle littéraire a réalisé de tout point cette esthétique cartésienne dont Descartes n'a pas écrit le premier mot.

Le but de ce travail est de montrer que le genre

classique français peut s'expliquer comme *expression esthétique de la doctrine cartésienne*, et que si Descartes n'a rien dit du Beau, il a produit néanmoins par la discipline intellectuelle que sa méthode a imposée aux esprits de son siècle, un certain type de beauté original et magistral : plus heureux par cette influence indirecte sur les artistes et plus fécond que beaucoup d'esthéticiens postérieurs qui, à l'inverse, ont formulé des théories de l'art que l'art n'a jamais consacrées par le succès de la pratique.

ESSAI

SUR

L'ESTHÉTIQUE DE DESCARTES

ÉTUDIÉE

DANS LES

RAPPORTS DE LA DOCTRINE CARTÉSIENNE

AVEC LA

LITTÉRATURE CLASSIQUE FRANÇAISE AU XVIIe SIÈCLE.

LIVRE Ier.

IDÉE GÉNÉRALE DU LIVRE.

I.

La philosophie de la littérature. — Rapports de la conception idéale du Beau dans les arts avec la Critique.

Quand une révolution s'accomplit dans la conception du beau et par suite dans l'expression du beau par l'art, on y voit correspondre une révolution symétrique et presque toujours simultanée dans la manière de sentir le beau et de juger les œuvres d'art. Quand les génies créateurs, ou simplement les talents producteurs abandonnent une veine réputée vieillie et vont puiser l'inspiration à des sources inconnues, les esprits critiques sont bien tenus de les suivre, et, sous peine de ne rien comprendre, de trouver pour une nouvelle forme du beau une nouvelle formule du goût.

Sont-ce les artistes qui les premiers proposent aux critiques les nouveautés, ou les critiques qui les réclament des artistes, peu importe : toujours est-il que les juges, les théoriciens, les historiens de l'art sont nécessairement subordonnés aux producteurs et forcés de s'assouplir pour les comprendre, les interpréter et les expliquer, même quand ils ne les admirent pas.

On insistera plus loin sur cette solidarité continue entre les idées qui inspirent les chefs-d'œuvre et les principes qui règlent la critique ; elle se prouvera par le détail des faits. Constatons dès maintenant et d'avance, que ces idées comme ces principes sont également variables et soumis ensemble à une sorte d'évolution historique.

Par exemple, les codes de Boileau ne sont pas valables pour le drame romantique, et ce serait commettre un anachronisme inique et ridicule que de mesurer Hernani avec la règle des unités. Réciproquement, nous ne goûtons plus la tragédie classique comme ont fait nos pères : elle en est arrivée à nous toucher moins à la représentation qu'à la lecture. C'est au point que des amis aussi éclairés que respectueux du XVIIe siècle ont pu agiter la question de savoir si le vrai culte de Corneille et de Racine et le souci de leur prestige n'exigeraient pas bientôt qu'on ne les jouât plus.

Il semble donc que ce qui reste fixe dans l'esprit humain, c'est moins l'idée que l'amour et le besoin du beau. Si en effet on entendait par idée du beau un type immobile et toujours identique à lui même, les formes sensibles par lesquelles cette idée s'exprime — et qui sont comme les reproductions dont elle est l'original —

seraient, elles aussi, identiques et immobiles. Les œuvres d'art se ressembleraient toutes entre elles, ressemblant à un modèle commun ; l'art n'aurait point d'histoire ; il ne porterait point la marque des temps et des lieux, et l'originalité, qui atteste l'indépendance des individus à l'égard de l'idéal, serait remplacée par la monotonie d'une forme unique de perfection universelle.

De même, du côté de la critique, ce qui reste fixe, ce n'est pas la règle même avec laquelle elle juge, mais le besoin d'une règle et l'adaptation de cette règle aux transformations successives de la beauté.

Le goût n'est pas toujours le même, mais il y a toujours un goût, et qui semble le bon à ceux qui l'ont, tant qu'ils l'ont.

Pour qui se tient au-dessous de la sphère plus ou moins inaccessible des choses en soi, et ne spécule pas a priori sur le beau absolu, il semble que la seule loi qui ne change pas soit justement la loi du changement, et que la seule vérité fixe soit notre éternelle conception d'une fixité absolue, et notre impuissance éternelle d'y atteindre.

Les deux grands siècles qui ont précédé le nôtre, et surtout le premier des deux, avaient plus de confiance que nous dans l'existence d'un fond universel ; ils croyaient du moins le toucher plus souvent et plus vite. Les substances les intéressaient plus que les phénomènes ; leur vue était tournée à saisir plutôt les ressemblances des choses que leurs différences ; de là cette tendance à chercher et cette facilité à trouver en tout l'essence, l'élément général. Ainsi au XVIIe siècle, avec Boileau, et même au XVIIIe, avec Voltaire, on pensait volontiers que le beau, et ce qui juge du beau, le goût, procèdent de la raison absolue et sont absolus comme elle : on s'appliquait en conséquence à trouver du beau et du goût des formules, des définitions auxquelles on attribuait une valeur et une portée universelles.

Notre époque au contraire, tout éprise de la méthode inductive et des procédés de l'histoire, n'admet plus ces généralisations a priori qui ne tiennent compte ni du temps, ni du lieu, ni des influences extérieures et des différences qu'elles font naître. On aime mieux aujourd'hui faire l'histoire du goût que le définir ; au lieu de déterminer par un effort subjectif de la raison ce que doivent être partout, toujours et dans tous les genres, les éléments constitutifs du beau, on trouve plus sûr et plus profitable d'étudier, par l'analyse et l'observation, ce qu'ont été les belles choses, et pourquoi les contemporains, pourquoi la postérité les ont estimées belles. Au lieu de détacher quelques chefs-d'œuvre arbitrairement choisis et de les admirer isolément au mépris du reste, on préfère suivre le cours des âges, assister au spectacle continu de l'esprit humain se donnant les plaisirs esthétiques dans la mesure de ses facultés et de ses ressources matérielles, s'exprimant par des formes successives, différentes et inégales, mais aussi intéressant, aussi instructif, et, pour certains, aussi estimable dans ses tâtonnements et dans ses mécomptes que dans ses phases d'épanouissement et de glorieuse fixité.

Alors de cette longue suite d'efforts plus ou moins heureux, qui sont attestés et exprimés par la série des productions de l'art, de la littérature, de la spéculation, s'élève comme une philosophie. L'esprit humain, de ce haut point de vue, ne se contente pas de contempler et de sentir ; il veut aussi comprendre et expliquer. L'émotion ne lui suffit plus ; il lui faut aussi l'intelligence. Invinciblement et en raison de sa constitution même, il transporte dans ce champ de la fantaisie, de l'indépendance, de la liberté créatrice, ses notions rigoureuses de causes et d'effets, de lois et d'accidents ; au-delà de la pure jouissance esthétique, qui ne fait que constater la beauté et s'en enchanter, il conçoit une seconde jouissance non moins vive, mais plus savante, et qui consiste à se rendre compte de la première. Il suppose aux manifestations sensibles de l'art je ne sais quels dessous scientifiques (comme le tempérament de l'artiste, l'hérédité, le milieu, etc.) qui provoquent sa curiosité comme un problème à résoudre et dont la solution semble lui devoir livrer le comment et le pourquoi.

Voilà l'ambition originale et la tentative de notre temps : porter partout l'esprit scientifique et l'esprit critique et en arriver à mettre le plaisir intellectuel, non pas dans le plaisir même, mais dans la conscience, l'analyse et l'explication de son plaisir. Voilà pourquoi après l'histoire, après l'art, après le droit, après la philosophie qui coexistaient isolément et se suffisaient ainsi autrefois, on a voulu de nos jours la philosophie de l'histoire, la philosophie du droit, la philosophie de l'art, et même la philosophie de la philosophie, puisque ce qu'on appelle l'histoire des systèmes n'est pas autre chose.

Voilà pourquoi enfin, après la littérature, il s'est fait une place pour la philosophie de la littérature.

Il n'est pas à propos d'indiquer ici les causes et les phases de cette évolution ; mais il importe de préciser ce que signifie cet envahissement par la philosophie de tous les domaines de l'esprit naguère distincts et indépendants.

La philosophie de la littérature n'est qu'un cas particulier de cette application universelle de l'esprit et des méthodes philosophiques, et cet essai n'est à son tour qu'un cas particulier de la philosophie de la littérature. Ce sera se conformer aux lois de la logique cartésienne elle-même que de commencer par les notions les plus simples et les plus compréhensives, et d'éclairer d'abord ce sujet spécial d'une sorte de lumière générale, en faisant voir à quel titre la philosophie s'introduit dans la critique littéraire, quelles nouveautés elle y apporte et dans quelle mesure elle s'y mêle.

II.

Caractères généraux de l'esprit classique, communs à la philosophie et à la littérature. — Comment l'esprit classique lui-même, en séparant la littérature de la philosophie, n'a pas pu suggérer à Descartes la conception d'une science du Beau.

Au XVIIe siècle, la forme de l'esprit français a été la forme classique. Le nom est consacré par l'usage et de plus en plus par l'antithèse avec la forme romantique qui a suivi. Cette forme classique caractérise aussi bien la philosophie que la littérature. Aussi bien et à peu près en même temps que la littérature, la philosophie rationaliste et a priori, qui venait de Descartes, a été renouvelée par une autre philosophie, critique et expérimentale, qui a joué par rapport à elle le rôle du romantisme.

Grâce à l'opposition si accusée entre ces deux régimes consécutifs de la pensée française, nous pouvons nous faire une idée plus exacte du premier, et prendre conscience de lui, mieux que lui-même ne pouvait le faire.

Or, ce qui nous frappe dans les habitudes de l'esprit au temps de Descartes, c'est un goût universel et presque toujours exclusif pour l'analyse. Jamais à une autre époque l'intelligence humaine ne s'est tant appliquée à diviser sa tâche, à limiter son objet, à s'isoler dans des catégories instituées par elle, enfin à séparer absolument les genres et à ériger cette séparation en loi suprême pour la recherche du vrai comme pour l'invention du beau. « Diviser les difficultés, » voilà le grand précepte, et il vient de Descartes. C'était, comme l'on sait, une réaction contre les tendances de l'âge précédent.

La Renaissance avait été une poursuite tumultueuse et téméraire de la vérité et de la beauté dans tous les sens. Au sortir de la longue tristesse du Moyen-Age, l'esprit humain s'était précipité à la fête de nouveauté où le conviait l'antiquité renaissante avec une hâte et une intempérance d'enfant. Après les siècles d'ascétisme imposés à la pensée et au cœur par la sécheresse scholastique, les hommes étaient avidement accourus au grand banquet du XVIe siècle. Ils y avaient touché et goûté à tout, fascinés par l'abondance, égarés par la variété et ne sachant par où commencer; tour à tour, ils avaient tendu les deux mains à l'art, à la science, à l'érudition, à la philosophie et s'étaient enivrés du mélange de tous ces vieux vins, trop forts pour leurs jeunes cerveaux. Aussi le caractère de la Renaissance est-il une prodigue confusion. Les grands hommes de ce temps sont tous des encyclopédies.

Marguerite de Navarre, qui personnifie si exactement l'époque — parce qu'étant femme elle s'assimile avec une docilité plus exacte toutes les nouveautés, et parce que, manquant d'originalité personnelle, elle reflète plus sincèrement les traits communs aux esprits d'alors, — la Marguerite des Marguerites est à la fois prosateur et poëte, érudite et diplomate, mystique et libre-penseuse, théologienne orthodoxe avec Briçonnet et protestante avec Marot ; elle lit Platon en grec et la Bible en hébreu ; elle a un maître de géométrie et un maître de musique.

Rabelais mène de front, dans ses livres, les questions politiques, les questions sociales, les questions religieuses, l'éducation, l'art, la médecine, la guerre et le droit.

Montaigne, plus que les autres encore, dit son mot sur toute chose et s'il conclut par le fameux : « Que sais-je ? » c'est justement parce qu'il sait trop. Son savoir embarrasse sa raison : Descartes le prouvera.

Contre cette impatiente présomption, contre cette généreuse mais turbulente indiscipline du XVIe siècle, il se fait au commencement du XVIIe, dans un sens tout opposé, une solennelle réaction, dont le Discours de la méthode nous apparaît comme le majestueux mot d'ordre. Ce ton grave et abstrait, cette tenue rigoureuse de la pensée, cette impassibilité de la déduction qui va droit son chemin vers une ou deux questions nettement posées, sans se laisser distraire de sa ligne par le hasard de la rencontre ou les séductions de la curiosité ; enfin ce parti pris de diviser les difficultés, de s'appliquer à un seul objet pour le bien embrasser, de s'abstraire, de s'isoler, de se simplifier soi-même en allant jusqu'à supprimer son corps par fiction et à se réduire à son essence, qui est la pure pensée : voilà la formule, la loi et le type de l'esprit français au XVIIe siècle.

Chaque art et chaque science, chaque genre de la science et de l'art va s'enfermer, à l'exemple de Descartes, dans son poêle d'Allemagne et y vivre d'une vie indépendante et solitaire, sans relations, du moins voulues et conscientes, avec ce qui l'entoure. Quand, au début de son Discours, Descartes fait la revue sommaire et dédaigneuse des divers domaines de l'esprit, on sait avec quelle précision il en arrête la liste et quel soin il les circonscrit. Plus tard, on est frappé de sa précaution incessante de séparer la métaphysique de la théologie et de la morale. Comme il affecte de ne point mettre le pied chez les autres, pour qu'ils ne le mettent point chez lui !

Or, cette espèce d'amour jaloux du *chez soi* se propage et domine partout au XVIIe siècle, dans la science, dans l'art, dans la littérature, sans parler de la religion, du gouvernement et de la société. Partout des classes et des frontières, des distinctions et des définitions. On dira la cour et la ville; on en fera deux mondes, qui, de fait, se touchent et se pénètrent, mais entre lesquels la mode creuse un abîme fictif. Il y aura la langue des halles et la langue des salons, la langue de la poésie et la langue de la prose. A vrai dire, c'est avec la langue des halles et de la prose que Malherbe fera celle des salons et celle de la poésie; mais on s'ingéniera à masquer et à renier la filiation. Le pittoresque jargon de Montaigne, tout mêlé de gascon et de gaulois aussi bien que de latin et de grec, est soumis à un départ sévère qui range les mots en deux catégories : les termes nobles et les termes bas. De l'un de ces idiomes à l'autre, les emprunts et les échanges sont interdits sous peine de contrevenir aux règles du bon ton. Quiconque transpose ces deux langues cesse d'être un « honnête homme ». La Bruyère, qui pourtant n'est point prude en matière de style et qui a ses veines de crudité réaliste, reprochera à Molière de n'avoir point su éviter le « jargon et le barbarisme. »

Cette passion de l'abstraction et de l'analyse éclate surtout au théâtre.

S'il est une chose complexe et qui rapproche en elle les éléments les plus divers, c'est bien le spectacle de la vie humaine. Sur la scène réelle les mondes, les langues et les caractères se heurtent, se mêlent, se repoussent, et la résultante de ce pêle-mêle mouvant, c'est le drame qui n'exclut aucune forme, ni de l'expression ni de l'émotion, qui prend comme moyen d'effet le beau et le laid, fait rire et fait pleurer, oppose le comique au tragique, le vulgaire au noble; qui, en un mot, se manifeste, sans choix, par tout ce qui est humain, puisque c'est à des hommes qu'il s'adresse et des hommes qu'il fait agir.

Le théâtre du XVII siècle est-il la représentation de cette vie humaine dans sa variété véritable? Point. Ici, encore l'abstraction triomphe : l'esprit de choix distingue dans la nature humaine ce qui est capable de plaire et ce qui est digne d'être représenté, il institue des castes dans les sentiments et dans les passions, dans les vertus et dans les vices, et n'admet au théâtre qu'une aristocratie de faits psychologiques.

Et d'abord ce comique et ce tragique, qui se mêlent dans la réalité, sont scrupuleusement divisés sur la scène. La loi de l'unité, dont la loi des unités n'est qu'une extension au temps et à l'espace, exige la séparation absolue des genres. A la comédie sa fonction spéciale : elle fera rire, sans faire pleurer. A la tragédie la sienne, toute contraire : elle fera pleurer et jamais rire. Le personnage de Félix est considéré comme une tache dans Polyeucte. Nicomède scandalise Voltaire. Cette échappée singulière de Corneille vers le drame, si intéressante, non par le succès mais par l'intention, n'est aux yeux du juge classique qu'une combinaison monstrueuse de deux éléments incompatibles, le noble et le bourgeois. La comédie elle-même se scinde en deux genres qui doivent rester distincts. Boileau ose reprocher à Molière cette variété féconde qui mêle le bouffon au pathétique :

> Dans ce sac ridicule où Scapin s'enveloppe,
> Il ne reconnaît plus l'auteur du Misanthrope.

L'Art poétique est-il autre chose qu'un partage des terres sur le Parnasse ? Boileau divise la montagne sacrée en enclos bien limités où il enferme ici l'Ode, là l'Épopée, plus loin l'Élégie et le Sonnet, avec défense aux divers genres de franchir les barrières et de risquer un pas sur le domaine voisin.

L'abstraction et l'analyse s'imposent à la nature même par la géométrie qui est la science analytique et abstraite par excellence ; et non-seulement à la nature morale, qui se réduit de par la psychologie cartésienne à ne compter et à n'être intéressante que quand elle est la pensée, mais à la nature physique qui subit le joug de la ligne droite et de la circonférence parfaite. Témoins les ifs et les boulingrins de Versailles, taillés en sphères et en pyramides ; et ses allées parallèles et ses charmilles à faces planes qui offrent aux yeux l'aspect d'une rigide architecture de verdure.

On connaît l'image par laquelle le spiritualisme classique représente l'infini comme une statue dressée à l'intersection d'avenues qui rayonnent autour d'elle. De quelque côté qu'on vienne, par l'une de ces avenues, on se dirige nécessairement vers le point central et l'on aperçoit la statue. C'est bien toujours la même figure, mais on en voit, sous des angles différents, des profils qui ne se ressemblent pas. De même la raison humaine, quand elle se tourne vers son objet qui est Dieu, s'y rend par des accès divers d'où elle en découvre tantôt une face, tantôt une autre, le Bien, le Beau, le Vrai, l'Immense et l'Éternel.

On pourrait reprendre cette image pour en faire le symbole du XVIIe siècle lui-même. Au milieu s'élève son idéal qui est fait d'ordre et d'abstraction. Vers lui convergent de larges routes où cheminent l'art, la science, la littérature, la philosophie, mais séparés comme par d'épaisses charmilles qui les empêchent de se voir. D'ailleurs ils n'y tâchent point. Ils vont droit, chacun pour son compte, à l'idéal qui les attire, s'ignorant, mais se ressemblant pourtant, à cause de leur ressemblance avec cet idéal commun. La philosophie comme le reste, et plus peut-être, se renferme dans sa voie propre. Elle est une métaphysique solitaire qui se suffit à elle-même, et met son orgueil, un orgueil tout cartésien, à se passer de tout ce qu'elle laisse en dehors de ses spéculations. Rappelons-nous seulement comment le Discours de la méthode condamne l'histoire, la poésie, l'éloquence ; de quel ironique respect il salue la théologie « qui enseigne à gagner le ciel » ; avec quelle réserve il consent à accorder quelque valeur à la nature, et à tourner parfois les pages du grand livre du monde.

Que seraient pour Descartes la philosophie de l'histoire ou la philosophie de l'art? Des combinaisons suspectes, peut-être incompréhensibles. Pour lui l'art est une chose, l'histoire en est une autre, et la philosophie une autre encore, la meilleure de toutes. Voilà pourquoi sans doute il n'a pas eu la conception de l'esthétique : c'est une science mixte, et Descartes n'admettait que le simple. Une synthèse de la métaphysique (qui est a priori), et des évolutions historiques de l'art (qui sont du domaine de l'observation) ne pouvait pas se proposer à sa pensée comme une chose possible et sérieuse ; elle ne l'est devenue qu'avec le criticisme et le romantisme.

Ainsi la philosophie et la littérature classiques vivent

également d'analyse, de division et d'abstraction. Elles assignent aux différentes facultés des objets distincts ; elles exigent que l'esprit se donne tout entier et exclusivement à celui de ces objets qu'il aura choisis; elles ne semblent point soupçonner, ou tout au moins elles ne se préoccupent pas de rechercher les rapports, qui peuvent les unir, et se posent comme une loi que, pour bien connaître leur objet propre, il faut l'étudier isolément. Ce caractère frappant peut s'exprimer ainsi en langage philosophique : le XVIIe siècle est dominé par un goût savant pour l'analyse qui ne lui laisse pas le temps de faire des synthèses vraiment scientifiques. Il décompose avec tant de soin que la recomposition ne l'intéresse plus et qu'il rassemble à la hâte, et souvent au hasard, les parties divisées au lieu de les recombiner en suivant la vérité et la nature. L'esprit classique fractionne la réalité pour la proportionner à sa prise ; mais il perd patience quand il s'agit de rapprocher les fragments ; au lieu de reconstruire le tout avec la même lenteur précise qu'il a mise à le déconstruire, il les rajuste à sa guise d'un mouvement d'humeur impérieux et arbitraire, comme un horloger qui aurait démonté minutieusement et pièce à pièce un mécanisme d'horlogerie, pour se rendre compte de tous les rouages, et qui, brusquement et d'un seul coup, remettrait tous les morceaux dans une boîte.

Voyez Descartes: il détermine avec une merveilleuse exactitude les éléments, pris à part, de la nature humaine: d'un côté l'âme, dans le *Discours* et le *Traité des passions;* de l'autre le corps, dans le *Traité de l'Homme*. Il en fouille tous les recoins, il en saisit toutes les nuances, il en décrit tous les mouvements avec une précision très scientifique pour l'époque.

Mais après cette espèce d'anatomie analytique, il ne rend pas la vie au tout. Il ne lui donne qu'une existence artificielle et théorique. En effet, l'explication de l'union de l'âme et du corps par les esprits animaux, n'est qu'un expédient scholastique d'une grande pauvreté, et qui masque pompeusement l'impatience d'en finir au plus vite avec un problème gênant.

Voyez encore Bossuet : il réfute au nom du sens commun cette théorie de l'animal-machine que Descartes déduit si logiquement de ses principes métaphysiques. Il réhabilite l'animal par des preuves d'une clarté et d'une solidité décisives. Instincts, habitudes, langage, éducation, toute la vie sensible, expressive et sociale de la bête est analysée par lui avec la pénétration délicate et sûre d'un naturaliste. C'est là de la science expérimentale et vraiment positive. Mais une fois l'analyse achevée, comment se termine cette étude si consciencieuse, qui promet une synthèse savante ou tout au moins une hypothèse ingénieuse et vraisemblable ? Elle finit court, par une théorie misérable, empruntée à saint Thomas et qui prétend d'un mot expliquer l'animal par l'invention d'un troisième terme, l'âme sensitive. Cette entité improvisée n'est ni matière ni esprit ; et pourtant elle ne peut être que l'un ou l'autre puisque le spiritualisme de Bossuet n'admet que ces deux essences métaphysiques de l'être.

Aussi peut-on dire que la philosophie et la littérature classiques connaissent l'*homme*, mais qu'elles ignorent beaucoup *les hommes* parce qu'elles négligent ou dédaignent de se donner le spectacle de la complexité réelle des êtres dans leurs évolutions historiques et dans leurs mouvements concrets.

Mais ici, il faut prendre garde de bien s'entendre.

Sans doute l'esprit classique a fait des synthèses ; il a aimé et voulu généraliser ; il a même poussé la généralisation au XVIIe siècle plus loin qu'elle n'a jamais été à aucune autre époque. Les *Principes de philosophie, le Discours sur l'Histoire universelle, l'Art poétique, les tragédies de Racine* sont autant de témoignages de cette prédilection pour les formules générales et les constructions abstraites. Mais l'esprit classique a généralisé, comme les géomètres et non comme les naturalistes ou les physiciens ; il a posé a priori qu'un seul cas particulier renferme la formule de tous les cas possibles, qu'un seule type de chaque être, qu'un seul exemplaire de chaque chose individuelle contient l'essence de tous les êtres et de toutes les choses. Il a généralisé en se plaçant en dehors du temps et du lieu ; et loin que ses généralisations soient la simplification des faits et une expression abstraite, que l'esprit tire a posteriori du concret où elle est contenue, elles sont au contraire comme des formes subjectives que l'esprit trouve en lui-même et qu'il impose aux choses. Il a fait pour ainsi dire ses synthèses avant ses analyses et il a subordonné les futures découvertes de l'observation à une concordance calculée avec ses conceptions spontanées et ses explications arbitraires. Ainsi, chez Descartes, il ne se pourra pas que l'analyse de l'homme contredise le dualisme chrétien de l'esprit et de la matière (1); chez Bossuet, les faits de l'histoire s'assoupliront à démontrer la providence et l'unité de son plan ; chez Boileau l'idéal classique est posé sans discussion et sans comparaison comme le seul acceptable par la raison et par le goût ; le Moyen-Age et la Renaissance littéraires n'existent pas ; c'est à

---

(1) *Principes*. Partie I.

Malherbe que commencent la langue et la poésie françaises.

Ainsi cette puissance de généralisation qui prévient les faits et imprime d'avance sa direction à l'analyse, est bien le don de volontés artistes plutôt que d'intelligences savantes. La part du subjectif, c'est-à-dire de la personnalité pensante est énorme dans la réalisation de l'œuvre d'art. C'est l'histoire et la nature qui se soumettent aux vues de l'esprit et non l'esprit qui se soumet aux faits de la première et aux lois de la seconde. On dirait que le XVIIe siècle a réalisé d'avance les lois de la métaphysique Kantienne et que la théorie des formes pures de l'entendement, refaisant la réalité à l'image de l'entendement lui-même, ne soit autre que la psychologie de l'esprit classique mise en système par un génie.

Il est évident que pour l'esprit placé à un tel point de vue, la littérature n'a pas d'histoire et, par suite, pas de philosophie. Il ne faut pas oublier que le XVIIe siècle a commencé par déprécier, par nier presque l'histoire et que le premier article du manifeste cartésien est une rupture hautaine avec le passé. Pour les classiques, il n'y a que des œuvres belles ou des œuvres laides, qui n'ont ni âge ni nationalité et qui doivent toutes se ressembler par le principe soit de leur beauté, soit de leur laideur. Que la tragédie soit de Sophocle ou de Racine, que le discours soit de Démosthènes ou de Bossuet, ce qui fait que le discours ou la tragédie sont dignes d'une admiration éternelle, c'est une essence identique, c'est une égale conformité au type unique de la perfection.

III.

De l'idéal romantique. — En quoi il s'oppose à l'idéal classique, particulièrement au théâtre. — Des rapports de l'esthétique romantique avec la philosophie contemporaine.

Telle est la conception classique dans ses grands traits, aussi bien en philosophie qu'en littérature.

Dans la dernière partie du XVIIIe siècle, un ensemble d'événements et d'influences dont il n'est pas à propos de faire ici l'histoire, substitue, en France, à cette forme classique une forme nouvelle et opposée, qui s'exprime dans l'art par le romantisme ; dans la science par la prédominance des sciences physiques et naturelles sur les sciences exactes, dans la philosophie par l'emploi de l'observation et de l'expérience au détriment de l'intuition et des spéculations a priori, jusqu'à l'exagération systématique qui a donné le positivisme, — et aussi par l'abandon de plus en plus marqué des problèmes de métaphysique au profit des problèmes de morale et de science sociale ; enfin dans la critique littéraire par le souci de l'érudition et l'étude des œuvres, non plus en elles-mêmes et par le goût seul, mais au point de vue historique et par comparaison.

Il est bien entendu que ces tendances simultanées de la littérature, de la science et de la philosophie dans des sens parallèles ne doivent être taxées de nouveautés que pour la France, et que de plus, elles ne sont même pas en France des nouveautés absolues. Il n'y en a pas pour l'esprit humain. Point n'est besoin de prévenir que la détermination du caractère d'une époque est une généralisation qui exprime seulement qu'une méthode, une faculté, une manière de voir, un genre d'étude domine et l'emporte, en diminuant les autres, mais sans jamais les supprimer. Les différentes manifestations de l'esprit humain sont comme des homœoméries ou des monades, composées toujours des mêmes éléments essentiels et irréductibles, mais en proportions variables, si bien que l'ensemble s'exprime par l'élément le plus frappant, les autres s'effaçant derrière celui-là. De là cette tendance de l'intelligence à affirmer que les choses sont exclusivement ce qu'elles sont le plus; il lui faut faire effort pour se rappeler que les généralisations ne sont pas absolues ; d'ordinaire, elle en convient une fois pour toutes, au commencement de son étude, et semble, par cet aveu, vouloir se justifier de n'en pas toujours tenir compte dans la suite.

Ces réserves faites, constatons que l'esprit romantique s'oppose au classique, comme l'esprit de synthèse à celui d'analyse, et l'esprit d'observation à celui d'abstraction. Or cet avènement de l'observation et de la synthèse se manifeste justement par cette adaptation universelle de la philosophie à toutes les parties de la connaissance humaine, d'où sont nés ces genres récents qu'on appelle la philosophie de l'art, de l'histoire et de la littérature.

Ne suivons pas cette tendance critique et expérimentale dans ses développements multiples. Bornons-nous à en indiquer les effets dans les deux seuls genres qui se rapprocheront sans cesse dans cette étude, la littérature et la philosophie.

Pour plus de précision, n'embrassons même pas la littérature tout entière : arrêtons-nous à une seule forme littéraire, celle où la révolution a fait le plus de bruit et où les innovations frappent davantage : le théâtre.

Mais pourquoi le théâtre plutôt que l'épopée par exemple, ou l'art oratoire, ou tel autre genre littéraire non moins ancien et non moins brillant ?

Voici en quelques lignes les raisons de ce choix.

D'abord il est incontestable que le théâtre est le genre où les Français ont le plus réussi et où leur succès a été le plus continu et le plus durable. Or la continuité est la condition de l'histoire, en littérature comme ailleurs.

C'est par elle qu'on peut suivre l'évolution des systèmes et des goûts. L'épopée, la poésie lyrique, les petits genres même, comme la fable ou la pastorale, sont intermittents. Ils apparaissent à intervalles inégaux, après de longs effacements, et renouvelés par un homme de génie ou rajeunis, pour un temps, par un homme de talent.

Au contraire le théâtre est une véritable institution qui se transforme sans cesse mais ne s'interrompt jamais. Il y a eu un théâtre à Paris pendant la Ligue, pendant la Fronde et pendant la Terreur. Fût-il détestable, ignoré et digne de l'être, il offre néanmoins des documents curieux et reflète les influences du temps.

Une autre raison c'est que le théâtre en France comme en Italie et en Grèce, est le genre littéraire qui se manifeste le dernier, et cela parce qu'il est le plus complexe et le plus compréhensif de tous. Il exige par conséquent un emploi plus synthétique et plus savant de tous les procédés littéraires. Il profite des progrès accomplis déjà par la langue, le rythme, l'analyse psychologique, l'histoire ou même les découvertes archéologiques. Il est donc la représentation la plus complète et la plus parfaite d'une littérature, à cause du moment où il paraît et à cause de l'assimilation qu'il fait de genres déjà parvenus à la maturité. Ces genres en effet sont tous plus simples que l'art dramatique ; ils ne peignent qu'une partie des choses, n'analysent qu'une catégorie d'émotions, ne s'expriment que dans un ton unique et invariable. Le théâtre au contraire a l'ambition de représenter la totalité de l'homme et la complexité de la vie. De là, la nécessité d'emprunter tous les tons, tous les moyens et tous les sujets. Aussi trouve-t-on du *lyrisme*, dans Esther et dans Athalie; une *oraison funèbre* dans Julius César, et un *sonnet*, dans le Misanthrope. — Les stances du Cid sont une *élégie*; le récit de Théramène et le songe de Pauline des *narrations*. Célimène fait des *portraits*, comme La Bruyère, et les tragédies de Voltaire sont remplies de *dissertations philosophiques*. On montrerait facilement, en recueillant des exemples, que le théâtre exploite tous les genres jusqu'à la lettre, l'idylle et la fable.

On peut encore invoquer une autre raison qui tient à la nature même du genre dramatique. C'est que tout spectacle étant fait pour être vu à distance, en perspective, doit être conçu et calculé pour l'effet. D'où la nécessité d'exagérer les traits, d'accuser les oppositions, de forcer les couleurs, enfin de dépasser la vérité et la nature dans les caractères et dans l'action. Là, tout est plus voyant; les procédés de composition employés par l'auteur ressemblent au décor; ils se détachent comme une fresque au lieu de se dérober comme une miniature. L'analyse en est donc plus facile et plus sûre.

En outre, de tous les genres, le théâtre est celui qui réfléchit le plus exactement le temps et les mœurs. Il est contraint, malgré lui, de subir l'empire de l'actualité. Même quand il prétend représenter l'homme universel, il mêle à sa peinture, des traits empruntés aux contemporains (1). Et il le faut pour qu'il intéresse. Car l'œuvre dramatique ne s'adresse pas à une aristocratie intellectuelle, à une élite lettrée d'hommes de cabinet qui peuvent vivre d'archéologie et se faire une âme antique ou scholastique, par un effort d'abstraction momentané, pour comprendre l'Antiquité ou le Moyen-Age. Le théâtre est destiné à une majorité plus sensible que savante, égoïste dans sa curiosité et qui veut se retrouver sur la scène. Les auteurs s'efforcent de lui donner ce plaisir, soit volontairement pour flatter son goût, soit inconsciemment parce qu'ils le partagent. Le plus singulier éloge qu'on ait pu faire de Racine, ç'a été de trouver dans ses tragédies une peinture fidèle des mœurs grecques. Son public ne la demandait pas, et si au lieu de refaire l'Iphigénie, Racine l'avait tout simplement traduite, on l'aurait sifflé. Pourtant si les lettrés et le parterre s'étaient mis d'accord pour goûter surtout, dans une tragédie française, une restitution scrupuleuse des mœurs grecques, du naturel antique et du caractère authentique des héros, le vrai moyen de les enchanter eût été de leur servir la pièce même d'Euripide; car il est certain qu'Euripide était plus compétent que Racine en la matière et mieux placé que lui pour peindre des grecs véritables.

Enfin une dernière raison, c'est que la philosophie de la littérature doit s'appliquer de préférence à la littérature où il y a le plus de philosophie. Or si l'on met à part la philosophie pure, il est certain que c'est le théâtre qui renferme le plus d'éléments philosophiques. Il serait superflu de le démontrer; c'est un lieu commun.

Le Théâtre a une origine religieuse ou métaphysique;

---

(1) V. H. TAINE, article *Racine*.

il se sert plus qu'aucun autre genre de la psychologie ; plus qu'aucun autre aussi il agite les questions de morale sur la passion, la liberté, la sanction, le devoir. Enfin son esthétique, même au début, est la plus savante de toutes, puisque le premier il se donne une constitution régulière et se soumet à des lois que l'usage et la critique feront de plus en plus rigoureuses.

On peut remarquer aussi que le théâtre se développe d'ordinaire dans un sens de plus en plus philosophique. Pour la Grèce et pour la France cette loi d'évolution est frappante. Euripide fait disserter ses personnages, tandis qu'Eschyle les faisait souffrir et pleurer. Racine montre et Voltaire démontre. Au XVIIIe siècle, le théâtre et la philosophie se rapprochent au point de s'identifier. Diderot rêve un théâtre moral qui enseignera la vérité et la vertu. On parlera plus tard de pièces à thèses ; et après le théâtre moral, on ira jusqu'à la conception d'un théâtre scientifique. Nous n'avons pas à rechercher ici si cet envahissement du théâtre par la philosophie n'est pas un danger pour les deux, et si l'histoire n'est pas là pour nous avertir que le théâtre, du moins, a rarement gagné à cette intimité exagérée avec l'esprit de système et de discussion. Mais nous constatons un fait qui a son importance : l'élément essentiel du théâtre est tellement un élément philosophique, que plus le théâtre se développe dans le temps et plus cet élément devient dominateur et exclusif, au point même de compromettre, par l'excès, l'équilibre et l'individualité de cet organisme dramatique dont il est comme le principe vital.

Si donc nous cherchons au théâtre les différences qui caractérisent l'esprit classique et l'esprit romantique, nous voyons que le premier procède par analyse et par abstraction pour exprimer le général et donner l'impression de l'unité, tandis que le second emploie plutôt le concret, c'est-à-dire le fait, le mouvement et la couleur ; qu'il a pour moyen l'antithèse et pour but le rapprochement des contraires, avec l'intention d'en comprendre le plus possible dans une synthèse de plus en plus enveloppante, qui n'exclura aucun effet de contraste ni aucun genre d'opposition.

Ouvrons Racine, et prenons la tragédie de Phèdre par exemple. Avant la pièce, nous trouvons d'abord une liste des personnages, noms et qualités : au-dessous une demi-ligne : « La scène est à Trézène, ville du Péloponèse. » C'est tout. La tragédie commence. Au courant de la pièce, pas une seule indication ni sur le décor, ni sur la position, ni sur les gestes des acteurs.

Prenons maintenant une pièce romantique (1). Le premier acte de Ruy-Blas est précédé d'abord de la liste des personnages. Ils sont bien autrement nombreux que dans Phèdre, ce qui annonce une action plus complexe. Vient ensuite une page de description et de narration où l'auteur nous met au courant de détails matériels, qu'il importe, dans sa pensée, de connaître pour suivre son drame.

En premier lieu, la description : nous sommes à Madrid, au palais du roi, dans le salon de Danaé. On

---

(1) On pourrait s'étonner que nous ne choisissions pas plutôt pour type du drame romantique une pièce de Shakespeare ou une pièce de Gœthe, qui sont antérieurs à Victor Hugo et qui sont bien plus originaux que lui : sans compter que le nom d'un contemporain vivant peut offrir des inconvénients pour la discussion. Mais il importe à notre sujet que nous restions en France, puisque le romantisme qui nous intéresse ici, c'est celui qui est né d'une transformation du classique français et qui lui a succédé. Nous n'avons sans doute pas besoin de nous excuser de citer ici V. Hugo, puisque c'est en quelque sorte au grand classique du romantisme, comme dirait Sainte-Beuve, que nous demandons un type de

nous renseigne sur le style et la couleur de l'ameublement, le nombre des fenêtres et des portes, leur disposition respective ; on nous apprend si elles donnent sur la campagne, ou sur la ville, ou sur des galeries intérieures, et comment elles sont fermées par des tapisseries ou par des vitrages.

Puis, la narration : on fait entrer les personnages par la droite ou par la gauche. On nous indique leur costume, leur attitude, leurs gestes. On ne laisse à notre imagination ni le soin ni le droit de se représenter, avec quelque liberté, les physionomies et les parures : au contraire, on lui impose une représentation minutieusement obligatoire. « Don Salluste est vêtu de velours noir, costume de cour du temps de Charles II, la Toison d'or au cou ; par-dessus l'habillement noir, un riche manteau de velours clair, brodé d'or et doublé de satin noir ; épée à grande coquille ; chapeau à plumes blanches. »

Chaque acte est précédé d'indications aussi développées. Dans d'autres drames, les Burgraves par exemple, elles prennent des proportions énormes.

Il serait téméraire sans doute de voir toute une théorie dramatique dans cette précaution de l'auteur dont la minutie, poussée à l'excès, a pu être relevée comme fastidieuse et puérile. Mais il y a là sinon une théorie, du moins le signe frappant d'une théorie. C'est un trait expressif du romantisme français. Diderot qui en est en quelque sorte le père, puisqu'il a fondé le drame, a inauguré ce système de renseignements au lecteur. Il indiquait ses intentions et les attitudes de ses personnages

---

drame, non pour réveiller les échos bien endormis d'une querelle pour nous bien lointaine (plus lointaine peut-être que celle des *anciens et des modernes*, puisque celle-ci est éternelle), mais pour étudier dans un cas particulier, les principes généraux d'une esthétique nouvelle.

par de petits morceaux de description, intercalés dans le dialogue. Le « Père de famille » (1) et le « Fils naturel » en renferment de curieux exemples.

Un dramaturge aujourd'hui obscur du XVIIIe siècle, Mercier, faisait de même et avec plus de complaisance que Diderot (2). Il est revendiqué par l'école romantique comme un de ses plus clairvoyants précurseurs.

Le rapprochement que nous avons fait de Phèdre et de Ruy-Blas, et la constatation, d'un côté, de cette absence totale, de l'autre, de cette surabondance parfois puérile de détails concrets marquent les différences profondes qui distinguent les deux écoles.

Ce que Racine veut nous montrer, c'est une âme de femme en proie aux deux passions les plus tragiques, l'amour et la jalousie. Que lui importent le temps et le lieu, puisque le type qu'il conçoit doit être de tous les temps et de tous les pays. Que lui importent le costume du personnage, l'aménagement matériel de la scène où il le fait mouvoir, la vérité historique du milieu où se déroule l'action : tout cela est de l'accident et ne doit point usurper l'intérêt. L'action est dans l'âme de Phèdre.

Voilà la vraie scène, intérieure et sans décor, où l'attention se concentrera tout entière, si le poëte a su s'en

---

(1) « J'ai essayé de donner dans le « Fils naturel » l'idée d'un drame qui fût entre la comédie et la tragédie. » *De la poésie dramatique*, à Grimm.

(2) Ce Mercier, dont le théâtre ne compte plus depuis longtemps et qui n'a aucune autorité aujourd'hui, a publié en 1773, un *Essai sur l'art dramatique* qui renferme des vues curieuses sur la littérature de l'avenir. L'historien enthousiaste de la révolution romantique, M. Alfred Michiels, fait un éloge hyperbolique de cet essai dans son intéressante « *Histoire des idées littéraires en France au XIXe siècle et de leurs origines dans les siècles antérieurs.* » Bruxelles, 1842. (I, page 74.)

emparer. Il s'agit bien de savoir comment était construit le palais de Thésée, comment s'habillaient les rois et les reines d'alors et quelles armes portaient les guerriers. Aucun de ces faits, curieux pour l'histoire ou l'archéologie, ne dérive de l'essence de l'humanité qui est seule en jeu.

Des deux éléments que l'analyse philosophique sépare dans l'homme, d'une part le fond commun des sentiments naturels et des idées innées, — ce que le cartésianisme appelle l'essence, — de l'autre les formes infiniment variées et perpétuellement changeantes que prennent ces idées et ces sentiments à travers les âges, le premier seul est digne, pour le XVIIe siècle, d'être étudié et exprimé par l'art, parce que seul il est immuable et universel.

Quant à l'autre élément, c'est-à-dire à ces faits innombrables qui se groupent à l'entour, c'est une enveloppe éphémère, c'est une scorie négligeable qu'il faut faire tomber, pour qu'elle laisse voir, dans son intime nudité et dans la généralité la plus haute de sa nature morale, la personne humaine.

De là, ces héros de la tragédie classique qui ne sont ni de vrais Grecs, ni de vrais Romains, ni même de vrais Français ou plutôt qui sont ce qui était l'idéal pour les Français du XVIIe siècle, c'est-à-dire plus qu'une race particulière, les humains.

De là, les inconséquences dès lors si logiques de la mise en scène, qui nous choqueraient aujourd'hui, ou cette pauvreté d'accessoires qui diminuerait notre plaisir, en nous ôtant celui des yeux. Néron portait une perruque à marteaux. On habillait tous les héros, Polyeucte, Mithridate et Bajazet d'une tunique uniforme qui a aussi servi aux Américains de Voltaire et qu'on appelait l'habit à la Romaine (1). Le Misanthrope se jouait et peut encore se jouer avec deux mètres carrés de parquet et un fauteuil. Des mariages étaient conclus, des secrets appris, des testaments ouverts sur cette invraisemblable place publique, qui figure dans toutes les comédies, et où ni voitures ni passants ne venaient jamais déranger les dialogueurs installés.

Voilà bien la preuve pittoresque que le XVIIe siècle, en vrai cartésien qu'il était, n'estimait que l'essentiel. Forcé d'incarner ses types généraux dans les individus, il faisait ces individus aussi peu individuels que possible. Il les dégageait de tout le sensible, de tout le concret qui enserre les âmes dans la réalité et réduisait ses personnages à des essences pures.

Le XVIIe siècle était réaliste, mais, comme Platon, réaliste-idéaliste : il donnait la vie à des idées générales et leur attribuait plus de réalité qu'aux faits, avec l'ambition d'en faire des types éternels qui dureraient encore après que les faits auraient disparu.

Tout au contraire, l'esprit romantique s'exprime au théâtre par la curiosité des faits, l'estime de l'histoire, la passion de l'authenticité.

Ce qu'il prétend mettre en scène, ce ne sont pas les hommes comme ils doivent être ou comme ils sont dans leurs traits communs, mais les hommes comme ils ont été ou peuvent être avec leurs particularités et leurs différences. Le principe de son théâtre, c'est que tout dans l'homme est également intéressant, le corps aussi bien que l'âme, les détails aussi bien que l'ensemble, la surface changeante aussi bien que le dessous immobile, et que justement ce qui nous intéresse le plus

(1) V. Eug. Despois, *Le Théâtre sous Louis XIV*.

dans l'homme, c'est le relief de ce dualisme perpétuel, c'est-à-dire l'antithèse de l'âme et du corps, de la substance et du phénomène. Il professe encore que l'homme est moins intelligible, comme aussi moins pittoresque, quand on le détache du milieu véritable où il a vécu; que ce milieu agit sur son âme, si immatérielle qu'elle puisse être, et que les mouvements de cette âme, c'est-à-dire la matière du drame, ne sont autre chose que les contre-coups intérieurs de chocs venus du dehors ; que par conséquent passions, idées, sentiments, résolutions, en un mot toute la psychologie des personnages ne peut se comprendre et s'expliquer qu'à la condition qu'on en étudiera non-seulement les effets subjectifs, comme faisait le XVIIe siècle, mais encore et surtout les causes, ou tout au moins les antécédents immédiats, c'est-à-dire la vie extérieure dans son inextricable complexité.

Sur la scène classique il y a beaucoup d'action et peu ou point de mouvement. Toute l'action se passe dans l'âme des personnages ; à l'entour d'eux, ni la nature ni l'histoire ne figurent ni comme décor ni comme influence déterminante.

Au contraire, sur la scène romantique, il y a beaucoup de mouvement et peu d'action. Car la vraie action est en dehors des personnages ; leur âme est à jour ; elle se répand hors d'elle-même ; elle se manifeste surtout par la spontanéité, l'irréflexion, la soudaineté illogique des déterminations, tandis que l'âme des personnages classiques se possède, s'analyse, réfléchit jusque dans la passion et délibère raisonnablement jusqu'au plus aigu de la crise.

Il nous semble que les intentions des novateurs romantiques pourraient se résumer ainsi : « Ce que nous voulons exprimer, ce n'est pas cette âme humaine, abstraite et universelle, que le XVIIᵉ siècle a réduite à l'unité, par la généralisation, après l'avoir si profondément analysée. L'analyse en a justement été trop bien faite par lui d'abord, et auparavant par les anciens, pour que nous croyions utile de la refaire et possible de la refaire mieux. Tous d'ailleurs, nous pouvons trouver en nous-mêmes, par le sens intime, cet exemplaire commun de l'homme essentiel ; peut-être qu'à force de l'y voir nous cessons de prendre intérêt à ce spectacle monotone. Tous les personnages du genre classique se ressemblent trop, les uns dans le crime, les autres dans le devoir : nous voulons des types qui diffèrent. On nous a dit assez en quoi les Grecs, les Romains, les Français, tous les hommes sont identiques. Il nous paraît nouveau de montrer que par d'autres côtés ils sont divers, et c'est à ces côtés-là que nous appliquerons désormais notre curiosité. Loin donc de réduire les cas particuliers à un nombre restreint de caractères typiques, nous ferons l'inverse ; nous multiplierons, s'il est possible, le nombre des cas particuliers, réels et véritables, qui se trouvent dans la vie ; nous nous ingénierons à en inventer de nouveaux, nous trouverons des combinaisons de contrastes que la nature et l'histoire n'auront point encore réalisées ; et par là, après avoir épuisé toutes les formes du réel, nous y ajouterons toutes celles du possible. Le champ de l'art deviendra alors plus large et plus riche que le domaine de la réalité, puisqu'il comprendra d'abord toute celle-ci, et en outre ce prolongement idéal dont le génie créateur l'augmentera. Nous aurons donc toute l'exactitude du réalisme, avec toute les libertés de l'idéalisme ; toute la valeur positive de l'histoire ou de la science avec toute la personnalité de l'invention : nous serons l'expérience, avec des ailes.

Mais le moyen ? C'est de prendre le contre-pied des classiques. L'école cartésienne a fait de la psychologie déductive et a priori, qui est plutôt la métaphysique que l'observation de l'homme : et les littérateurs classiques, nourris de cette métaphysique, en ont exposé au théâtre les magnifiques généralisations.

Mais cette source est épuisée. La décadence de la tragédie au XVIIIe siècle en est la preuve. Voltaire ne fait plus qu'imiter Racine, qui avait imité les Grecs. Il est temps d'arrêter cette série d'imitations successives, sous peine de s'éloigner indéfiniment de l'original primitif. Aussi notre théâtre va-t-il s'inspirer d'une psychologie plus récente qui estime les faits, se nourrit d'histoire, procède comme les sciences naturelles plutôt que comme les sciences exactes, et étudie la vie, non plus seulement dans quelques-unes de ses expressions choisies entre toutes et déclarées les plus compréhensives et par suite les plus belles, mais dans toutes ses expressions quelles qu'elles soient.

Le genre classique a introduit une sorte d'aristocratie dans l'art ; il n'a pris des choses que le noble et l'essentiel : de l'univers il n'a pris que l'homme, et pas la nature ; de la société il a pris les grands, et pas les petits ; de l'individu humain l'âme, et pas le corps ; de l'âme la substance et non les phénomènes.

Nous, nous voulons prendre le tout de l'univers, de l'homme et de l'âme. Nous opposerons l'homme à la nature, l'âme au corps, le général au particulier, et c'est de la combinaison et de l'opposition des deux termes de ce dualisme universel, reconstitué par nous, que nous tirerons nos plus beaux effets. Les classiques vont du même au même ; nous irons d'un contraire à l'autre ; nous donnerons de grands sentiments aux petits et de petits aux grands. Au lieu de réserver la scène à des héros parlant une langue héroïque, nous l'ouvrirons aux artisans, aux rustres, aux ignorants, aux humbles ; nous donnerons de l'éloquence aux simples, de la force aux faibles, de la douceur aux violents, de la grâce aux laids, et nous nous efforcerons de montrer ou de mettre dans ces êtres, méconnus par le goût littéraire et repoussés par les genres nobles, une source de pathétique, une poésie et une philosophie qui seront plus accessibles et plus puissantes, parce que n'excluant de l'art aucune catégorie, ni physique, ni morale, ni sociale, elles auront une extension et par suite une popularité auxquelles le caractère aristocratique du genre classique le détournait de prétendre et l'eût empêché d'atteindre. »

De même alors que l'abstraction et l'analyse en littérature avaient pour conséquence la séparation des genres, de même l'observation et le culte du concret développent l'esprit de synthèse et amènent la combinaison de genres d'abord séparés. De là naît le drame qui est le mélange de la tragédie et de la comédie. Cette tendance à la synthèse par opposition à l'analyse classique est érigée en véritable loi esthétique dans la définition suivante :

« Le drame tient de la tragédie par la peinture des passions, et de la comédie par la peinture des caractères. Il est la troisième grande forme de l'Art, comprenant, enserrant et fécondant les deux premières. Corneille et Molière existeraient indépendamment l'un de l'autre, si Shakespeare n'était entre eux donnant à Corneille la main gauche à Molière la main droite. De cette façon les deux électricités opposées de la comédie et de la tragédie se rencontrent et l'étincelle qui en jaillit c'est le drame (1). »

(1) V. Hugo. Préface de *Ruy-Blas*.

En résumé, c'est surtout dans un *sens réaliste* que les romantiques ont voulu et cru diriger leur révolution. Rien de plus paradoxal au premier abord que cette intention. Car, si nous laissons de côté le roman où ils ont excellé, leur théâtre est certainement le plus fantaisiste du monde. Ils nous paraît aujourd'hui plus loin de la vérité que le théâtre classique ; ses personnages imaginaires ont plus vieilli, quoique moins vieux, que ceux de Racine.

Il y a donc contradiction entre les tendances réalistes, affichées dans les préfaces, et l'idéalisme excessif de l'œuvre.

Pourtant si l'on pénètre au cœur du drame, on s'aperçoit que l'imagination et la fantaisie qui débordent, recouvrent un fond de réalisme incontestable et considérable.

D'une part, cette valeur attribuée à l'être physique, au corps, cet emploi du laid qui va jusqu'à l'abus du grotesque ; cette réhabilitation de la description, même au théâtre où elle est déplacée ; d'autre part, cette prédilection pour les sujets tirés de l'histoire, cet effort pour ressusciter le passé dans l'authenticité de ses moindres détails, enfin cette complexité du drame, plus voisine de la vie réelle que la simplicité tragique, qui exige non seulement la vérité de l'action, mais aussi la vérité des accessoires et qui ne se désintéresse plus ni de l'architecture, ni du costume, ni du décor ; tout cet appareil d'érudition et d'archéologie (1) si nouveau et parfois si bizarre, qu'est-ce autre chose qu'une évolution voulue, sinon effectuée, vers le réalisme littéraire ? Évolution

---

(1) « On accuse nos poëtes de trop aimer *l'érudition* et *l'archéologie*, de chercher leurs matériaux dans le passé, dans les croyances du Moyen-Age et les légendes du vieux catholicisme. » A. MICHIELS. T. II, p. 240.

illusoire, si l'on veut, qui se paie d'histoire a priori, de savoir improvisé, de couleur locale artificielle et qui prend le lyrisme spiritualiste pour le plus puissant ressort dramatique ; mais tentative sincère, laborieuse et souvent féconde, qui atteste du moins la conception d'une esthétique réfléchie, tirée d'une métaphysique propre.

Sans doute encore on a lieu de s'étonner quand les chefs de l'école se réclament de la méthode expérimentale. Mais ils en ont subi l'influence et ils ont cru s'en servir (1). Tous les révolutionnaires en sont là : ils professent des théories plus absolues que l'application qu'ils en font. Ils renouvellent d'abord l'extérieur des choses, c'est-à-dire ce qu'il y a de plus voyant et de plus facile à changer. C'est un commencement qui les pose, une victoire superficielle qui leur donne l'encourageante illusion d'une victoire définitive. Mais l'essence même des choses, ils ne l'atteignent. et ne la transforment qu'à la longue. On dirait que le passé vivace et rebelle, une fois chassé des extrémités et de la surface, se retire, se retranche et se dérobe au fond, pour y résister longtemps. Aussi le romantisme a-t-il inauguré sa révolution par le dehors. Il a commencé par habiller ses personnages de costumes historiques, en attendant que leurs âmes le devinssent. Peut-être même a-t-il compté, comme Pascal, sur cette contagion de la matière à l'esprit, du mouvement du corps au mouvement de l'âme, du signe à la chose signifiée pour que la vérité du décor engendrât par influence la vérité du caractère. Quoi qu'il en soit, il s'est laissé duper tout le premier, et de bonne foi, par l'authenticité du costume, qui était sa première conquête ; et l'imagina-

---

(1) On trouve dans le même M. Michiels, une expression absolument positive. Il dit que le rôle d'un vrai critique romantique, s'il s'en fût rencontré, eût été d'écrire « l'histoire naturelle des lettres. » T. II, p. 218.

tion créatrice, qui introduisait dans des pourpoints irréprochables des héros de fantaisie, a cru naïvement être l'imagination représentative, qui recompose, d'après des documents sûrs, les figures disparues et fait revivre fidèlement les caractères tels qu'ils ont été.

Ce qui a préservé le romantisme du réalisme, ce n'est pas la répugnance qu'il en a eue, puisqu'il s'en est volontairement rapproché, mais l'interprétation qu'il s'en est donnée et l'usage qu'il en a fait. Il a cru qu'il suffit à l'art, pour être vrai, d'employer des données réelles, et qu'il est libre ensuite de les combiner à sa fantaisie. Mais il n'a pas pris garde que la combinaison des faits est aussi un fait, et que la vérité dans l'art ne consiste pas tant à juxtaposer au hasard des éléments simples, exactement observés et rendus, qu'à reproduire au contraire, par synthèse, un système d'éléments simples. Pour nous servir de l'image d'Horace, il a mis des sangliers dans la mer. Sa mer est naturelle ; ses sangliers aussi ; mais des sangliers naturels, dans une mer naturelle, ne font pas un spectacle naturel. Voilà la méprise du romantisme. Il a voulu corriger la convention classique, en imitant de plus près la nature, et se garder de la servilité réaliste, en réservant les droits de l'imagination. Et dans cette intention sage, il a fait la part de l'observation et la part de l'esprit créateur. Mais sa fantaisie a contredit et défiguré ses analyses. Elle a confondu les contraires avec les contradictoires. Égarés par leur recherche symétrique de l'antithèse, les romantiques ont pensé trouver dans les contradictoires comme le maximum et la quintessence des contraires. Et ils y sont allés tout droit pour renforcer leurs effets, oubliant que si les contraires peuvent se concilier dans le même individu, les contradictoires s'excluent. Il y a dans l'âme humaine une infinité de sentiments très naturels, quand on les prend isolément, mais qui n'y sont jamais ensemble. S'ils se rencontraient par hasard dans la même personne, on dirait que cet être est un monstre. Or, l'imagination romantique s'est justement ingéniée à accoupler de force ces faits psychologiques contradictoires et elle a créé des monstres. C'est elle-même qui en convient et qui s'en glorifie (1).

En somme, faire par l'imagination des synthèses arbitraires avec les faits de l'histoire ou avec les résultats d'analyses qui visent à être scientifiques, voilà qui explique pourquoi, dans le romantisme, le réel devient presque toujours l'invraisemblable et l'histoire un travestissement merveilleux.

Mais en dépit d'un tel écart entre les intentions et les résultats, qui rend tout d'abord inintelligible le caractère de l'école romantique, elle a, comme l'école classique, des origines et une formule bien précises. Il y a comme une symétrie entre celles de l'une et celles de l'autre.

Le classique est le produit d'une littérature combinée à une philosophie : la littérature païenne et panthéistique des anciens, et la philosophie rationaliste de Descartes.

Le romantisme est aussi la combinaison d'une littérature et d'une philosophie : la littérature du Moyen-Age, qui réfléchit le dualisme chrétien sous la forme de l'antithèse du grotesque charnel et de l'idéal mystique, et la philosophie critique et expérimentale de la fin du XVIIIe siècle.

Il y a plus : chacune des deux écoles renferme sa contradiction, et n'est arrivée à se constituer qu'au prix

---

(1) V. Hugo. Préface de *Lucrèce Borgia*.

d'une conciliation forcée de son élément littéraire avec son élément philosophique. Ainsi les classiques sont avant tout des chrétiens, et ils s'inspirent de l'antiquité païenne. Les romantiques sont presque tous des libres-penseurs, des déistes ou des panthéistes, et ils s'inspirent de l'esprit chrétien. — Au XVIIe siècle, le rationalisme de Descartes semble incompatible avec l'esprit d'imitation qui règne chez les littérateurs; et au XIXe, rien n'est plus opposé aux doctrines critiques, historiques et expérimentales que l'imagination mystique du Moyen-Age. Mais néanmoins pour le classicisme comme pour le romantisme, la contradiction se résout dans l'art, qui n'est jamais ni si logique ni si logicien que la philosophie ou la science. Des deux côtés, l'art est un beau corps, plus ou moins matériel, que fait vivre une âme philosophique, et l'étude de cette âme, accessible par ses expressions sensibles, appartient à la philosophie.

IV.

Évolution simultanée de la philosophie française dans le sens du criticisme universel; — elle donne naissance à l'esthétique et à la philosophie de l'Art qui empruntent leur matière à l'histoire de l'Art, constituée par la méthode expérimentale. — Quelques mots sur la méthode et les limites de la philosophie de la littérature; — elle est une esthétique a posteriori. — Des sources de l'esthétique au XVIIe siècle.

En même temps que la littérature, la philosophie, par une transformation parallèle, se renouvelait. Elle élargissait son objet, et s'ouvrait des domaines jusqu'alors inexplorés.

Avec Descartes elle était surtout une métaphysique. Avec Kant, elle devient de plus en plus une morale, et avec les Anglais et les sensualistes français du XVIII⁰ siècle, une psychologie.

Or la psychologie et la morale n'étudient pas, comme la métaphysique, l'homme virtuel et considéré en lui-même. Elles ne sont pas seulement l'anatomie et en quelque sorte la chimie de l'être moral. Elles cherchent bien plutôt les lois de l'homme vivant, sentant et agissant ; de l'homme aux prises avec la matière de l'existence, replacé dans son milieu réel et en relations incessantes avec la société, avec la religion, avec l'état ; avec le préjugé, la coutume, le travail, le besoin de boire et de manger. La philosophie ainsi entendue, au lieu de s'abstraire comme la métaphysique dans une spéculation solitaire sur les êtres en soi ou les idées pures, rassemble au contraire toutes les données du problème de la vie. Tout ce qui sert au développement de la personne dans tous les sens, et tout ce qui est l'œuvre de l'activité humaine dans tous les genres, l'intéresse et doit entrer comme facteur dans ses généralisations.

A ce point de vue positif, l'art, la science, le droit, la littérature, la métaphysique elle-même, au lieu de s'agiter dans des espèces d'enclos sans communications, exercent au contraire les unes sur les autres des influences réciproques et de tous les instants. Ils sont les expressions multiples d'une activité commune ; leur origine est la même ; ce sont les enfants d'un même père, le génie humain ; et ces enfants doivent avoir des airs de famille qu'il est d'un suprême intérêt de démêler et de dépeindre.

L'esprit de synthèse inspire donc la philosophie comme la littérature. Là où l'analyse cartésienne avait constaté ou opéré des séparations et poussé les divisions à l'extrême, nous faisons des rapprochements, nous cherchons des rapports, nous reconstituons des ensembles.

L'art ne nous semble pas pouvoir s'expliquer par lui seul, ni la littérature, ni l'histoire ; mais tous s'expliquent les uns par les autres, et si le tout réclame encore une explication suprême, c'est la philosophie qui tentera de la donner.

On conçoit alors que la philosophie de l'Art, de l'histoire, de la littérature, qui étaient impossibles avec la philosophie analytique du XVIIe siècle soient devenues des dépendances naturelles de la philosophie expérimentale et synthétique qui a suivi. Toutes deux sont venues à leur tour et dans une succession parfaitement logique. La synthèse ne doit venir qu'après l'analyse ; le criticisme qu'après le dogmatisme ; on ne pense à infirmer les affirmations a priori que quand l'expérience les a contredites ; on ne peut s'aviser de chercher des relations entre les choses que quand on a déjà étudié les choses en particulier. Les deux points de vue s'appellent et se complètent, loin de s'opposer et de s'exclure.

La philosophie d'aujourd'hui comme celle d'hier est donc encore et toujours la science de la réflexion, qui se rend compte et qui explique. Seulement elle a singulièrement élargi son domaine et augmenté le nombre des objets qu'elle prétend expliquer. Au lieu de s'en tenir à l'homme abstrait, elle se prend aussi à l'homme concret et par là elle l'étudie dans l'histoire, au lieu de l'étudier seulement dans la conscience. Elle ne s'impose plus comme une méthode de considérer le moi humain en lui-même, isolé et du monde et du corps : c'est au contraire une méthode pour elle de le replacer au centre des organes, au milieu de la société, de la civilisation, de la nature et de l'étudier dans ses relations avec le reste des choses.

Or la littérature est une expression de l'homme. Elle est un effet d'un certain genre dont l'esprit humain est la cause. Il suffira peut-être aux purs littérateurs d'analyser cet effet par l'impression qu'il produit, de le qualifier beau ou laid, de l'admirer ou de le déprécier, d'en souffrir ou d'en jouir. Voilà qui satisfait le goût. Mais la raison, qui veut tout expliquer, n'est point satisfaite. Il lui reste à rattacher cet effet à sa cause, à le faire comprendre par elle, et même à faire comprendre cette cause à son tour, s'il y a lieu, par tous les éléments qui l'ont déterminée à être ce qu'elle a été et à produire ce qu'elle a produit. C'est peut-être là une téméraire régression à l'infini où s'engage l'esprit critique qui mesure plutôt sa curiosité que ses forces. Telle est pourtant l'entreprise de la philosophie, quand elle s'applique aux choses qui comme la littérature ont une histoire.

On pourrait dire que la philosophie joue à l'égard de la littérature le rôle que joue dans le moi la conscience à l'égard des phénomènes. La psychologie distingue deux modes d'activité : la spontanéité et la réflexion. C'est la spontanéité qui commence et donne à la réflexion sa matière. C'est la réflexion qui essaie d'expliquer la spontanéité et qui, n'ayant pu prévoir ses mouvements, en rend compte après coup. Partout on retrouve ces deux modes de l'action, dont l'âme humaine donne les types. Dans toutes les branches de la connaissance, la spontanéité est représentée par le génie qui produit, mais qui presque jamais ne cherche à savoir comment : la réflexion, par la critique qui ne produit pas, mais se donne pour tâche d'expliquer les productions du génie. La spontanéité crée suivant des lois, qu'elle ignore au moment où elle s'y soumet, qu'elle institue même au courant de son action, et qui n'existent ni avant l'œuvre, ni en dehors d'elle. L'œuvre finie, le génie la détache de lui-même, mais en y laissant sa marque. Vient alors la réflexion qui, sous sa forme de philosophie critique, recommence pour son compte, mais fictivement et avec conscience, l'enfantement de l'œuvre. Elle se met par hypothèse à la place du génie, retrouve et suit le chemin qu'il a parcouru sans y prendre garde, mais pour en noter, elle, tous les accidents et tous les détours : et finalement elle étonne et instruit le génie en lui révélant le secret de sa marche.

Puis, l'esprit critique éveillant l'esprit d'imitation, le talent s'empare des procédés, qui deviennent des lois ; une forme littéraire se fixe, et l'adhésion des connaisseurs à cette seule forme, à l'exclusion des autres, constitue le goût.

La philosophie de la littérature sera donc plus compréhensive que la critique littéraire, puisqu'elle n'étudiera pas seulement comme celle-ci, le goût, mais encore les raisons et l'histoire du goût.

On a dit que la philosophie remplit l'entre-deux de la littérature et de la science : on peut dire que la philosophie de la littérature remplit à son tour l'entre-deux de la littérature et de la philosophie. Elle est un moyen terme qui participe de l'une et de l'autre et les rapproche en ménageant le contact de leurs points communs. Par là elle dérive bien de cet esprit de comparaison et de synthèse qui domine aujourd'hui et qui tend à percer des jours mutuels, à ouvrir comme des passages mitoyens entre les divers domaines de la pensée. Elle sert de communication entre deux extrêmes, isolés et comme défiants ; on peut même dire qu'elle réconcilie deux ennemis. Car si Descartes a en quelque sorte institué le dédain de la littérature (ce qui a contribué encore à l'éloigner de l'esthétique) et si c'est sur ce facile point de doctrine qu'il a le plus accordé ses plus brillants disciples, la littérature n'a pas manqué de riposter par un éternel procès aux ingrates abstractions de la métaphysique. Cette antipathie, qu'une délimitation trop analytique a pu rendre intelligible sans la rendre légitime, tend à se changer au contraire en une sorte de combinaison harmonieuse sous l'influence de l'esprit et de la méthode de la critique au XIXe siècle. Avec Kant et surtout avec Hégel, l'avènement de l'esthétique fait des œuvres littéraires un objet philosophique, et cette annexion, qui à coup sûr eût été suspecte aux littérateurs comme aux philosophes d'autrefois, semble l'être de moins en moins à ceux d'aujourd'hui.

On peut conclure, d'après ce qui précède, que la philosophie de la littérature est une sorte d'esthétique expérimentale, tirée a posteriori des œuvres remarquables d'une époque et chez une nation déterminées. Cette étude, ainsi définie, doit nécessairement procéder par analyse et par induction. Les œuvres d'art seront considérées comme des faits dont il s'agira de déterminer, sinon les causes, du moins le caractère et les lois. Nous ne les jugerons plus avec notre goût actuel, mais avec le goût qu'elles expriment, et auquel elles répondent.

De même que pour les sciences expérimentales les lois ne sont que la généralisation des faits, après l'analyse, de même ici les éléments philosophiques qui constituent le caractère d'une littérature, à une époque donnée, par exemple le XVIIe siècle, ne pourront être dégagés que par une étude expérimentale des œuvres littéraires de cette époque considérées comme des cas particuliers. Puis, l'ensemble des caractères communs que l'observation et l'analyse auront constatés dans les différents genres et chez les divers auteurs, entrera dans la composition et dans la formule du caractère général. Il faut se garder de confondre ces généralisations avec ce qu'on appelle les généralités. Une généralisation est une expression qui tend à être scientifique, même dans les choses qui ne sont pas de la science. Ses qualités sont donc l'exactitude et la précision. Au contraire rien n'est si vague qu'une généralité. Tandis que la généralisation est une abréviation, une simplification légitime de cas particuliers qui en exige la connaissance préalable par une analyse positive, la généralité n'est le plus souvent que l'énonciation sommaire d'un jugement qui peut n'être que personnel, d'un pur sentiment, vague et restreint à la fois, comme quand on dit que « Racine est tendre » ou que le « qu'il mourût » est sublime. La science, qui est par excellence le domaine de la vérité positive et démontrable, ne vise qu'aux idées générales, puisque les lois ne sont pas autre chose : et c'est justement pour se rapprocher autant que possible de la rigueur de la science que la littérature tend de plus en plus à proscrire les généralités pour les remplacer par des généralisations.

Une esthétique expérimentale, comme celle dont il s'agit ici, c'est-à-dire une théorie a posteriori du beau, valable seulement pour une certaine période et pour un genre de l'art, se compose de deux éléments : un élément historique, un élément philosophique.

L'élément historique c'est l'ensemble des jugements portés par les contemporains sur les œuvres remarquables du temps. Les hommes qui cultivent les beaux-arts se rangent en deux catégories, d'ordinaire distinctes.

Ceux qui produisent et ceux qui jugent. Or de même qu'on fait l'histoire des productions du génie ou du talent, de même peut-on trouver un intérêt, secondaire sans doute, mais utile et piquant, à faire l'histoire des appréciations que ces productions ont provoquées de leur temps. A côté de l'histoire des œuvres, qui est faite par la critique, on aura ainsi l'histoire de la critique.

Celle-ci commence nécessairement plus tard que la première ; car l'esprit critique ne peut se développer qu'après l'esprit créateur et grâce à lui, comme la conscience après l'essor de la spontanéité. Ainsi, à l'époque de la Renaissance et au XVIe siècle, nous ne trouvons guère de littérateurs éminents que dans la catégorie des producteurs. Ils imitent plutôt qu'ils ne créent ; mais ils ne critiquent pas. Ceux qu'on pourrait appeler les critiques d'alors ne se prennent point aux œuvres contemporaines : ils ne s'appliquent presque qu'à l'antiquité qu'ils étudient bien plus en érudits et en grammairiens qu'en philosophes et en artistes.

Ce qu'on appelle le goût, c'est-à-dire l'esprit de choix et la mise en système du sentiment, n'apparaît qu'au commencement du XVIIe siècle. Le XVIe a trouvé ou retrouvé tout ce qu'il a pu et, admiré sans proportion, avec une égale bonne foi, toutes ses restaurations et toutes ses découvertes. L'âge suivant voudra faire l'inventaire de cet abondant pêle-mêle, y appliquer une sorte de doute méthodique littéraire, rejeter le cuivre et le verre et ne juger digne d'être conservé que ce qu'il aura jugé digne d'être admiré.

Dès lors la critique est née. Nous entendons la critique continue et méthodique. Ici pourrait commencer son histoire : elle est plus qu'une tendance de l'esprit national, et plus aussi que le passe-temps personnel de quelques tempéraments en avance ; elle a une organisation, une voix, un rôle ; elle est une puissance. Et même elle se constitue avec un tel excès de régularité et de formalisme, qu'elle va jusqu'à l'écart et jusqu'à l'écueil d'être, dès le début, officielle. Les sentiments de l'Académie sur le Cid sont moins une critique, qu'une censure.

Si on la suivait dans la grande ligne de son développement jusqu'à nos jours, on constaterait qu'après avoir été presque nulle au XVIe siècle, ou purement grammaticale et philologique, la critique au XVIIe se constitue comme une œuvre d'art et de goût, mais sans absorber encore les plus grands talents et en laissant la plus haute et la plus large place à la production. C'est un genre inférieur qui ne tente que par intervalle et ne détourne jamais, pour lui seul, les hommes de valeur. Boileau la met nettement en seconde ligne et bien loin de l'art, dans son vers fameux :

La critique est aisée et l'art est difficile.

Il ne concevait pas encore la possibilité de l'art difficile de la critique.

Au XVIIIe siècle, il s'établit une sorte d'équilibre entre les deux. Chaque catégorie est aussi riche et aussi brillante que l'autre. Voltaire, par exemple, s'y partage avec une sorte d'égalité : son commentaire de Corneille vaut bien ses meilleures tragédies et son siècle de Louis XIV vaut mieux que sa Henriade. Il produit donc et juge tour à tour ; comme Gœthe plus tard en Allemagne, il représente avec maîtrise la synthèse des deux esprits.

Enfin, plus on avancerait dans le XIXe siècle, plus on verrait les grands talents se vouer de prime-abord à la critique et abandonner le domaine de la composition pour le livrer à des novateurs, presque tous inférieurs, sauf quelques illustres exceptions. Et encore pourrait-on montrer que les producteurs de cette dernière période sont eux-mêmes si possédés de l'esprit critique qu'ils se font les critiques de leurs propres œuvres (1). Ils les annoncent, les analysent, les commentent, les expliquent, les complètent, les défendent et parfois les admirent dans des introductions ou des appendices souvent plus considérables et plus curieux que les œuvres mêmes. On pourrait citer telles pièces de théâtre qui sont devenues la préface de leur préface.

De ce développement historique de la critique on pourrait marquer les périodes, assez naturellement limitées aux siècles mêmes et en faire l'étude spéciale.

Par exemple, pour le XVIIe siècle, qui est ici en cause, on rechercherait quel a été l'instrument de la critique, depuis les arrêts de l'Académie jusqu'aux articles du Mercure galant, depuis les dissertations comme celles de Perrault jusqu'aux lettres et aux chansons.

Mais ce travail, plutôt historique et portant sur un amas de faits et une collection de documents chronologiquement classés, ne doit venir qu'après un autre qui constitue l'élément philosophique de la question. En dehors de la critique des contemporains et au-dessus d'elle, il existe une critique supérieure, une véritable esthétique impliquée dans les œuvres. Les producteurs, en composant, obéissent à des lois intimes qu'il faut dégager pour voir sous forme de système, ce qu'ils ont vu et nous ont donné sous forme d'inspiration. C'est même seulement par la comparaison de ces grandes lois

---

(1) *Les Commentaires* de Lamartine, *les Préfaces* de V. Hugo, etc., etc.

de composition, extraites des chefs-d'œuvre, avec les jugements portés sur ces chefs-d'œuvre par la critique contemporaine qu'on peut apprécier la pénétration, l'impartialité, la valeur durable de celle-ci et constater si elle a ou non compris les génies de l'époque.

Puisque les créateurs font les règles que les critiques leur imposent ensuite, en leur défendant d'en changer, l'ordre chronologique, aussi bien que l'ordre logique, veut que les principes de l'esthétique littéraire soient étudiés d'abord, non pas chez ceux qui les appliquent, — les juges, — mais chez ceux qui les font, — les créateurs.

Or, ces principes peuvent se trouver chez les maîtres sous deux formes ; à l'état inconscient et spontané, à l'état conscient et explicite. Il se peut que les grands écrivains, outre qu'ils ont mis en pratique, dans leurs ouvrages, leurs idées sur le beau, aient encore eu l'occasion d'exprimer ces principes sous une forme théorique, et d'analyser leur conception de l'art.

De même que chez les philosophes, on trouve en général d'abord l'exposé d'une méthode, puis les résultats dogmatiques acquis par cette méthode, comme dans le Discours de Descartes, de même peut-on chez un orateur trouver l'éloquence et la théorie de l'éloquence, et chez un tragique la tragédie avec l'analyse des ressorts tragiques. Ainsi, Boileau dans l'Art poétique ; Racine dans ses préfaces et dans quelques lettres ; La Bruyère dans le chapitre des Ouvrages de l'esprit ; Buffon dans le Discours sur le style ; Voltaire un peu partout, ont donné des modèles de cette critique supérieure, qui est à notre sens, l'esthétique du temps. Il y a donc lieu de chercher la théorie littéraire du XVIIe siècle, non seulement dans les compositions des grands écrivains, ce qui a été fait plus d'une fois et supérieurement, mais encore et surtout dans les parties de leur œuvre, où ils se sont faits théoriciens et critiques. C'est la moitié littéraire du travail.

L'autre, plus philosophique, est consacrée à montrer que l'idéal conçu par le XVII⁰ siècle s'accorde exactement avec les principes de la métaphysique cartésienne, et que les règles données pour le réaliser ne sont autres que les règles mêmes de la méthode, transportées du domaine du vrai dans celui du beau.

Ce qui a été dit de la philosophie de la littérature, de son origine, de sa portée et de ses moyens, précise le caractère et limite l'objet de cet essai. Il s'agit exclusivement d'une esthétique a posteriori et, si l'on peut dire, historique et expérimentale. Par conséquent, elle ne touchera point à la question du beau absolu ou beau en soi, lequel, suivant l'école spiritualiste, est vu par l'intuition ou déterminé a priori par la dialectique déductive : elle portera seulement sur une forme particulière et concrète de beauté, réalisée par une grande littérature, sous l'influence d'une grande philosophie.

La conclusion, pour ne point dépasser ces prémisses, n'ira donc point à poser l'esthétique cartésienne, comme l'esthétique parfaite, et le genre classique comme le genre définitif et impérissable. Il est évident qu'on peut s'occuper de leur attribuer cette universalité, cette perfection, cette éternité et trouver, dans ses goûts personnels, des raisons considérables pour prouver que le type de beauté, conçu et réalisé par le XVII⁰ siècle, est d'essence si générale qu'il doit être valable pour tous les temps et tous les pays. Mais outre que cette démonstration, qui n'est, à la bien prendre, que l'expression autoritaire d'une préférence, pourrait être facilement contredite par l'histoire, c'est là une seconde question, indépendante de celle qui nous occupe et qui n'y ajouterait ni intérêt ni clarté, quoiqu'ayant son intérêt et sa clarté propres.

Pour démontrer que le beau classique est la plus adéquate représentation du beau en soi, il faudrait commencer par établir qu'il y en a un et quel il est. C'est ce que d'ordinaire les littérateurs ne font pas; il leur est plus commode de supposer le problème résolu (1). Or, c'est là pourtant un problème d'esthétique transcendantale sur lequel les philosophes sont loin de s'accorder. On peut trouver des arguments pour et contre l'existence d'un beau unique, identique, éternel : mais quelle que soit la solution qu'on adopte, on est forcé de s'entendre sur ce point, qui est un fait, à savoir que les formes du beau réalisées par l'art, sont multiples, variables, périssables, et qu'on peut les étudier dans leur complexité, leur variété et leur histoire, en détachant et en réservant la question du beau en soi. Nous ne dépasserons point ces limites positives. Sans doute, c'est se tenir à un étage de l'esthétique qui n'est point le plus élevé, et s'arrêter au niveau des sciences psychologiques au lieu de monter jusqu'aux sommets métaphysiques. Mais outre que cette station volontaire dans une sphère réputée inférieure, n'est point une profession de scepticisme à l'égard d'une sphère supérieure, ni le refus désenchanté d'y aspirer, ni le désespoir prématuré d'y atteindre, elle serait encore la meilleure discipline pour y préparer et peut-être le seul chemin sûr pour y conduire.

(1) V. *l'Histoire de la Littérature Française*, par M. D. Nisard.

V.

De ce qu'il faut entendre par l'influence d'une philosophie sur une littérature. — Qu'il faut faire la part du *subjectif* dans la détermination de cette influence, comme on la fait dans toute explication philosophique.

Il semble à peine nécessaire d'expliquer ce qu'on entend par influence. Pourtant un critique d'esprit et d'autorité a consacré quelques lignes pleines de verve littéraire à rendre le terme suspect à qui aime la précision. — « Le mot influence n'est pas nouveau, mais, de nos jours, il a pris une signification plus étendue. Au XVIIe siècle, on ne l'employait guère que pour désigner l'action que les astres avaient alors sur la destinée des hommes. Aujourd'hui, il sert assez souvent à désigner des influences qui ne sont pas beaucoup plus réelles. Les mots de ce genre, vagues et d'une portée douteuse, sont précieux en un temps où les généralités ambitieuses sont à la mode, et où chacun, plus ou moins, aime à planer dans les espaces. On les emploie pour exprimer des vérités équivoques, qu'on peut nier, qu'on peut affirmer avec un succès égal... Si l'on comprenait bien les mots dont on se sert, peut-être parviendrait-on à s'entendre. C'est pour prévenir ce malheur, que le mot *influence* et quelques autres de même espèce semblent avoir été imaginés (1). » Aujourd'hui le mot d'influence à moins d'ambition et plus de clarté. Il a dépouillé tout à fait son vieux sens astrologique, et l'usage qu'en a fait la critique l'a rendu commode et précis. Il exprime

(1) EUGÈNE DESPOIS. *Revue des Deux-Mondes*, 15 juin 1853.

simplement l'action réciproque des choses les unes sur les autres, action réelle, incontestable dans le monde moral aussi bien que dans le monde physique et que l'esprit, par des méthodes appropriées à ces deux ordres, s'efforce de saisir. Ce sens n'est pas nouveau ; il est déjà presque banal au XVIIIe siècle, puisque Voltaire dit : « Tout ce qui vous entoure influe sur vous, en physique, en morale, vous le savez assez (1). »

Sans doute, quand il s'agit d'évaluer des influences intellectuelles l'opération est des plus délicates : la rigueur scientifique n'est plus possible : prétendre à des vérifications absolues, devient chimérique ; les résultats ne doivent être donnés que comme des hypothèses, des vérités vraisemblables seulement et en quelque chose provisoires, faites pour provoquer des revisions incessantes et attendre la contradiction. Mais aussi, ces résultats sont-ils légitimes quand on ne les donne que pour ce qu'ils sont. Toutes les explications que nous pouvons proposer des choses de l'esprit renferment toujours quelque chose de notre esprit même, c'est-à-dire un élément subjectif, qui nous échappe, et que nous n'avons pas le droit d'imposer comme une manière de voir universelle, mais qu'on n'a pas non plus le droit de nous reprocher comme une cause d'erreur.

Voilà ce qui fait, si l'on veut, l'infériorité de ce genre d'étude au regard de la science pure, qui laisse moins de part à la personnalité ; mais voilà aussi ce qui le rapproche de l'art et lui en assure les séduisantes franchises. Là où manque la ressource de la démonstration, pourquoi s'interdire celle du sentiment? Et pourquoi d'autre part n'aurait-on pas la liberté de chercher des

---

(1) VOLTAIRE. *Dict. philosophique.*

preuves au sentiment, et de tenter la démonstration qu'on a bien sentie ? (1)

On peut admettre qu'il y a dans les choses morales deux genres d'influences ; les unes à peu près positives et démontrables se manifestent par des faits qui relèvent de l'histoire. Les autres, insaisissables dans les objets, sont plutôt dans la manière de voir de ceux qui jugent les choses que dans les choses mêmes. Elles sont comme l'explication subjective que notre pensée se donne des rapports qui échappent à l'observation.

Cette explication, tout esprit la cherche dans son sens à lui, et se la fait nécessairement comme il est fait lui-même.

C'est une condition de la nature intellectuelle de l'homme, qu'il faut bien accepter puisqu'elle est invincible ; qu'il faut même peut-être estimer et entretenir puisqu'elle est le refuge et la sauvegarde de la personnalité.

Il y a place en littérature comme en philosophie pour l'intuition et pour l'hypothèse ; le goût peut donner ses explications comme l'esprit métaphysique donne les siennes ; elles ont leur valeur esthétique et logique, comme un beau système, celui de Platon ou de Spinoza par exemple, où il n'y a peut-être rien d'objectivement vrai, mais où il y a ce qui console de la fuite de la vérité objective, et qui est une vérité dans son genre, un amour élevé de la vérité et un effort puissant pour la construire. Cette passion de l'explication est si irrésistible et partant si légitime, que quand l'esprit ne la trouve pas, il la

---

(1) « Par crainte de la philosophie littéraire on a séparé violemment la philosophie de la littérature. C'est un sérieux danger. Il y a en philosophie des problèmes où le sentiment et le tact ont plus de part que la méthode scientifique. » — P. JANET. *Revue des Deux-Mondes*. La psychologie de Racine.

crée. Pour les esprits positifs c'est un signe d'infirmité ; mais pour les esprits artistes c'est plutôt une marque de puissance.

Aussi peut-on déterminer a priori les rapports généraux de la philosophie avec la littérature sans compromettre et sans gêner l'étude postérieure des cas particuliers.

La littérature, comme l'art dont elle est une forme, consiste surtout dans l'expression : elle rend des idées qu'elle emprunte et qui sont comme l'âme de ces formes esthétiques dont elle les revêt. Par idées, il faut entendre ici une sorte de matière intellectuelle qui comprend aussi bien les sentiments et les passions que les éléments rationnels de l'esprit : « ...en prenant le mot pensée comme je fais pour toutes les opérations de l'âme, en sorte que non seulement les méditations et les volontés, mais même les fonctions de voir et d'ouïr, de se déterminer à un mouvement plutôt qu'à un autre, sont des pensées (1). »

C'est donc le fond psychologique et métaphysique dans sa totalité. Or ce fond, la littérature ne le crée pas ; elle l'emprunte soit à la religion (2), soit à la philosophie, soit ensemble à l'une et à l'autre quand elles s'accordent, et c'est le cas pour le XVIIe siècle.

Laissons de côté l'élément religieux qui n'a point à figurer ici. D'ailleurs cette omission n'a point d'inconvénient, quand il s'agit du XVIIe siècle : à propos d'autres époques, il y aurait lieu de distinguer et de traiter à part de l'influence religieuse et de l'influence philosophique, étant donné qu'il pourrait y avoir séparation ou

---

(1) DESCARTES. *Lettres*. T. VII, p. 392.
(2) Voir sur les rapports de la religion et de l'art : la *Cité antique*, par M. Fustel de Coulanges.

antagonisme entre la religion et la philosophie. Mais pour le XVIIe siècle, la question ne nous semble pas se dédoubler ainsi ; le cartésianisme ayant toujours pris garde de s'accorder avec le dogme chrétien et y ayant toujours réussi au point d'être, à notre avis, la plus exacte expression laïque du christianisme français.

La philosophie peut exercer sur l'art un double effet : 1° par sa méthode ; 2° par sa doctrine.

En effet toute philosophie se pose d'abord le problème de la connaissance. Comment l'esprit humain doit-il employer ses facultés, et lesquelles, pour atteindre à la vérité ? Les philosophies qui ne font pas de la méthode une étude préliminaire et séparée ont néanmoins une méthode. Si elles n'en font pas la théorie, la pratique l'implique. De plus cette méthode ne demeure point particulière à la philosophie. Par sa nature même elle est aussitôt généralisée que posée. Elle a pour fonction de conduire l'esprit dans la recherche de toute la vérité, ou si l'on aime mieux, de tous les genres de la vérité. Le but de l'art, c'est l'expression du beau, celui de la science la détermination des lois, celui de la morale la définition de la vertu : vérité esthétique, scientifique ou morale, l'esprit la poursuit par des moyens logiques que la philosophie analyse, formule et apprécie. En se donnant une méthode à elle-même, elle en donne une du même coup à tout le reste. L'adaptation aux objets particuliers n'empêche pas l'identité et l'unité du principe.

Deux méthodes se disputent l'empire : la méthode déductive et la méthode expérimentale ; nous ne prenons que les types extrêmes, sans parler des mille combinaisons qu'on en peut faire à proportions variables. C'est la philosophie qui analyse ces deux méthodes et s'efforce par son initiative, soit de faire prévaloir l'une d'elles, soit de les concilier.

Que la méthode déductive l'emporte avec éclat ; qu'un Descartes, d'accord avec l'esprit de son temps, soit qu'il le prévienne, soit qu'il le subisse et le résume, la proclame supérieure et l'emploie presqu'exclusivement dans les choses de la pensée : la voilà qui domine, aussi bien chez les littérateurs et les artistes que chez les philosophes et les savants. Cette éducation déductive donne dans la littérature et dans l'art un genre bien caractérisé dont les éléments sont le spiritualisme, la recherche du simple, de l'abstrait, de l'universel, avec l'omission volontaire du concret et de l'histoire.

Au contraire, que le développement des sciences physiques et naturelles déprécie plus tard la méthode rationnelle pour faire prévaloir la méthode expérimentale, aussitôt l'art se modifie symétriquement. La littérature tend vers une forme plus complexe. On voit naître le culte de la vérité historique, le goût de l'archéologie, la curiosité de voir et l'ambition de faire revivre les hommes et les choses d'autrefois avec leur couleur individuelle. L'art crée moins qu'il n'exhume et restaure. L'esprit, à moins qu'il ne s'occupe que de lui-même, ne tire plus ses œuvres de son propre fond : mais il se soumet davantage à la réalité, ou du moins il le prétend et il le croit; il tente une conciliation de l'imagination et de l'observation, de l'inspiration et du savoir, et met plutôt le beau dans le réel idéalisé, que dans l'idéal réalisé.

Mais la philosophie ne donne la méthode que pour l'appliquer. De là des résultats psychologiques et métaphysiques qui sont une certaine idée de Dieu, de l'homme et du monde. Or ce triple objet de la philosophie est aussi celui de l'art. Quel que soit le genre littéraire que l'on considère, on s'aperçoit qu'il exprime nécessairement ou le monde par la description et l'interprétation de la nature, ou l'homme par l'analyse des passions et la peinture des mœurs, ou Dieu par l'émotion religieuse, la poésie de l'infini et la préoccupation de l'au-delà. Or la conception philosophique de l'homme, de Dieu et du monde est diverse ; et cette diversité se retrouve dans les formes expressives dont l'art revêt cette conception, dans les chefs-d'œuvre littéraires qui sont la représentation sensible de l'idée philosophique de ces trois éternels objets.

Il suffit, sans insister, de montrer en deux mots comment c'est l'idée que l'homme se fait de lui-même, de Dieu et de l'Univers qui détermine le type de beauté qu'il choisit.

Par exemple, la philosophie grecque des commencements, comme la religion, n'admet guère la liberté morale et n'en a même peut-être pas la notion ; la conséquence c'est que le théâtre qui a pour fonction de représenter l'homme en action et d'exprimer la philosophie de sa destinée ici-bas, le montre sans cesse soumis à ce que la philosophie appelle un rigoureux fatalisme et qui est pour la poésie l'invincible tyrannie du destin.

Au XVIIe siècle la philosophie spiritualiste, chrétienne et surtout catholique, donne une importance inconnue des anciens à la liberté morale et proclame même, en renversant la hiérarchie antique, la prédominance métaphysique de la liberté sur l'intelligence (1). Le théâtre

---

(1) « Le libre arbitre est de soi la chose la plus nette qui puisse être en nous, d'autant qu'il nous rend en quelque façon pareils à Dieu et semble nous exempter de lui être sujets. » (DESCARTES, *Lettre à la Reine de Suède*. T. X, p. 65.)

de Corneille, soit qu'il s'inspire de cette philosophie antérieure à Descartes, soit qu'il subisse l'influence des mêmes causes complexes qui ont produit cette philosophie, ne nous offre guère que le spectacle de la passion vaincue et de la liberté triomphante.

Par contre, Racine est janséniste par l'éducation et le milieu : or les jansénistes, et même les jansénistes cartésiens, diminuent singulièrement le libre arbitre et ne croient pas que l'irrésistible empire des passions puisse être renversé par une résistance purement humaine : le théâtre de Racine nous peint plutôt la victoire des passions et la défaite de la volonté.

L'antiquité grecque ne distingue pas la divinité de la nature : elle trouve la nature si belle, qu'elle en fait son dieu et l'appelle divine. Aussi l'art et la poésie de la Grèce sont-ils panthéistes.

Le Moyen-Age chrétien pousse au contraire à l'extrême le dualisme de la matière et de l'esprit. Il fait de l'âme et du corps, de Dieu et de la nature deux principes en guerre, l'un mauvais et qui doit disparaître, l'autre bon et qui doit seul survivre. De là deux formes extrêmes de l'art, un idéalisme qui va jusqu'au mysticisme et s'exprime par des âmes sans corps, et un réalisme qui va jusqu'au cynisme et s'exprime par des corps sans âme. La littérature est ou bien l'exaltation de la force physique dans les épopées de la chevalerie, ou bien l'agitation stérile d'idées sans objets dans les discussions scholastiques ; c'est-à-dire, en somme, un manque d'équilibre et d'harmonie entre l'esprit et la matière, puisque tour à tour l'un des deux est sacrifié à l'autre.

La philosophie épicurienne enseigne l'indifférence ou l'absence des dieux, le néant après la mort et la loi du hasard pendant la vie. C'est un pessimisme impassible qui érige en système le désespoir raisonnable, la désolation voulue et prétend adoucir la tristesse de la vie en l'interprétant, non comme une infirmité, mais comme une dignité. Les vers de Lucrèce sont fiers, raisonneurs et résignés comme la théorie qu'ils chantent (1).

Si vous ouvrez Sénèque vous trouverez à son style un air robuste, une allure fièrement militante, parfois la grandeur et l'éclat. Mais il déconcerte souvent par des taches d'emphase et des raffinements de subtilité. C'est qu'en outre de la beauté morale qui le caractérise, le système de Zénon est encore empreint d'une « superbe diabolique » comme dit Pascal qui met le sage au-dessus de Jupiter et qui explique ce ton de jactance et de fanfaronnerie. Il y a d'autre part dans l'éclectisme si complexe des stoïciens des contradictions, comme celle du destin et de la liberté humaine que les maîtres de l'école s'épuisent à résoudre. De là cette subtilité scholastique et des expédients de logique qui rendent la forme laborieuse et obscure.

Ainsi s'accuse aux différentes époques de la philosophie et de la littérature, cette solidarité de la pensée et de l'expression. Peut-elle s'expliquer autrement que par une influence incontestable de l'idée sur la forme, et la détermination de cette influence n'est-elle pas l'objet légitime de toute étude esthétique ?

(1) V. J. MARTHA. *Lucrèce.* Chap. *La tristesse du système.*

LIVRE II.

DESCARTES ET LES ANCIENS.

Contradiction entre le principe de la philosophie cartésienne, la *personnalité*, et celui de la littérature classique, l'*imitation*. — Comment elle se résout. — Critique de cette opinion que Descartes et les Cartésiens seraient des *modernes* en littérature. — La philosophie cartésienne et la littérature classique sont également une combinaison du *libre examen* et de la *tradition ancienne*.

Au premier aspect, les caractères généraux de la philosophie cartésienne et ceux de la littérature classique du XVIIe siècle semblent plutôt se contredire que s'accorder.

En effet, le trait saillant de la philosophie cartésienne c'est l'indépendance à l'égard du passé, le mépris des anciens, l'ambition de rompre avec toute tradition et le droit pour l'esprit, et même le devoir, de tirer de lui-même, par un effort individuel, la vérité générale.

Au contraire, la littérature du XVIIe siècle, inspirée par l'esprit de la Renaissance, professe le culte et pratique l'imitation de l'antiquité. L'art ancien passe aux yeux des érudits et des critiques pour avoir réalisé et fixé l'idéal de la perfection : il est admis a priori qu'on ne peut faire mieux et qu'on ne doit pas faire autrement que les Grecs et les Latins, et qu'il serait déraisonnable de l'essayer, puisque toute nouveauté serait condamnée d'avance à une infériorité fatale.

Il y a donc opposition de principe et de méthode entre la philosophie et la littérature, au point qu'une influence réciproque de l'une sur l'autre apparaît tout d'abord comme impossible ou comme inexplicable. Si la littérature avait adopté pour son compte le principe cartésien de la recherche personnelle et tenté de réaliser le beau par la méthode que Descartes avait prescrite et employée pour trouver le vrai, l'esprit d'invention eût dominé et non l'esprit d'imitation; Perrault aurait eu raison contre Boileau, et les modernes eussent triomphé. Or, le contraire est arrivé. La conclusion serait donc que la littérature cartésienne a été condamnée par le goût du XVIIe siècle et que l'art poétique a vaincu, dans la personne de Perrault, le cartésianisme littéraire. C'est l'opinion de l'éminent historien de la Querelle des anciens et des modernes : « L'influence de Descartes sur la littérature a été bien puissante aussi, mais à certains égards moins aperçue : on a remarqué depuis longtemps qu'il avait donné un grand exemple de l'autorité de l'écrivain sur ses écrits et sur ses lecteurs et introduit dans la composition l'ordre et la liaison des idées, l'exactitude du langage, en un mot la méthode. Mais on a signalé moins souvent un autre effet littéraire du cartésianisme. Il a voulu émanciper, non seulement la philosophie, mais la littérature et faire tomber, comme si c'avait été les lisières d'un enfant, les liens qui unissaient l'esprit français à l'antiquité. Perrault est le fils de Descartes (4). »

---

(1) H. RIGAULT. *Histoire de la Querelle des anciens et des modernes.* Chap. IV, page 54.

Cette filiation, malgré les apparences, nous semble fausse ; et nous essaierons de montrer que le vrai fils de Descartes est au contraire Boileau.

Il faut accorder que « Descartes enseigna le mépris de l'antiquité. » Sans compter le sens général du Discours de la méthode et notamment les ironies du premier chapitre, on peut tirer de ses autres écrits un grand nombre de citations significatives qui en témoignent. Ainsi, par exemple, au commencement du Traité des passions de l'âme : « Ce que les anciens en ont enseigné est si peu de chose, et pour la plupart si peu croyable, que je ne puis avoir aucune espérance d'approcher de la vérité qu'en m'éloignant des chemins qu'ils ont suivis (1). » Descartes ne manque jamais non plus de parler d'Aristote avec une sorte d'irrévérence voulue que Malebranche, après lui, exagérera jusqu'à une violence inique. Il dit dans les Réponses aux objections : « Puisqu'on ne m'op-
» pose ici que l'autorité d'Aristote et de ses sectateurs,
» et que je ne dissimule point que je crois moins à cet
» auteur qu'à ma raison, je ne vois pas que je doive me
» mettre beaucoup en peine de répondre (2). » Il dit encore : « Galilée est éloquent à réfuter Aristote, mais
» ce n'est pas chose fort malaisée (3). »

Enfin, dans la Recherche de la vérité, il exprime par une formule fière son ambition d'être original : « Je ne veux point être mis au nombre de ces artistes sans talent, qui ne s'appliquent qu'à restaurer de vieux ouvrages, parce qu'au fond ils sont incapables d'en achever de neufs (4). » Les plus éminents des cartésiens, Arnaud,

---

(1) *Les Passions de l'âme.* COUSIN. T. IV, page 37.
(2) COUSIN. T. VIII, page 284, § 12.
(3) COUSIN. T. VII, page 439 *(Lettres).*
(4) COUSIN. T. XI, page 348.

Pascal et Malebranche ont développé après le maître la thèse du progrès. Malebranche surtout, celui des trois qui a le plus aimé et admiré Descartes, est aussi celui qui a traité les anciens avec le plus d'animosité : il voudrait presque les supprimer de la mémoire des hommes : « Il est, ce me semble, assez inutile à ceux qui vivent présentement de savoir s'il y a jamais eu un homme qui s'appelât Aristote, si cet homme a écrit les livres qui portent son nom (1). » Il professe enfin que « ce faux et lâche respect que les hommes portent aux anciens produit un très grand nombre d'effets très pernicieux qu'il est à propos de remarquer (2). »

Il est incontestable, d'après ces textes, que l'esprit de la doctrine cartésienne est pour *l'invention* contre *l'imitation*. Mais il s'agit de déterminer ce que Descartes entend par *invention* et ce que les grands littérateurs du XVIIe siècle entendent par *imitation*. Si l'originalité dont parle Descartes était surtout une originalité de forme, si elle consistait dans une sorte de liberté d'assimilation, elle se rapprocherait singulièrement de la formule des littérateurs : surpasser les anciens en les imitant.

Tout d'abord on peut opposer aux textes qui précèdent d'autres textes bien différents et qui, sans les contredire tout à fait, les atténuent pourtant beaucoup. Si nous voulons trouver dans Descartes un hommage à l'autorité des maîtres, nous n'avons qu'à choisir parmi les lettres aux Pères Jésuites dont il a été l'élève : « Je n'ai eu ni n'aurai jamais l'intention de blâmer la méthode qu'on emploie dans les écoles ; c'est à elle que je dois le peu que je sais, et c'est de son secours que je me suis servi

---

(1) *Recherche de la Vérité.* Livre II, chap. V.
(2)   Id.   Ibid.

pour reconnaître l'incertitude du peu que j'ai appris (1). »
Il écrit à la princesse Élisabeth : « Et même je reçois des compliments des Pères Jésuites, que j'ai toujours cru être ceux qui se sentiraient le plus intéressés en la publication d'une nouvelle philosophie et qui me le pardonneraient le moins s'ils pensaient pouvoir y blâmer quelque chose avec raison (2). »

Quand il établit les règles pour la recherche de la vérité, non seulement il ne proscrit pas l'érudition comme un danger pour l'activité et l'indépendance de l'esprit, mais encore il la prescrit comme un point de départ nécessaire, sans lequel l'esprit ne trouverait pas son chemin propre ou ne saurait pas mesurer ce qu'il lui en reste à parcourir : « Nous devons lire les ouvrages des anciens parce que c'est un grand avantage de pouvoir user des travaux d'un si grand nombre d'hommes, premièrement pour connaître les bonnes découvertes qu'ils ont faites, deuxièmement pour être avertis de ce qu'il reste encore à découvrir (3). »

Dans les rares passages où il s'occupe de ces questions de morale qu'il redoute et qu'il évite parce que « MM. les régents si animés contre lui pour ses innocents principes de physique, ne lui laisseraient aucun repos, si après cela il traitait de la morale, » il pense qu'il faut s'en rapporter tout à fait aux anciens sur la béatitude : « Examiner ce que les anciens en ont écrit et tâcher à renchérir par-dessus eux, en ajoutant quelque chose à leurs préceptes. Car ainsi on peut rendre

---

(1) *Règles pour la Direction de l'esprit.* T. XI, p. 356.
(2) *Lettre à Élisabeth.* T. IX, p. 406.
(3) *Règle III.* T. XI, p. 209.

ces principes parfaitement siens et se disposer à les mettre en pratique (1). »

Et ce n'est pas par hasard ni sur un seul point que Descartes recommande cette méthode d'assimilation qui lui a tant servi : il la généralise et lui donne la valeur d'une règle :.

« Pour que l'esprit acquière de la facilité, il faut l'exercer à trouver les choses que d'autres ont déjà découvertes, et à parcourir avec méthode les arts les plus communs, surtout ceux qui expliquent l'ordre et le supposent (2). »

Nous voilà loin du mépris pour les anciens et de la rupture avec les maîtres. Il ne faut pas prendre au pied de la lettre le ton tranchant du Discours de la méthode. Descartes lui-même nous donne à entendre que ce discours était une sorte de préface (3) destinée à tâter l'opinion, à éveiller la curiosité, à attirer l'attention sur l'auteur : ce n'est pas le résumé grave et complet d'une philosophie déjà faite, et venu après l'œuvre : c'est l'annonce hardie et parfois volontairement provocante d'une philosophie future, lancée avant cette philosophie. Elle comporte par conséquent les exagérations d'une profession de foi. Elle ne doit pas nous masquer les réserves, la déférence pour la tradition, l'emploi du savoir et l'esprit de conciliation, qui se retrouvent à chaque instant dans le reste de l'œuvre.

Plus tard en effet Descartes se défend souvent, et avec sincérité, il faut le croire, d'avoir cherché la nouveauté en philosophie. Il sentait bien lui-même que sa

---

(1) *Lettre à Elisabeth.* T. IX, p. 205.
(2) *Règle X.* T. XI, p. 252.
(3) « Ce que j'ai déjà déclaré dans le Discours de la méthode qui sert de *préface* à mes essais. » T. VIII, p. 288.

méthode était plus nouvelle que son fond et il reconnaissait que, des deux éléments qui composent la pensée humaine, la forme et la matière, — les solutions et les procédés logiques qui y conduisent, le dogme philosophique et les moyens de l'obtenir, — la forme seule peut être absolument personnelle, tandis que le fond, quand il est vrai, appartient à l'esprit humain, c'est-à-dire à tous les hommes. Aussi les rencontres avec ses devanciers, les emprunts aux scholastiques et aux anciens, quand on les lui signalait, ne le déconcertaient point : il répondait sans dépit « qu'il était flatté de se voir soutenu par l'autorité des penseurs qui l'avaient précédé ; il n'était pas surpris que d'autres eussent conçu les mêmes pensées que lui ; il n'avait jamais cherché à se faire honneur de la nouveauté de ses théories, il les tenait pour les plus vieilles du monde parce qu'elles étaient les plus vraies, et si simples qu'il eût été étonné si nul ne les avait aperçues avant lui » (1). Si l'on rapprochait cette interprétation de l'amour de nouveautés manifesté dans le Discours de la méthode par le « célèbre prometteur » (2), elle pourrait sembler téméraire et paradoxale : mais elle est justifiée par plusieurs passages des lettres écrites à une époque où Descartes se connaissait mieux lui-même qu'au moment de la publication de son Discours, et adressées à des intimes auxquels il se révèle avec plus de conscience qu'au public.

Nous savons d'abord qu'il professait un respect absolu

---

(1) Dr Ritter. *Histoire de la philosophie moderne*, traduction Challemel-Lacour. T. I, p. 42.

(2) *Lettres*. T. IX, p. 22 ; et encore : « Je ne suis nullement de l'humeur de ceux qui désirent que leurs opinions paraissent nouvelles. Au contraire, j'accommode les miennes à celles des autres autant que la vérité me le permet. » *Lettre à un P. Jésuite*. T. IX, p. 66.

pour l'antiquité sacrée. Pour lui, le domaine de la raison n'était que le domaine laissé par la théologie à la raison, et non celui que la raison aurait pu s'attribuer avant tout partage, en choisissant la première et en se faisant elle-même sa part, du droit de sa propre nature, et sans se préoccuper de ce qui resterait pour les sciences ou pour la foi.

Ainsi pour Descartes l'originalité dans les solutions était limitée a priori par cette obligation morale, qui devenait aussitôt une obligation logique, de ne contredire aucune des doctrines métaphysiques de l'Église. Descartes faisait même de cette contradiction ou de cet accord un critérium philosophique qui dénonçait la fausseté ou attestait la vérité des investigations rationnelles. Les résultats du libre exercice de la pensée ne pouvaient être considérés comme valables et assurés qu'à la condition d'être conciliables avec les vérités révélées. A lire la déclaration suivante, Descartes est beaucoup plus près de saint Thomas qu'il ne le croit et qu'on ne le dit : « Surtout nous tiendrons pour règle infaillible, que ce que Dieu a révélé est incomparablement plus certain que tout le reste, afin que si quelque étincelle de raison semblait nous suggérer quelque chose au contraire, nous soyons toujours prêts à soumettre notre jugement à ce qui vient de sa part (1). » Mais Descartes n'a pas tenu seulement à

---

(1) *Principes*. Partie I, p. 76. Descartes tenait essentiellement à cet accord. Il s'en fait une supériorité sur Aristote : « Je me propose, après avoir expliqué ma nouvelle philosophie, de faire voir clairement qu'elle s'accorde avec toutes les vérités de la foi, beaucoup mieux que ne fait celle d'Aristote. » *Lettres*. T. IX, p. 359.

C'était aussi l'avis de ses disciples les plus fidèles et de ses amis les plus sûrs : « Je vois que dans toutes ses réponses, son esprit se soutient si bien et qu'il est si ferme sur ses principes et de plus qu'il est si

accorder sa philosophie avec l'antiquité sacrée ; il a toujours mis de l'empressement à reconnaître les points où elle s'accordait avec l'antiquité profane. Il ne recherche pas les dissentiments avec Aristote, au contraire : « Je sais qu'on a cru que mes opinions étaient nouvelles, et toutefois on verra ici que je ne me sers d'aucun principe qui n'eût été reçu par Aristote et par tous ceux qui se sont jamais mêlés de philosophie (1). »

Dans une lettre spirituelle, mais un peu subtile, il va même jusqu'à démontrer que c'est lui, Descartes, qui est un ancien, et que, par rapport à lui, Aristote est sinon un moderne, le mot n'y est pas, mais un nouveau. « Il n'y a rien dans ma philosophie qui ne soit ancien ; car pour ce qui est des principes je ne reçois que ceux qui jusqu'ici ont été connus et admis généralement de tous les philosophes et qui pour cela même sont les plus anciens de tous ; et ce qu'ensuite j'en déduis paraît si manifestement (ainsi que je fais voir) être contenu et renfermé dans ces principes qu'il paraît aussi en même temps que cela est très-ancien, puisque c'est la nature même qui l'a gravé et imprimé dans nos esprits (2). »

Descartes pense donc qu'il est une raison impersonnelle, contemporaine de l'humanité, dont les vues, quand elles sont justes, sont communes et nécessaires, mais dont l'expression par les individus peut être et

---

chrétien et qu'il inspire si doucement l'amour de Dieu, que je ne puis me persuader que cette philosophie ne tourne un jour au bien et à l'ornementation de la vraie religion. » *Lettre du Père Mersenne.* T. IX, p. 84. Voir aussi *Appendice.* T. X, p. 386.

(1) *Lettres.* T. IX, p. 177.
(2) *Lettres.* T. IX, p. 29.

être seule actuelle et personnelle, c'est-à-dire originale. Il estime que le fond de sa philosophie est plus qu'ancien ; il est éternel. De là sans doute cette concession, si facilement faite et de bonne grâce, à ceux qui s'ingéniaient à retrouver et se plaisaient à dénoncer des analogies frappantes entre certaines de ses théories et celles de saint Augustin, de saint Anselme, de saint Thomas et de Galilée. Ces rapprochements ne l'offensent point parce que, d'après sa théorie même, ils ne diminuent point son génie. Il ne revendique l'originalité que pour la méthode ; et voilà pourquoi cette revendication est si absolue dans le Discours, où l'originalité de la méthode est surtout en jeu, tandis qu'elle est beaucoup plus conciliante dans le reste de l'œuvre, où Descartes n'a pas à dissimuler que, pour ses solutions, il se rencontre souvent avec ses devanciers. D'ailleurs cette dissimulation, qui n'eût pas été logique, eût été encore moins possible. Car les moins philosophes même ont été frappés des ressemblances de la philosophie cartésienne, soit avec la scholastique, soit avec l'antiquité. La Fontaine, par exemple, qui n'était guère érudit en philosophie et qui ne se prit à Descartes qu'à l'occasion de l'animal-machine, pour rendre à ses bêtes l'esprit que le mécanisme leur ôtait, écrit à Mme de Bouillon : « Votre philosophe a été bien étonné quand on lui a dit que Descartes n'était pas l'inventeur de ce système que nous appelons la machine des animaux, et qu'un espagnol l'avait prévenu. Cependant, quand on ne lui en aurait point apporté de preuves, je ne laisserais pas de le croire, et je ne sais que les Espagnols qui puissent bâtir un château tel que celui-là. *Tous les jours je découvre ainsi quelqu'opinion de Descartes répandue de côté et d'autre, dans les ouvrages des anciens*, comme celle-ci : qu'il n'y a point de couleur au monde, etc (1). »

Voilà donc l'antiquité identifiée par Descartes avec la raison et la nature. Boileau accepte cette identification et la transporte du domaine de la philosophie dans celui de l'art. Ce que Boileau, et avec lui le XVIIe siècle classique, estimait dans les anciens, ce n'était pas leur antiquité, mais bien plutôt cette éternelle nouveauté qu'ils devaient à la nature et à la raison. Pour Boileau la matière de la littérature est éternelle, comme pour Descartes celle de la philosophie ; on n'invente pas plus le beau que le vrai, puisque le beau n'est après tout, et Boileau l'a dit, qu'une forme du vrai. On n'en invente que l'expression qui est à l'art ce que la méthode est à la philosophie.

Mais dira-t-on, Boileau est autoritaire en littérature et Descartes est pour le libre examen en philosophie. Ici encore il s'agit de s'entendre sur la valeur des mots. Il y a une autorité pour Descartes, solidaire de la liberté, et il y a une liberté pour Boileau, compatible avec l'autorité. Nous allons voir que des deux côtés cette autorité est la même, la raison, qui admet la liberté, mais en la limitant.

Ce qu'on pourrait appeler le libre examen en littérature, c'est-à-dire la liberté du goût, a pour but de chercher une espèce de vérité qui sera si l'on veut la vérité littéraire, comme en philosophie la vérité philosophique. Mais la faculté de la recherche n'est pas indéfinie ; elle est limitée nécessairement par l'invention de la vérité même. Je n'ai plus à chercher ce qui est déjà trouvé : je n'ai plus qu'à le contrôler et à l'accepter. Si donc une

---

(1) *Lettre à Mme de Bouillon*, citée par Saint-Évremond. T. III, p. 363. Ed. Giraud.

certaine somme de vérité existe déjà quelque part, si elle est déjà possédée et formulée par l'esprit humain, ma liberté ne pourra consister qu'à l'aller chercher là où elle est, à la reconnaître et à m'en saisir. Cette prise de possession, par un individu, d'un domaine public est libre dans sa forme, mais déterminée dans sa matière. Si donc c'est la raison humaine qui a inspiré à Aristote les règles de sa Poëtique, il faudra bien que la même raison humaine, agissant plus tard par la pensée de Boileau, suggère à Boileau les vues mêmes d'Aristote. Aristote ici ne représentera plus l'autorité de la tradition, avec un asservissement aveugle, mais l'autorité de la raison, avec une soumission volontaire. L'adhésion de Boileau à la loi des unités sera dès lors aussi libre que l'adhésion de Descartes à son critérium de l'évidence. C'est une nécessité rationnelle, qui en dernière analyse déterminera le beau pour Boileau, comme le vrai pour Descartes, avec cette seule différence accidentelle que le même type de beauté aura déjà été déterminé avant Boileau par d'autres esprits, tandis que Descartes semblera ou croira déterminer le premier son type de vérité.

Cette limitation du libre examen par les données de la raison déjà acquises à l'humanité est à ce point nécessaire que Descartes diminue précisément le libre examen de ses successeurs par le fait qu'il l'a déjà exercé pour lui-même, et qu'il devient à son tour pour eux une autorité dont ils seront forcés d'accepter la méthode s'ils la jugent efficace, et les découvertes s'ils les reconnaissent certaines.

Il disait bien sans doute que sa méthode était personnelle (1), qu'il ne la présentait que comme un procédé

(1) « Je n'ai jamais eu dessein de prescrire à quelqu'homme que ce fût la

qui lui avait réussi, se contentant de l'indiquer et de le recommander, sans se croire le droit de l'imposer. Mais c'est qu'il savait que sa méthode s'imposerait ; il y a là de sa part une modestie d'auteur, et non une conviction de penseur ; car la conviction eût été une inconséquence. En effet la méthode elle-même est une partie et une forme de la vérité ; la méthode, qui doit conduire aux résultats valables et aux solutions justes, est dans son genre un résultat et une solution. La meilleure manière d'acquérir la science est une science et l'art de bien employer sa raison, vient de la raison. Les *quatre règles*, par exemple, sont une acquisition de l'intelligence aussi bien que les preuves de l'existence de Dieu. De sorte que par une généralisation implicite, quand Descartes dit que sa méthode convient à une raison humaine qui est la sienne, il entend par là qu'elle doit convenir à toutes les autres. Il est bien évident que pour lui les règles suivant lesquelles on doit se servir du bon sens « qui est la chose du monde la mieux partagée » sont une forme et une fonction du bon sens lui-même. Et le bon sens en acte, c'est-à-dire la méthode, n'est pas plus individuel que le bon sens en puissance.

Ainsi la liberté de l'intelligence, à la considérer au point de vue le plus général, peut prendre deux formes, mais elle n'a qu'un principe. Les deux formes sont ou l'*invention* ou l'*assimilation;* le principe unique c'est dans les deux cas l'adhésion à la raison, et à la raison seule.

Or c'est au nom de la raison, et librement, que Des-

méthode qu'il doit suivre dans la recherche de la vérité ; mais seulement d'exposer celle dont je me suis servi, afin que si on la trouve mauvaise on la repousse, si on la trouve bonne et utile d'autres s'en servent aussi. » (EUDOXE. T. III, p. 373.)

cartes cherche une philosophie nouvelle, parce que les systèmes de ses prédécesseurs ne le satisfont pas. Et c'est encore au nom de la raison, et non moins librement, que Boileau ne cherche pas une littérature nouvelle, parce que la littérature classique lui semble être précisément celle qu'il aurait trouvée, pour l'exercice spontané de sa raison, si elle n'eût existé déjà. A cause d'un fait historique indépendant de lui — la préexistence de la littérature ancienne — Boileau n'est pas original en littérature comme Descartes en philosophie. Mais au point de vue philosophique où nous sommes placés, il nous semble aussi personnel et aussi libre. Il a toute la liberté et toute la personnalité que donnent ou que laissent le rationalisme littéraire. Nous en chercherons la preuve dans l'analyse du système esthétique exprimé par l'Art poétique.

Enfin il faut remarquer que la querelle des anciens et des modernes ne porte nullement sur la valeur des genres littéraires, mais seulement sur la valeur relative des écrivains grecs, latins et français qui les ont également adoptés. Ce qui sépare Perrault de Boileau c'est l'appréciation des personnes et des œuvres et non un dissentiment sur la conception d'un idéal littéraire. Perrault ne disait pas :

« Les principes esthétiques des anciens sont faux, et voilà pourquoi leurs ouvrages sont inférieurs aux nôtres. Les genres où ils ont réussi ne nous conviennent plus, parce que nos mœurs, nos institutions, nos goûts ne sont plus les leurs. » Il disait tout simplement : « Nous réalisons mieux que les anciens l'idéal même des anciens, parce qu'avec le temps nos ressources se sont agrandies et nos moyens se sont perfectionnés ; nous traitons mieux qu'eux les genres qu'ils ont créés, comme l'épopée et la tragédie ; notre supériorité sur eux ne vient pas d'une autre esthétique originale et inventée par nous, mais de l'emploi plus savant et plus habile que nous faisons de la leur. » Perrault est donc un moderne, mais c'est encore un classique. Il l'est autant que Boileau. Il faut bien se garder de confondre ici la cause de la querelle des anciens et des modernes avec le principe de la querelle des classiques et des romantiques. Pour les premiers il s'agit seulement d'évaluer la différence des talents dans les mêmes genres ; pour les seconds, de discuter les genres eux-mêmes, en faisant abstraction des talents.

Aussi le grand argument de Perrault est-il que le perfectionnement a plus de valeur que l'invention (1). Il est si loin d'estimer, de réclamer ou de prévoir la nouveauté littéraire qu'il fait consister l'excellence des modernes dans leur science de l'imitation. Il y a moins de personnalité pour lui dans la création que dans l'assimilation. Pour trouver, il ne faut que venir les premiers et avoir le privilège d'une inspiration le plus souvent inconsciente et fortuite ; pour perfectionner, il faut la réflexion, l'application, la patience, en un mot la volonté artiste. Perrault et Boileau sont par là de la même école : ils ont la même théorie du beau, et elle est toute cartésienne (2).

(1) « Inventer est un grand mérite ; mais qui fait les inventions ? Un hasard de date et de priorité. Ce qu'ont inventé les anciens nous l'aurions inventé nous-mêmes si nous avions été les anciens. » H. RIGAULT. T. I, p. 190.

(2) Boileau réconcilié avec Perrault lui écrivait : « Je soutiendrai hardiment qu'à prendre le siècle d'Auguste dans sa plus grande étendue, c'est-à-dire depuis Cicéron jusqu'à Corneille Tacite, on ne saurait pas trouver parmi les Latins un seul philosophe qu'on puisse mettre pour la physique en parallèle avec Descartes, ni même avec Gassendi. »

Ainsi, à ne prendre, comme nous venons de le faire, que les caractères généraux de la philosophie de Descartes et de la littérature classique, ils se concilient, malgré l'opposition apparente. Le principe commun à l'une et à l'autre, c'est la liberté réglée et limitée par la raison. La chose à exprimer, qu'elle soit le vrai ou le beau, est donnée par l'esprit humain lui-même : c'est une matière universelle, nécessaire, éternelle. Quant à l'expression, elle semble pouvoir être personnelle ; c'est une forme accidentelle qui admet l'originalité (1). Mais cette distinction entre la matière et la forme ne dure pas, et bientôt la forme elle-même devient aussi universelle que la matière, une fois qu'elle a atteint une certaine perfection qui s'impose même à ceux qui voudraient être les plus originaux. Ainsi, Descartes commence par nous dire que sa méthode est toute personnelle, et bientôt elle devient, non plus le procédé particulier d'un seul esprit, mais la règle nécessaire de tous les esprits ; la généralisation s'est faite entre la publication du Discours de la méthode, et la publication des Règles pour la direction de l'esprit. Les mêmes règles qui sont présentées dans le Discours comme un procédé personnel sont données dans le second ouvrage comme les lois universelles de la pensée humaine. De même l'imitation de la littérature ancienne laisse d'abord aux premiers imitateurs une sorte d'originalité relative. On copie les genres, on emprunte absolument les sujets : mais la forme, mais l'expression se cherchent encore. Chaque personnalité s'essaie à en trouver une et la variété est entretenue

---

(1) « Pour moi je ne sais pas si j'y ai réussi ; mais quand je fais des vers, je songe toujours à dire ce qui ne s'est pas encore dit dans notre langue. » (Boileau à Perrault.)

par l'insuccès, jusqu'au jour où une personnalité plus puissante que les autres trouve une forme supérieure, qui devient la plus commune parce qu'elle est justement la plus originale, et qui reste, pour un temps, définitive, parce qu'en raison de cette supériorité qui séduit et qui désespère, elle force à l'imitation. Alors la personnalité qui s'était réfugiée dans la forme est chassée à son tour de ce refuge, et le domaine tout entier de l'art est occupé fatalement par l'esprit d'imitation, non pas comme par un conquérant qui usurpe et un tyran qui asservit, mais comme par un souverain élu que les constitutions littéraires, l'Art poétique par exemple, déclarent le meilleur et le plus légitime des rois. Dans l'esprit de Boileau et du siècle, cette royauté constitutionnelle du goût, sauvegarde mieux la vraie liberté que toutes les émeutes littéraires de Perrault.

Sans forcer l'analogie et en tenant grand compte de l'approximation que comportent les choses de l'esprit, où la liberté se manifeste toujours plus que dans les autres, on peut dire que la littérature classique et la philosophie cartésienne se correspondent par trois moments symétriques. C'est d'abord des deux côtés cette conception commune, que la vérité, soit esthétique, soit métaphysique, n'est pas individuelle, mais qu'elle réside dans la raison et qu'il faut la demander à la raison seule, soit qu'on s'adresse directement à elle, soit qu'on accepte librement, après examen, ce que cette même raison a déjà appris à ceux qui l'on consultée avant nous.

Mais si la vérité doit être commune, la recherche, l'invention et l'expression de cette vérité peuvent être personnelles. Le second moment est alors l'individualité de la méthode, revendiquée par un grand philosophe comme Descartes, et l'originalité de la forme, attestée par un grand poëte comme Corneille.

Enfin cet effort, une fois fait par le génie, ne se renouvelle point de longtemps : au troisième moment, la méthode philosophique et la forme littéraire, que chaque personne est libre de créer pour elle-même, semblent si parfaites qu'elles deviennent à leur tour quelque chose de la vérité universelle et que, nées l'une et l'autre de la liberté, — la liberté de la pensée et la liberté du goût, — elles engendrent néanmoins la tradition, l'une, en philosophie, le cartésianisme, l'autre, en littérature, le genre classique.

Ainsi le principe de la philosophie cartésienne n'est pas en contradiction avec celui de l'esthétique classique. Il faut maintenant examiner des deux côtés : 1º la méthode; 2º les résultats, et montrer que la correspondance et la symétrie se poursuivent.

Voyons donc d'abord comment les préceptes de Boileau ne sont que les règles de la méthode transportées à la littérature. Nous montrerons ensuite que l'homme, Dieu et le monde, comme le XVIIᵉ siècle les a conçus, analysés et décrits, sont bien l'homme, le Dieu et le monde de la métaphysique cartésienne revêtus par l'art de formes concrètes, mais aussi peu concrètes que possible, de façon à exprimer même par la couleur, par l'action et par la vie, le caractère spiritualiste, déductif et abstrait de la doctrine. Toutefois avant d'entamer ce parallèle, et pour n'omettre aucun document direct, il est indispensable d'analyser trois lettres de Descartes qui renferment des jugements nettement littéraires.

La première, qui n'est « datée ni dans l'imprimé ni dans les notes manuscrites de l'exemplaire de la bibliothèque (1) » est une appréciation de Descartes sur quelques lettres de Balzac. Les deux autres sont adressées à Balzac lui-même. Ces trois lettres, qui sont tout ce que Descartes a écrit sur des questions de pure littérature, renferment des indications précieuses qui nous semblent confirmer, par des traits particuliers, les vues générales qui viennent d'être exposées sur les relations du cartésianisme avec la forme classique.

II.

DESCARTES ET BALZAC.

Analyses des Lettres à Balzac. — Les divers genres de style, suivant Descartes. — Éloignement pour la nature. — L' « Honnête homme. »

Dans la première lettre, Descartes professe pour Balzac, une admiration sans réserve. « Bien loin d'y trouver rien qui soit digne d'être repris parmi tant de belles choses que j'y vois, j'ai de la peine à juger quelles sont celles qui méritent le plus de louanges (2). » Nous n'avons pas à rechercher ce qu'il peut y avoir de faux ou d'exagéré dans cette admiration, aujourd'hui hyperbolique et démodée, qui participe alors de l'enthousiasme des contemporains et qui porte la marque du temps. Ce qui importe, ce n'est pas de savoir si les qualités que Descartes loue dans Balzac y sont vraiment, ou si, y étant, elles méritent tant de louanges.

Ces qualités, vraies ou fausses, présentes ou absentes,

(1) Cousin. T. VI, page 189. Note 1.
(2) T. VI, p. 189.

n'ont pour nous qu'un sens et qu'un intérêt abstraits.
Nous ne les analysons que pour les considérer comme
quelques-uns des traits dont Descartes eût composé son
idéal littéraire : c'est en effet par les perfections concrètes, qu'il admire chez les autres quand il ne les crée
pas lui-même, qu'un esprit manifeste quel eût été son
idéal dans un genre qu'il n'a pas prétendu tenter. Louer
dans un écrivain les beautés qu'on croit y voir, c'est
une erreur de critique, mais un hommage à l'idéal.

La première qualité admirée par Descartes, c'est « la
pureté de l'élocution. » Elle est au style ce que la santé
est au corps. Quand l'une et l'autre sont parfaites, on ne
les sent plus. Leur nature consiste donc à être insensibles, quand elles sont présentes, et à accuser leur absence
là où elles manquent. C'est par la privation qu'elles nous
apprennent leur essence et leur prix. Descartes a particulièrement aimé cette image. Il dit ailleurs : « La
connaissance de la vérité est comme la santé de l'âme ;
quand on la possède on n'y pense plus (1). »

Cette pureté de l'élocution est donc à son jugement,
comme l'état normal du style. Elle seule peut lui donner
l'unité. Car, si l'on poursuit la comparaison, le bien-être, lui
aussi, est une unité. Chez l'homme bien portant, aucune
partie du corps n'est affectée d'impressions particulières,
capables de localiser l'attention. Au contraire, la vie étant
égale partout, le sentiment du moi n'est point morcelé
et dispersé pour ainsi dire par l'étendue, qui est le
corps, et la séparation de l'esprit et de la matière est
comme réalisée. Quand ni le plaisir ni la douleur ne
nous font souvenir que nous avons un corps et que cette
abstraction des organes, que Descartes faisait volontiers

(1) *Lettre* à Chanut. T. X, p. 324.

par un effort d'hypothèse et une familière fiction, s'opère naturellement en vertu d'une omission spontanée du corps par l'âme, alors la santé est parfaite.

De même pour Descartes, la santé de l'éloquence tient à un rapport égal entre le style, qui en est le corps, et la pensée, qui en est l'âme. « La grâce et la politesse y reluisent comme la beauté dans une femme parfaitement belle, laquelle ne consiste pas dans l'éclat de quelque partie en particulier, mais dans un accord et un tempérament si juste de toutes les parties ensemble, qu'il n'y en doit avoir aucune qui l'emporte par-dessus les autres, de peur que la proportion n'étant pas bien gardée dans le reste, le composé n'en soit moins parfait. »

Ainsi Descartes met en première ligne l'unité, qui est ici l'unité de ton, puisqu'il ne s'agit encore que de la phrase. Le style parfait ressemblera à une de ces figures de géométrie dont la beauté est faite de proportion, de régularité et de symétrie. Il réalisera ce qu'on pourrait appeler un *système* d'expressions, conçu à l'image d'un système de cristallisation ou d'un système de lignes.

En effet Descartes, reprenant peu après sa pensée en sens inverse, montre par des définitions de mauvais style (qui sont peut-être des allusions), que le principal défaut d'une forme imparfaite ne consiste pas tant dans ses défauts particuliers, que dans le contraste de ces défauts avec quelques beautés. C'est le « mélange de quelque chose de vicieux » plutôt que ce vicieux même qui choque et qui déconcerte notre amour de l'ordre. Descartes semble réclamer ici une sorte d'ὁμολογία littéraire. On se rappelle qu'il avait emprunté aux stoïciens, pour sa morale provisoire, ce principe de la constance avec soi-même qu'il reprend et qu'il développe, dans son commentaire du *De vita beata* de Sénèque, adressé à la princesse Élisabeth. Il vaut mieux se ressembler sans cesse à soi-même que de prendre successivement plusieurs manières d'être différentes ou contradictoires. Il vaut mieux marcher en ligne droite et poursuivre dans la direction choisie, le choix fût-il risqué et la direction téméraire, que d'errer en tous sens avec la bonne intention de trouver, à force de détours, le vrai chemin. Ce n'est pas aller contre la pensée de Descartes que de croire aussi qu'à défaut du Dieu absolument bon, qui est le sien, il n'eût pu concevoir qu'un Dieu absolument mauvais, « un puissant et malin génie » qui se fût sans cesse imité lui-même dans le mal. Le mélange des contraires pour Descartes est toujours monstrueux et provisoire. Ainsi dans sa doctrine ce qui s'explique le moins c'est l'union de l'âme et du corps ; et dans l'âme, l'imagination, la mémoire, mélange de sensibilité et de raison, ne sont que des facultés accidentelles qui ne font pas essentiellement partie de la pensée, et qui disparaîtront avec les organes à l'occasion desquels elles sont nées, et pour durer seulement autant qu'eux. Cette répugnance à rapprocher les contraires pour en faire la synthèse, et cette préférence pour l'analyse qui les sépare, dominent toute la philosophie cartésienne. Décomposer les choses jusqu'aux éléments simples, voilà la première règle de sa logique ; être identique à soi-même, et éviter la contradiction, même par l'opiniâtreté, voilà la principale loi de sa morale, dont l'image du voyageur dans la forêt n'est que l'expression figurée. Il est permis de croire que Descartes en ferait aussi bien le précepte de l'art d'écrire qu'il en a fait le précepte de l'art de penser et de l'art de vivre. Cette identification de la perfection du style avec la pureté, c'est-à-dire l'élimination de tout mélange, de tous contraires, s'accorde avec les premières données de sa métaphysique, avec son esprit analytique et déductif, avec son estime de la personnalité, enfin avec cette loi de l'unité dont il a fait dans le Discours de la méthode le principe et le critérium de toutes les œuvres de valeur.

C'est donc l'inégalité, l'irrégularité et la complexité qui constituent l'imperfection littéraire. Descartes en indique quatre types. Il y a des écrivains dont les discours flattent l'oreille : les termes sont choisis et les mots bien arrangés ; mais les pensées sont basses ; les paroles ne sont pas en proportion des idées, qui ne renferment que peu de sens. Ceux-là sont les verbeux élégants. Chez eux la disproportion vient d'un excès de mots et d'un défaut de pensée.

D'autres au contraire ont « la richesse et la sublimité des pensées. » Ils sont par là capables de contenter les plus grands esprits ; mais « l'art de l'expression leur manque. Leur style concis et obscur lasse et fatigue. » Ce sont les penseurs laborieux chez qui la disproportion vient d'un excès d'idées et d'un défaut d'expression.

Entre ces deux extrêmes, que Boileau définira plus tard presque dans les mêmes termes, se trouve une classe moyenne, où Descartes range les écrivains « qui, sans se soucier de la pompe et de l'abondance des paroles, se contentent de les faire servir selon leur vrai usage à exprimer seulement leurs pensées. » Mais ils sont si rudes et si austères que des oreilles peu délicates ne les sauraient souffrir. Chez ceux-là l'équilibre est rompu au détriment de la sensibilité, qui souffre sur un point, et dont la souffrance est une distraction pour l'esprit. De même la santé physique peut être altérée ou par une maladie organique ou par une simple douleur. Pour l'éloquence, la maladie organique c'est l'absence de pensées : le défaut d'harmonie n'est qu'un mal moins grave, mais, même au jugement d'un penseur comme Descartes, c'est un mal pourtant.

Enfin la quatrième catégorie est de beaucoup la plus maltraitée : c'est celle « des bons mots et des jeux de l'esprit, des équivoques ridicules, des fictions poétiques, des argumentations sophistiques et des subtilités puériles. »

Les écrivains qui font consister mal à propos la politesse du discours « dans toutes ces gentillesses ou plutôt ces vains amusements d'esprit, ne sauraient davantage satisfaire des personnes un peu graves que les niaiseries d'un bouffon ou les souplesses d'un bateleur. » C'est la condamnation du précieux et du burlesque, c'est-à-dire des deux genres auxquels il est impossible que la raison donne des lois. En effet, la préciosité est toute verbale : elle est l'ennemie de la définition et triomphe par la périphrase ; elle complique donc au lieu de simplifier, et elle obscurcit au lieu d'éclaircir.

Quant au burlesque, son essence même est d'être déraisonnable. Il naît de la fantaisie personnelle; il peut satisfaire l'imagination de son auteur, dont il est un jeu; mais il est tout actuel et individuel ; il manque de cet élément général qui rend les choses intelligibles et durables. Il n'y a pas de méthode pour imaginer ; on ne peut pas rendre compte de l'étrange et du merveilleux : ils sont arbitaires. Il n'y a pas de raison pour que Gargantua n'ait pas un pouce de plus et ne boive pas un muid de moins.

Ainsi ces genres échappent à la règle et au contrôle de la raison. C'est ce qui les rend si méprisables pour Descartes, et plus tard, si odieux à Boileau qui formulera leur sentence avec la précision solennelle d'un juge, après les avoir accablés avec l'acharnement convaincu d'un persécuteur. Parmi ses haines littéraires, ils seront la plus vigoureuse ; et le mot d'ordre de l'esprit classique, donné par l'Art poétique, sera de les dénoncer aux gens de goût et de les anéantir.

Mais d'après Descartes, Balzac échappe à tous ces défauts : chez lui les pensées et le style sont en une harmonie parfaite, et « de cette heureuse alliance des choses avec le discours, il en résulte des grâces si faciles et si naturelles qu'elles ne sont pas moins différentes de ces beautés trompeuses et contrefaites, dont le peuple a coutume de se laisser charmer, que le teint et le coloris d'une belle et jeune fille est différent du fard et du vermillon d'une vieille qui fait l'amour. »

Voilà pour le style : il est pur, il est en proportion des pensées, il a enfin des grâces naturelles. Quant au genre, qui est la Lettre, Descartes y loue ce que nous y blâmerions plutôt, à savoir l'ampleur oratoire et la généralité des idées. « Ces lettres contiennent quelque chose de plus relevé que ce qui s'écrit ordinairement à des amis ; et d'autant que les arguments dont elles traitent souvent ne sont pas moindres que ceux de ces harangues que ces anciens orateurs déclamaient autrefois devant le peuple, je me trouve obligé de dire ici quelque chose du rare et excellent art de persuader qui est le comble et la perfection de l'éloquence. »

Ici la généralisation est formelle : Descartes ne peut pas s'enfermer longtemps dans l'analyse d'une éloquence particulière ; il s'élève bientôt au type parfait et à la définition même du genre. Nous pouvons retenir de la citation précédente que, pour lui, ce qui fait la valeur de l'art c'est la fin qu'il se propose. La fin la plus haute c'est la démonstration ; l'art le plus parfait est donc celui qui se met le plus au service de la raison et de la vérité. Boileau le redira après Descartes. Il tendra à identifier le beau avec le vrai et demandera avant tout aux poètes d'être raisonnables. Lui-même donnera l'exemple, et, dans l'épître, l'exemple de l'excès ; à force de vouloir être raisonnable, il devient raisonneur ; il ne chante pas, il déduit.

A propos de l'origine de la grande éloquence, Descartes accepte a priori comme un fait historique la légende d'un âge d'or de la parole (1), « où les hommes n'étaient pas encore civilisés, où l'avarice et l'ambition n'avaient encore excité aucune discussion dans le monde, où la langue sans aucune contrainte suivait les affections et les sentiments d'un esprit sincère et véritable ; il y a eu à la vérité dans les grands hommes une certaine force d'éloquence qui avait quelque chose de divin. »

Remarquons en passant que Descartes nous fournit ici un argument de plus contre cette théorie du progrès que M. Rigault lui attribue, et que Perrault lui aurait empruntée.

Pour ceux qui croient au progrès, l'âge d'or des institutions humaines n'est pas dans le passé, mais dans l'avenir. Or Descartes place dans les siècles les plus reculés l'épanouissement de l'éloquence parfaite ; il pense que chez les Grecs et chez les Romains elle était

---

(1) A rapprocher de la même explication dans *Boileau* :

> Mais du discours enfin l'harmonieuse adresse
> De ces sauvages mœurs adoucit la rudesse.
> Rassembla les humains dans les forêts épars...
> Cet ordre fut, dit-on, le fruit des premiers vers.
> *Art poét.* Chant IV.

déjà en décadence ; « les disputes du barreau et l'usage fréquent des harangues l'avaient corrompue. » Il faut donc convenir que Descartes, eût-il même admis le progrès en tout le reste, faisait au moins une exception pour l'art d'écrire. De sorte que Perrault en appliquant justement à l'art d'écrire la théorie du progrès, et cela au nom des principes cartésiens, aurait commis le contresens malheureux d'être cartésien sur un point où Descartes lui-même ne l'était pas.

Descartes est si loin de croire à la supériorité des modernes sur les anciens dans les lettres, qu'il fait à Balzac un mérite d'avoir égalé ceux-ci en les imitant : « Il explique avec tant de force tout ce qu'il entreprend de traiter et l'enrichit de si grands exemples, qu'il y a lieu de s'étonner que l'exacte observation de toutes les règles de l'art n'ait point affaibli la véhémence de son style, ni retenu l'impétuosité de son naturel et que, parmi l'ornement et l'élégance de notre âge, il ait pu conserver la force et la majesté de l'éloquence des premiers siècles. »

On ne peut voir encore dans cette louange que l'estime des modèles anciens et des règles qui en sont tirées. Cet étonnement que Balzac ait pu être véhément et naturel en observant exactement toutes les règles, n'est point le regret qu'il y ait des règles, un doute ironique sur leur efficacité, et l'opinion indirectement indiquée qu'elles gênent le plus souvent la nature et mettent de de l'artifice dans le talent. Descartes a vraiment le respect des règles. Toutes celles qu'il a données à l'esprit, et qu'il voulait que l'esprit respectât, en sont la preuve et la garantie. Quand on lie, comme lui, si intimement l'art d'écrire à l'art de penser, et qu'on formule les lois de l'art de penser avec tant de conviction et tant de rigueur, il est impossible qu'on n'admette pas aussi des lois pour l'art d'écrire ; il est même nécessaire qu'on fasse dériver celles-ci de celles-là et participer les secondes au caractère et à l'autorité des premières.

Enfin Descartes loue encore dans Balzac la « sincérité. » « Il n'y a rien, dit-il, qui lui soit plus insupportable que de mentir. » Cette sincérité est l'expression la plus personnelle de l'amour de la vérité.

On reconnaît, à partir d'ici, Descartes en personne, qui pense à lui-même en parlant de Balzac, et laisse percer son propre caractère à travers le portrait flatteur qu'il fait de son ami. C'est bien en effet Descartes, plus que Balzac, qui a pensé pour son compte qu'il est « quelquefois permis d'appuyer de bonnes raisons les propositions les plus paradoxes et d'éviter avec adresse les vérités un peu périlleuses. » Voilà bien une règle de la prudence cartésienne. Elle pourrait figurer à la suite de la morale provisoire pour fixer la conduite de l'écrivain à l'égard des doctes ombrageux et du vulgaire déconcerté. On sait au prix de quelles précautions, de quels sacrifices dans la forme, Descartes est parvenu à s'assurer au fond « cette liberté généreuse, qui lui paraît la première vertu de ceux qui écrivent. » Parler de soi, quand il y est obligé, avec une sincérité fière et habile à la fois, ne point craindre la malice des envieux, déjouer sans bravades la ténacité défiante des préjugés, ne dire rien que « par l'amour de la vérité et par une générosité qui lui est naturelle ; » tels sont les devoirs de celui qui pense et qui publie sa pensée.

On voit, par cette indication, que Descartes ne sépare point l'art de la moralité. Pour lui, comme plus tard pour Boileau, le talent doit avoir son honnêteté et le génie ses vertus. On pourrait presque tirer de Descartes la future définition de « l'honnête homme. » Cette belle expression si compréhensive, qui sera la formule originale du XVIIe siècle, n'est pas à vrai dire dans la lettre à Balzac, mais tous les éléments délicats qui composeront le caractère de l'honnête homme y sont déjà analysés et réunis. C'est, par-dessus un fond de sagesse antique, une fleur d'honneur toute moderne, une sorte de galanterie parfois chevaleresque ou une diplomatie ingénieuse avec la vérité ; c'est aussi cette autorité aristocratique, enfin cette noblesse de ton que les anciens n'avaient pas. Balzac est un des premiers types de « l'honnête homme » ou plutôt, sous son nom, Descartes lui-même.

Il y a moins à tirer des deux autres lettres qui sont beaucoup plus courtes que la première. De la seconde, nous pouvons retenir que Descartes faisait cas de l'imagination et ne lui « refusait aucune chose qu'un philosophe lui puisse permettre sans offenser sa conscience. » Il lui faisait sa part par les rêves, et réservait la veille à la raison. Entre le sommeil et la veille, il aimait le crépuscule du réveil et se plaisait à voir le jour de la conscience se lever peu à peu sur l'âme tout entière : « Je mêle insensiblement mes rêveries du jour avec celles de la nuit, et quand je m'aperçois d'être éveillé, c'est seulement afin que mon contentement soit plus parfait et que mes sens y participent. » D'après le peu que Descartes nous dit de son imagination, il semblerait qu'il l'ait plutôt tournée à la fiction du merveilleux qu'à la représentation vive de la réalité absente. Il écrit à Balzac que le sommeil « promène son esprit dans des bois, des jardins et des palais enchantés où il éprouve tous les plaisirs qui sont imaginés dans les fables. » Baillet nous apprend aussi que certains rêves ont joué un rôle dans sa vie ; Descartes les a retenus, analysés, interprétés avec une curiosité, moitié scientifique, moitié superstitieuse, qui surprend chez un tel rationaliste.

L'imagination est peut-être, à son sens, une faculté trop déréglée pour être une faculté artiste ; elle est une fantaisie et un mystère. C'est une sorte de *pensée de nuit* sur laquelle la pensée de jour, la raison, n'a pas prise et dont elle est trop le contraire pour l'expliquer ou la soumettre. De là cette défiance de Descartes à l'égard de tous les états psychologiques qui ressemblent plus ou moins au rêve. Il ne songe guère à la possibilité d'une science du sommeil. Cet obscurcissement de la pensée, qui dure la moitié de la vie, ne tente pas son amour de la clarté et il la laisse subsister comme une concession forcée à l'occulte.

Par cette tendance à identifier l'imagination avec le rêve, c'est-à-dire, avec un mode inintelligible de l'âme, l'imagination est singulièrement dépréciée. Elle reste une chose étrange et fatale, ou surnaturelle ou animale, qui nous fait anges ou bêtes et nous met hors de ce milieu raisonnable et sainement humain où l'art classique voudra se fixer. Ici encore on prévoit un accord entre Descartes et Boileau.

Enfin la troisième lettre nous apprend le sentiment de Descartes sur la nature, non pas sur la nature prise au sens philosophique, mais sur la nature pittoresque, celle des artistes et des poètes, la campagne. Il ne l'aimait pas, et lui préférait le séjour des villes. Aussi convie-t-il instamment Balzac à quitter son ermitage rustique et à venir s'installer à Amsterdam, où il trouvera au milieu de la foule, plus de commodité, de liberté et même de solitude, qu'auprès d'un « canal et dans une vallée retirée. » « Que s'il y a du plaisir à voir croitre les fruits en vos vergers et à y être dans l'abondance jusqu'aux yeux, pensez-vous qu'il n'y en ait pas bien autant à voir venir ici des vaisseaux qui nous apportent abondamment tout ce que produisent les Indes et tout ce qu'il y a de rare en Europe. »

L'*homme* est donc plus intéressant pour Descartes que la *nature*. C'est la prédilection qui domine toute la renaissance en France. Ce goût exclusif, cette curiosité sympathique pour les œuvres humaines ont été bien souvent remarqués chez nos grands écrivains du XVIe siècle, Rabelais, Régnier, Montaigne qui « n'ont jamais été touchés des grands spectacles naturels (1). »

Pour eux, l'homme a le pas sur la nature, qui ne paraît même pas comme décor à leur personnage. Car s'ils parlent beaucoup d'elle, c'est comme d'une nourrice et d'une servante, et non comme d'une inspiratrice ou d'une artiste. C'est la *bonne* et non la *belle* nature. Rabelais l'estime comme potagère; comme pittoresque, il l'ignore. Devant les Alpes, Montaigne ne s'avise que de cette réflexion : que tous ces replis et ces pentes sont bien du terrain perdu pour l'agriculture. La nature ne vaut donc que par ses relations utilitaires avec l'homme, parce qu'elle lui procure des « commodités. » L'émotion désintéressée en face de la nature sera longue à venir. Descartes ne l'a pas encore et le XVIIe siècle l'aura très peu et très tard. Pendant la belle période classique, quand il est question de la nature, c'est toujours de la nature humaine qu'il s'agit. L'homme est le seul héros, et son théâtre est un salon ou une place publique, jamais les champs. De sorte que la nature est toujours éliminée au profit de l'homme, ou, quand elle paraît, subordonnée à lui. Ou bien il la refait à son image, n'estime en elle

(1) Sainte-Beuve. Ronsard.

que l'art ou l'artifice qui viennent de lui et ne s'y intéresse que quand elle porte sa marque ; ou bien il ne la considère encore que comme la bonne nourricière de Rabelais, qui l'enfonce dans « l'abondance jusqu'aux yeux. » C'est cette nature-là qu'a aimée et rimée Boileau, l'un des plus sensibles pourtant. Auteuil n'est qu'un séjour hygiénique, où l'air est pur et les légumes frais. De là cette poésie ménagère :

> Tout ce qu'on boit est bon, tout ce qu'on mange est sain.

Quant aux ifs et aux chèvrefeuils, qui sont pour le plaisir des yeux, ils sont « dirigés » par Antoine et leur agrément vient de sa main. Par l'homme ou pour l'homme ; agréable par lui ou féconde pour lui ; voilà le sort fait à la nature par son maître qui ne se considère pas moins au XVIIe siècle qu'au Moyen-Age comme le roi de la création.

LIVRE III.

DESCARTES ET BOILEAU.

Descartes, nous l'avons vu, reconnaît lui-même que sa philosophie se compose de deux éléments, l'un antique, l'autre personnel. Il ne leur a pas toujours accordé la même valeur respective et il a varié dans la détermination qu'il a été parfois amené à en faire, tantôt s'exagérant de bonne foi son originalité et dépréciant la part de la tradition, tantôt concédant de bonne grâce qu'il devait beaucoup aux anciens et qu'il avait seulement mis de l'ordre dans leur héritage.

Ses critiques ont fait de même ; les uns, estimant que le fond est peu de chose et que la philosophie ne vaut que par l'effort individuel, ont considéré Descartes comme un créateur étonnant et l'ont appelé le premier des modernes ; ce sont plutôt les artistes. Les autres, attribuant plus de valeur au fond qu'à la forme, aux vérités acquises qu'aux moyens plus ou moins ingénieux et nouveaux de les acquérir, lui ont refusé tout mérite d'invention ; ils n'ont vu en lui que l'organisateur définitif de la philosophie ancienne et l'ont nommé le dernier des scholastiques : ce sont plutôt les savants.

Il y a dans Descartes de quoi justifier ces deux jugements ; il y a surtout le jugement de Descartes lui-même, qui tout le premier a été, suivant son humeur et les phases de la polémique, de l'avis des uns et des autres de ses futurs critiques.

Quoi qu'il en soit, en laissant de côté la question de proportion et d'importance, qui divisera toujours, il reste incontestable que la philosophie cartésienne est une conciliation et une synthèse de la pensée antique et de ce rationalisme chrétien que nous appelons l'esprit cartésien.

Or la littérature classique est composée exactement des deux mêmes éléments. Elle est une appropriation de l'art ancien par le rationalisme français du XVIIe siècle. Horace et Descartes, voilà les deux inspirateurs de l'Art poétique. Ce qui revient à Horace est facile à déterminer à cause de l'imitation directe. La constatation des emprunts n'est plus à faire. Les amis de Boileau s'en sont dès longtemps chargés et lui en ont fait un mérite ; et ses ennemis mieux encore, et malignement, lui en ont fait un reproche (1).

Les traces de l'esprit cartésien sont moins manifestes quoiqu'aussi réelles. Essayons de les retrouver et de les mettre en relief.

(1)   « Si par hasard jamais son livre était perdu,
De le chercher bien loin, passant, ne t'embarrasse :
Tu le retrouveras tout entier dans Horace. »
                                             REGNARD.

L'ART POÉTIQUE.

I.

Caractère général. — Critique subjective du poète. — Les formes a priori du beau. — Marche déductive de l'ouvrage. — Combinaison de l'esprit d'autorité et de l'esprit critique.

Tout d'abord l'Art poétique, à le prendre par son aspect général et son rôle dans l'histoire littéraire, fait bien pendant au Discours de la méthode. Il est le premier monument régulier de l'esprit critique en littérature, comme le Discours l'avait été en philosophie.

Tous deux sont un acte de conscience et de magistrale réflexion. Leur premier précepte, comme l'exemple qu'ils donnent, c'est de chercher à se connaître soi-même, qu'on soit artiste ou penseur, savoir ce qu'on est, ce qu'on vaut, ce qu'on peut, afin d'en déduire raisonnablement ce qu'on devra vouloir et tenter.

Le début de l'Art poétique est bien un trait de psychologie subjective :

...Consultez longtemps votre esprit et vos forces...

C'est là le point de départ du poète comme le *cogito* est celui du philosophe. Si le mot n'était un barbarisme, ou tout au moins un anachronisme, on pourrait trouver dans ces vers du commencement de l'Art poétique la première formule du criticisme littéraire. Le poète doit se juger lui-même, non pas après son œuvre faite et par elle, mais avant même d'écrire et *virtuellement*. Il est tenu de s'étudier et de se connaître pour ainsi dire *en puissance* ; il n'a pas le droit d'aller tout d'abord jusqu'à l'*acte* par un élan de spontanéité. Ce serait une témérité et une présomption. La logique veut qu'on ne fasse que ce qu'on peut, et surtout qu'on le sache avant de l'essayer. Il faut que la cause finale, présente et lumineuse, autorisé, éclaire et dirige la cause efficiente. Boileau n'admet pas que le génie s'ignore lui-même au départ et qu'il aille devant lui, poussé par le souffle hasardeux de ce qu'on appelle l'inspiration, découvrant à mesure qu'il avance des horizons inattendus et réalisant, par une sorte d'entraînement inconscient et de vitesse acquise incalculée, plus qu'il n'avait espéré et conçu. Pour lui point de révélation soudaine au courant de l'œuvre ; point de hasard heureux traversant le plan, modifiant la marche et faisant mieux que la volonté ; point de dieu intérieur qui trouble les facultés clairvoyantes, et substitue d'instinct à leur méthodique sagesse les accès féconds de ce mystérieux et surnaturel délire que les anciens faisaient descendre d'une source céleste. Le poète n'est qu'une cause intelligente qui prend conscience de soi pour prévoir et mesurer tous ses effets.

Il n'est pas une imagination autonome, c'est-à-dire capricieuse, ni une liberté indéfinie, c'est-à-dire déréglée, qui se jouent avec leurs propres créations et s'emparent de tous les moyens qui s'offrent pour donner une expression adéquate de leur originalité naturelle. Il est une volonté raisonnable qui réalise, par des moyens autorisés et restreints, un idéal imposé. L'œuvre poétique est une règle de trois, dont voici les trois termes : l'écrivain avec ses aptitudes ; les genres littéraires qui sont le but ; et les règles qui sont les moyens. Et ce n'est pas le poète qui déterminera les moyens et les genres ; ce sont eux qui décideront, par rapport à eux, des aptitudes du poète.

C'est qu'en effet les genres et les moyens d'y réussir sont bien en dehors et au-dessus de l'écrivain. Ce sont des espèces de fatalités qui le limitent. Les genres existent en certain nombre et avec leur domaine défini; il y a l'Ode, l'Idylle, l'Épopée, etc... On connaît la liste très fermée de Boileau, et qui n'est pas bien longue. Les talents divers sont prédestinés à réussir dans l'un ou l'autre de ces genres ; quant à en inventer de nouveaux, Boileau ne pense même pas à interdire qu'on y pense. Reste donc qu'on se consulte avec conscience pour se décider avec fruit :

> L'un peut tracer en vers une amoureuse flamme ;
> L'autre d'un trait plaisant aiguiser l'épigramme ;
> Malherbe d'un héros peut vanter les exploits,
> Racan chanter Philis, les bergers et les bois ;
> Mais souvent un esprit qui se flatte et qui s'aime,
> Méconnaît son génie et s'ignore soi-même (1).

Ainsi, la création poétique n'est pas, comme diraient certains philosophes, inconditionnée. Elle est subordonnée à l'existence d'une série fixe de genres qui s'imposent comme des types parfaits dont le nombre et la forme ont été déterminés, une fois pour toutes, par une autorité supérieure au poète lui-même. Il n'y a pas de genre à créer ; tous les genres réputés possibles et acceptables sont là : on ne peut que créer dans l'un de ces genres.

Mais ces genres qui sont alignés devant le poète et entre lesquels il est tenu de choisir, d'où viennent-ils ? Qui donc en a déterminé les caractères et formulé les lois ? Qui a démontré qu'en dehors d'eux le beau n'existe pas ? Quelle est enfin cette autorité qui les impose ainsi au poète, et qui le persuade d'y consentir ou le force à s'y soumettre ?

(1) *Art poétique.* Chant I.

Voilà qui n'occupe point Boileau ; car on ne peut pas considérer comme une étude sérieuse l'historique sommaire, superficiel et souvent inexact du IIIe chant.

Il faut relever ici une contradiction du rationalisme littéraire de Boileau et une singulière défaillance de son esprit critique. Autant la raison est invoquée, à chaque vers de l'Art poétique, pour discuter logiquement les moyens d'exceller dans les divers genres, autant la même raison se désintéresse de l'origine, de la valeur, de la légitimité des genres eux-mêmes. Boileau nous dit par exemple : « Pour qu'une tragédie soit bonne, voici les qualités qu'elle doit avoir, et pour la faire bonne, voici les procédés qu'il faut suivre. » Il détermine alors, au nom du bon sens, de la vérité et de la nature les caractères de la tragédie et les ressources de la vraie méthode dramatique. Tous ces préceptes sont le résultat de la discussion libre : c'est la raison qui les trouve, les approuve et les promulgue.

Mais remarquons qu'ils ne sont que les *moyens* pour arriver à cette *fin* donnée : une bonne tragédie. Ces préceptes par conséquent, n'ont que la valeur d'impératifs hypothétiques : « Si vous voulez faire une bonne tragédie, voici comment il faut raisonnablement vous y prendre. » Et l'esprit critique de Boileau s'applique avec une forte et libre sagacité à cette partie secondaire de la composition.

Mais il y a une question antérieure et plus haute qu'il n'entrevoit même pas. C'est l'essence du genre lui-même. Pourquoi donc la tragédie est-elle posée sans discussion comme la seule forme possible du drame parfait ? Pourquoi vouer ainsi a priori le poète à la forme tragique ? Pourquoi lui imposer cet impératif catégorique littéraire : « Hors de la tragédie classique, point de chef-d'œuvre ! »

Quelle autorité l'a décidé ainsi? Est-ce la tradition? Est-ce Aristote? Est-ce la paresse ou l'impuissance d'inventer? Est-ce une facilité inconsciente à imiter les Italiens ou les Grecs? Ou bien est-ce la raison, qui, s'élevant à la métaphysique du drame, en détermine par déduction le type idéal et la forme parfaite, comme elle déterminerait le critérium du vrai ou la formule du bien? Voilà ce que Boileau ne met nulle part en question. Il accepte la tragédie, sans critique. Sans doute cette soumission volontaire à un idéal tout fait et donné, est plus ou moins la résultante des raisons qui précèdent ; mais Boileau ne les recherche pas. On peut dire qu'il *croit* à la tragédie. Il y a vraiment dans son rationalisme littéraire une part de foi à côté d'une part de raison, et par là il est bien cartésien.

On a vu en effet dans Descartes le même partage et la même proportion de soumission et d'indépendance. Pour Descartes, le principal de la métaphysique, c'est-à-dire les grands résultats, est acquis. Tout ce qui est vérité religieuse en même temps que vérité philosophique ne doit pas être discuté, mais seulement prouvé par la raison. Ainsi Descartes ne se demande pas si l'infini existe, si l'âme est un esprit, si l'esprit est immortel, mais seulement comment on arrangera dans l'ordre le plus clair, le plus simple et le plus sûr les preuves de Dieu, de la spiritualité et de l'immortalité.

Donc, absolue indépendance dans la recherche et le développement des preuves; absolue soumission à l'égard des choses à prouver. De là, ce rationalisme à la fois si hardi et si borné et qui présente sans cesse ces deux faces si dissemblables : la personnalité la plus libre et la plus jalouse, quand il s'agit de discuter et de construire la méthode ; une sorte de banalité scholastique (dont

Descartes s'accommode tout le premier), quand il s'agit des résultats.

Nous retrouvons chez Boileau ce même dualisme, et dans les mêmes proportions. Quand il s'agit de déterminer les règles d'un genre et les procédés logiques de la composition littéraire, Boileau fait un libre usage de la raison ; quand il s'agit de fixer la forme du beau et la valeur esthétique des genres, il écarte le problème et se soumet à l'empire de la tradition et de l'autorité régnante. Sans doute ici encore il croit ne relever que de la raison. Mais son erreur consiste justement à en être trop sûr, et si sûr qu'il ne fait pas même la critique de sa certitude, pas plus que Descartes ne critique son intuition de la spiritualité et de Dieu.

Il y a donc pour Boileau, en littérature, des vérités premières que la raison ne discute pas ; elle se borne à en tirer toutes les déductions qu'elles renferment. L'Art poétique est une suite de déductions de cette nature et avec cette origine. C'est un de ces longs enchaînements de vérités que Descartes aimait et approuvait.

Ainsi, la littérature classique nous semble régie par la même combinaison d'autorité et de libre examen que la philosophie cartésienne. C'est un mélange pareil de foi et de critique ; c'est un même emploi exclusif de la méthode déductive et une même élimination de l'expérience et de l'histoire. Les formes classiques du beau sont pour Boileau des idées innées.

L'ART POÉTIQUE.

II.

Nature et caractère du beau. — Identification du beau et du vrai. — La raison : son rôle prépondérant dans l'art. — Dépréciation de l'imagination.

Après avoir essayé de montrer que l'esprit et les conditions de la critique littéraire, au XVIIe siècle, répondent exactement à l'esprit et aux conditions de la philosophie cartésienne, il faut entrer dans le détail et chercher l'élément philosophique de tous les préceptes littéraires de Boileau.

Cette analyse se divise naturellement en trois parties :

1° *L'essence du beau.* — Où réside la beauté ? En quoi consiste-t-elle ? De quels éléments métaphysiques et psychologiques doit-elle se composer et quels sont ceux qui sont incompatibles avec elle ?

2° *Le critérium du beau.* — C'est-à-dire par quel signe la beauté se manifestera-t-elle à l'esprit et à quelle impression, à quel état subjectif reconnaîtra-t-il qu'il est en présence du beau ?

3° *L'expression du beau.* — Comment l'artiste rendra-t-il l'idéal ? Par quelle méthode devra-t-il tenter la réalisation des ses conceptions. C'est la question des règles, la plus explicitement traitée par Boileau et sur laquelle les critiques se sont plus étendus et plus entendus que sur les précédentes.

On voit que ces trois parties correspondent exactement aux trois grandes divisions de la philosophie de

Descartes. 1° *Essence du vrai,* ou métaphysique. 2° *Critérium de la vérité,* ou rôle de la conscience et psychologie. 3° *Méthode pour arriver au vrai,* ou logique.

1° Nature du beau.

La plus ancienne et la plus élémentaire division que l'esprit ait faite des choses, c'est celle qui les classe en choses qui passent et changent et en choses qui se fixent et demeurent. D'un côté le mouvement, le phénomène, la différence, le particulier ; de l'autre l'immobilité, la substance, l'identité, le général : voilà les deux faces de l'être qui dès l'origine de la réflexion ont frappé l'intelligence humaine. Les philosophes se sont demandé de quel côté est la vérité, et les artistes de quel côté est la beauté. Il n'y a guère que quatre réponses, qui sont les quatre solutions éternelles, se renouvelant sans s'augmenter.

1° La vérité et la beauté sont dans l'immobilité, c'est-à-dire l'universel.

2° Elles sont dans le changement, c'est-à-dire le particulier.

3° Elles sont dans la combinaison du mouvement et de l'immobilité.

4° Elles ne sont ni dans l'immobilité, ni dans le mouvement, ni dans leur combinaison, parce qu'elles ne sont nulle part.

Dire que la vérité et la beauté sont dans le particulier, c'est être, en philosophie, sensualiste, et en littérature, réaliste. Descartes n'est pas de cette philosophie-là, ni Boileau de cette littérature. Quant à la dernière solution qui serait le scepticisme, niant également la vérité et la beauté, ils en sont bien moins encore. Restent les deux autres doctrines.

Celle qui place la vérité et la beauté dans le général,

c'est en philosophie l'idéalisme, et en littérature le classique.

Celle qui ne trouve la vérité et la beauté que dans la synthèse du particulier et du général, du changement de la surface et de l'immobilité du fond, du fait et de l'idée, nous semble correspondre en philosophie à l'éclectisme moderne, dont le type varie de Leibnitz à Hégel et au-delà, et, en littérature, au romantisme qui prétend, comme nous l'avons vu, combiner le réalisme et l'idéalisme, puisqu'il tente la conciliation du fait particulier, étudié par l'observation, et du type abstrait et universel, conçu par la raison inspirée.

En présence de ces quatre catégories, qui sont incontestables parce qu'elles sont aussi larges que possible, il n'y a point à hésiter pour classer Boileau. Ce qu'il estime par-dessus tout, c'est le général, et la faculté qui le saisit, la *raison*.

On est étonné du nombre des vers où revient ce terme de raison, et quand on les rapproche, on se croirait plutôt en face d'un traité de logique que d'un art poétique.

Que toujours le *bon sens* s'accorde avec la rime.
... Aimez donc la *raison*; que toujours vos écrits
Empruntent d'*elle seule* et leur lustre et leur prix.
... La *raison* pour marcher n'a souvent qu'une voie.
... Au mépris du *bon sens* le burlesque effronté
Trompa les yeux d'abord, plut par la nouveauté (1).
... La *raison* outragée ouvrit enfin les yeux.
... Il faut, même en chansons, du *bon sens* et de l'art (2).
... Mais nous que la *raison* à ses règles engage
... Mais la scène demande une exacte *raison*.
... Que l'action marchant où la *raison* la guide
Ne se perde jamais dans une scène vide.

(1) Chant premier.
(2) Chant deuxième.

...Aux dépens du *bon sens* gardez de plaisanter.
...J'aime sur le théâtre un agréable auteur
  Qui, sans se diffamer aux yeux du spectateur
  Plaît par la *raison* seule et jamais ne la choque (1).
...Et souple à la *raison* corrigez sans murmure.
...Et sa faible *raison*, de clarté dépourvue,
  Pense que rien n'échappe à sa débile vue.
...Avant que la *raison* s'expliquant par la voix
  Eût instruit les humains, eût enseigné les lois,
  Tous les hommes suivaient la grossière nature, etc.

Cette prépondérance du bon sens et de la raison ne laisse aucune place à l'imagination, qui n'est même pas nommée. On ne peut nier que cette dépréciation des facultés représentatives, plus singulière chez un poète que chez un philosophe, ne soit commune à Boileau et à Descartes. Nous avons vu le peu de cas et le peu d'usage qu'en fait celui-ci. Boileau ne trouve pas plus leur emploi dans l'art que Descartes dans la science.

C'est que précisément Boileau traite l'art presque comme une science. Les qualités qu'il exige de l'artiste sont des qualités de savant : le sang-froid, la patience, l'exactitude, la justesse d'esprit, et, par-dessus tout, le bon sens, c'est-à-dire la faculté impassible qui va droit aux idées, en négligeant ou en supprimant les sentiments (2).

Cette tendance à identifier la vérité et la beauté est bien manifeste dans cette formule célèbre : « Rien n'est beau que le vrai. » D'ailleurs elle est parfaitement logique et détermine l'idéal classique avec une heureuse clarté. Puisque l'art consiste à exprimer le vrai, l'art est soumis à la définition de la vérité ; or, cette définition,

---

(1) Chant troisième.
(2) Ma pensée au grand jour partout s'offre et s'expose,
  Et mon vers, bien ou mal, dit toujours quelque chose.
    (Épître IX).

qui la donne ? La philosophie, — et surtout à une époque où la philosophie est plus développée que la science proprement dite. Quelle est cette définition ? C'est celle de Descartes : que la vérité n'est atteinte que par la raison, qu'elle n'a de valeur que quand elle est universelle et que le signe à quoi on la reconnait, c'est d'être claire également à tous les esprits, en dehors des conditions de temps et de lieu.

Voilà le genre de vérité que la philosophie offre à l'art pour en faire la beauté. Mais cette vérité-là où est-elle, et où l'art la cherchera-t-il ? Sera-ce dans la succession des faits, dans la couleur, dans la forme, dans le mouvement individuel des choses ? Sera-ce dans ce que les philosophes appellent le contingent, dans ces caractères particuliers qui distinguent les personnes ou les objets et expriment leurs différences ? Évidemment non. Ces accidents sont la part et la manifestation du hasard dans les personnes et dans les œuvres ; ils déconcertent l'induction, échappent aux règles générales, ne se laissent point emprisonner dans des cadres, ni fixer dans des formules. L'essence seule est universelle et par suite définissable. Or, la faculté de l'universel, c'est la raison. La liberté est personnelle dans ses actes et la sensibilité dans ses émotions. Elles ne sont donc ni le véritable objet ni le véritable moyen de l'art.

On sait qu'il y a pour Descartes deux raisons : la raison objective et la raison subjective. La première n'est pas autre chose que la vérité suprême réalisée, en dehors de l'esprit humain, dans un être parfait. La seconde est la faculté de connaître par intuition cet objet parfait, et pour chaque homme, le privilège d'en posséder comme un exemplaire intérieur. Cette reproduction dans tous les esprits d'un même objet, avec une clarté qui peut devenir la même par l'application, assure l'accord et l'égalité des esprits. C'est ce « bon sens si bien partagé » par où Descartes commence sa philosophie. Or, puisque l'art classique vise à la suprême généralité, il est certain que son idéal doit être la raison objective, et que la raison subjective doit être son agent.

Cette doctrine de l'impersonnalité de la raison s'explique et s'accepte facilement chez les philosophes quand il s'agit de déterminer la vérité. Mais on ne voit pas aussi bien comment les artistes, et en particulier les littérateurs, s'en servent pour expliquer le beau. Car il entre nécessairement dans l'art, même le plus abstrait, beaucoup plus d'éléments concrets que dans la métaphysique. La langue, l'harmonie, les mœurs, les passions sont en effet des choses variables et particulières dont l'artiste ne se passe point.

On comprend donc que Descartes, après Platon, ait placé la vérité dans l'universel. Mais que les artistes, qui ont besoin des sens et des objets sensibles, aient été séduits par l'idéal d'une beauté universelle et aient fait de la raison impersonnelle leur faculté maîtresse, voilà qui ne s'explique pas si facilement.

Il nous semble que la littérature de la Renaissance a contribué pour beaucoup à créer ce *type unique de nature humaine* dont l'expression a été le but suprême de l'art au XVIIe siècle et dont, plus tard, le romantisme est revenu.

Il faut reconnaître que si le XVIe siècle a été savant, il a été aussi pédant, c'est-à-dire savant de la science d'autrui. Rabelais et Montaigne le lui ont reproché et se le sont même un peu reproché parfois à eux-mêmes. Aussi cette époque qui avait la curiosité de chercher et l'ambition de découvrir, qui semblait devoir tirer l'originalité de son affranchissement même, est subjuguée par la présence de l'antiquité. Elle ne trouve en somme que du vieux : ses nouveautés ont deux mille ans. Ce n'est pas lui-même que ce siècle étudie, ce sont des âges disparus, une civilisation finie, une humanité morte. Il leur rend la vie, à force d'art, mais aussi par artifice. Il perd, par son enthousiasme pour l'antiquité, la notion de la chronologie et le sentiment de ce qui est le passé et de ce qui est le présent. Sa psychologie est comme posthume. A vrai dire, il ne la fait pas, il la trouve toute faite par les anciens sur eux-mêmes et pour eux-mêmes, et il l'accepte, soit par paresse, soit plutôt par étonnement et admiration de voir le travail si bien fait. Il ne remarque de l'âme antique que les traits qui lui sont communs avec la sienne, et il en conclut que le monde n'a pas changé, malgré les apparences, que la nature est constante et fidèle dans ses œuvres, et que l'homme à travers le temps et l'espace, est identique. On peut donc dire que c'est le XVIe siècle qui prépare par là cette doctrine de la raison immuable et cette méthode de la psychologie éternelle qui prévaudra au siècle suivant. C'est lui qui inaugure cette croyance philosophique et esthétique à un type humain, toujours le même, et dont l'étude, une fois qu'elle est parfaite, n'est plus à recommencer, ou bien ne peut se recommencer qu'en se répétant : car on ne refait pas la perfection ; on ne peut qu'en multiplier les exemplaires par l'imitation. De là cette théorie de l'imitation qui caractérise le classique.

C'est bien en effet l'homme ancien et non celui du XVIe siècle que les moralistes du temps étudient. Voyez Montaigne : il se fait païen, romain ou grec, pour s'intéresser à lui-même ; il consulte sur lui-même Platon ou Epictète, Lucrèce ou Horace ; il prend pour son compte les analyses de la psychologie antique ; aucun autre plus que lui ne prétend s'enfermer dans sa personnalité et s'en tenir à observer seulement ce qui lui est propre ; et aucun autre ne généralise plus vite ses observations individuelles et ne se considère plus complaisamment comme le type même de l'humanité.

Voilà, ce semble, comment on peut expliquer cette poursuite de l'universel, tentée par la littérature au XVIIe siècle. Elle correspond bien à l'esprit généralisateur de la philosophie cartésienne ; seulement elle a des causes plus prochaines, puisqu'on peut trouver déjà dans Platon la philosophie de l'universel portée à sa perfection, tandis que la *littérature de l'universel*, si l'on peut dire, est plus particulièrement la création du XVIIe siècle, sous l'influence du XVIe.

Ainsi l'art pour Boileau est essentiellement rationaliste. Le beau c'est une forme de la *raison impersonnelle*.

Mais pourtant il est accepté de tous que l'art vit de personnalité : un grand écrivain est celui qui a *son style*, et un grand peintre *sa manière*. Nous voici donc en présence d'une contradiction : d'un côté les classiques disent que le beau est impersonnel comme le vrai, et de l'autre, ils tiennent à l'originalité et entendent bien que l'œuvre d'art porte la marque de la personnalité. Il faudrait donc que la définition de l'art fût celle-ci : « Il est l'expression personnelle d'une chose impersonnelle. » Nous avons vu plus haut qu'en effet cette formule est d'abord acceptée par les classiques. Ceux de la belle époque empruntent la *matière* et créent la *forme*, et, par là, réalisent bien cette synthèse du particulier (la forme) et du général (le fond) qui est l'idéal. Mais nous avons vu aussi que cette conciliation n'est que momentanée, et que bientôt la formule se détruit par le fait que la forme, en atteignant à la perfection, devient à son tour impersonnelle comme le fond. De là naît cette théorie de l'imitation indéfinie qui est la conséquence logique de la théorie de la perfection unique.

Nous la trouverons plus loin exprimée très nettement par Voltaire au chapitre des beaux-arts de son Siècle de Louis XIV.

Empruntons seulement ici, pour la mettre en relief, le jugement d'un critique contemporain qui s'est assimilé l'esprit classique avec une sorte d'intussusception passionnée, qu'exagérait sa haine exclusive de tout le reste. M. D. Nisard a si bien saisi le sens de cette doctrine de la perfection unique en littérature, qu'il a été jusqu'à la glorifier de l'excès qui semblait devoir la condamner. « C'est la ressemblance nécessaire des styles dans la différence des sujets ou du génie particulier des grands écrivains qui font la beauté de notre littérature....... Je défierais le critique le plus exercé, s'il ne sait pas l'endroit de mémoire, de reconnaître à qui appartient une pensée exprimée en perfection (1). » Si on laisse de côté ce *génie particulier* dont on ne voit pas bien le sens, et qui, s'il en a un, est contradictoire avec le reste de la pensée, on a le droit d'en conclure que la perfection classique qui a déjà éliminé la personnalité du fond, puisqu'elle ne se prend qu'à une matière impersonnelle, doit en arriver, quand elle est à son comble, à éliminer aussi la personnalité de la forme, et se résoudre en une impersonnalité absolue. Si La Bruyère, Mme de Sévigné et Bossuet avaient à exprimer la même pensée, pour l'exprimer en perfection ils écriraient tous les trois la même phrase.

(1) D. Nisard. *Hist. de la littérature*. T. III. Article La Bruyère, p. 210.

Pour dire parfaitement la même chose en un vers, Racine, Boileau et La Fontaine feraient nécessairement le même vers. Nous ne sommes plus vraiment ici en face d'un art, mais en face d'une science. Il en est des écrivains comme des géomètres qui doivent trouver non seulement la même solution, pour qu'elle soit juste, mais encore par la même méthode, pour que celle-ci soit la plus simple, c'est-à-dire la méthode parfaite.

Il nous semble, d'après cette analyse de l'idéal de l'Art poétique, que l'esthétique classique identifie la *personnalité esthétique* avec la *personne métaphysique*, c'est-à-dire avec ce qui est justement l'élément impersonnel de l'individu. Par la raison, Descartes l'a dit, tous les hommes se ressemblent. Ils ne diffèrent que par ces facultés accidentelles, la sensibilité, la mémoire, l'imagination qui ne font pas partie de leur essence, qui sont provisoires dans l'âme et qui ne sont que le résultat temporaire de son union avec le corps. Donc, toutes les *personnes* métaphysiquement sont égales ; si elles n'étaient en dehors et indépendantes les unes des autres ce seraient de véritables indiscernables.

La *personnalité*, au contraire, est constituée par la sensibilité, l'imagination, le cœur enfin qui sont infiniment variables dans les individus et qui gardent dans leur expression, quand ils s'expriment, quelque chose de leur originalité native.

Or, Descartes nous semble avoir tellement subjugué l'art classique qu'il lui a fait accepter comme type de la personnalité le type même de la personne. L'art n'a pas vu que la personnalité est plus complexe et plus compréhensive que la personne même : car la personne n'est que l'essence, l'élément universel, en un mot la raison de Descartes, et ce par quoi tous les hommes doivent se ressembler ; tandis que la personnalité, c'est d'abord la personne, mais la personne augmentée de ces facultés accidentelles dont les combinaisons et les degrés infiniment divers font les divers tempéraments, les diverses physionomies, les styles divers, c'est-à-dire, en un mot, cette propriété individuelle qui différencie les hommes et constitue l'originalité des artistes. La personnalité, c'est le tout de l'homme ; la personne n'en est que le meilleur. La métaphysique cartésienne n'a guère pris que le meilleur ; l'art classique a fait comme elle. Mais la question est de savoir si l'art a raison de procéder comme la métaphysique, et si la nécessité où il est d'employer des éléments sensibles lui permet un égal degré d'abstraction.

Indiquons seulement la question, qui a été résolue en sens inverse par les romantiques, comme on l'a vu plus haut, et que nous retrouverons plus loin. Remarquons encore que l'art classique a été conduit à cet idéal par un abus de l'analyse, c'est-à-dire par une exagération de la méthode cartésienne, et passons au *Critérium* du beau.

II.

Le critérium du beau : la clarté. — Rapprochement du critérium esthétique de la clarté et du critérium de l'évidence dans Descartes. — Les dissidents au XVIIe siècle.

Tels sont d'après Boileau les éléments constitutifs du beau et pour ainsi dire sa nature métaphysique. Si l'Art poétique était une esthétique en forme, cette question y correspondrait à la question de l'*idéal* ou *beau en soi*. Viendrait ensuite une seconde question dérivée de celle-là et que. voici :

Cet idéal se réalise dans les œuvres d'art. Par quel signe alors se manifeste-t-il à l'esprit humain, quand l'esprit le cherche dans les œuvres ? A quoi le beau se reconnaîtra-t-il ? Et quel est le caractère nécessaire sans lequel une chose ne peut pas être belle ? Cette question correspond au problème de la connaissance en logique. Y a-t-il un critérium du beau comme il y en a un du vrai ? Quel est-il dans l'art classique ?

Avant toute analyse, on peut poser a priori que ce critérium doit être solidaire de la nature même du beau. Puisque la tendance de l'art classique est d'identifier la beauté avec la vérité, il semble conséquent que le critérium du beau doive tendre par là même à s'identifier avec le critérium du vrai. Et en effet Boileau a cette logique. Puisqu'il a infiniment réduit, dans son idéal, et presqu'éliminé la volonté et la sensibilité au profit de la raison pure, il s'ensuit que le critérium du beau est, pour lui, rationnel et non sensible. La présence de la beauté ne se manifeste pas dans l'âme par l'émotion, mais par l'idée. Boileau ne demande pas qu'elle nous remue, mais qu'elle nous éclaire. La première condition pour qu'une chose soit belle, c'est qu'elle soit intelligible, et le signe auquel nous reconnaissons qu'elle est belle, c'est que nous la comprenons et que notre raison y donne son adhésion, comme elle ferait à une démonstration ou à un axiome. Le critérium du beau est donc essentiellement intellectuel : c'est la *clarté*. Boileau emploie souvent ce mot de clarté ou des équivalents ; quant à l'émotion il n'en parle pas.

Par exemple il dit à propos de Malherbe :

> « Aimez sa pureté
> Et de son tour heureux imitez la *clarté*.
> Si le sens de vos vers tarde à se faire *entendre*,
> Mon esprit aussitôt commence à se détendre.
> ... Il est certains esprits dont les sombres pensées
> Sont d'un nuage épais toujours embarrassées ;
> Le *jour de la raison* ne les saurait percer.
> Avant donc que d'écrire apprenez à *penser*;
> Selon que notre idée est plus ou moins *obscure*,
> L'expression la suit ou moins nette ou plus pure.
> Ce que l'on conçoit bien s'énonce *clairement*,
> Et les mots pour le dire arrivent aisément (1)

Voici encore un précepte qui confirme notre interprétation :

> Jamais au spectateur n'offrez rien d'incroyable ;
> Le vrai peut quelquefois n'être pas vraisemblable.
> Une nouvelle absurde est pour moi sans appas ;
> L'esprit n'est point ému de ce qu'il ne croit pas (2).

Boileau ne pense pas que la poésie puisse s'adapter au merveilleux chrétien. Est-ce en raison de scrupules religieux ? Nullement. C'est que le merveilleux chrétien est précisément en contradiction avec la raison. Il n'est point saisissable aux « lumières naturelles » comme dirait Descartes. Il n'est point, en un mot, intelligible et par conséquent ne peut pas entrer comme élément dans une esthétique fondée sur la raison.

Les romantiques ont pensé tout autrement. Ils ont fait une place énorme à l'inconnu, à l'inexplicable, au mystérieux, et nous verrons comment ils se sont en cela inspirés de l'esprit chrétien. Boileau est au contraire inspiré de l'esprit antique ; et voilà pourquoi autant il

---

(1) *Art poét.* Chant I.
(2) Ibid. Chant III.

répudie le mystérieux chrétien, autant il préconise l'emploi du merveilleux mythologique. On sait comment il a lui-même appuyé son précepte par le caractéristique exemple du passage du Rhin. Il semble qu'il y ait là une contradiction. Un merveilleux vaut l'autre. Pourquoi l'art s'interdirait-il le premier et s'ouvrirait-il au second, puisque c'est au nom de la raison qu'il a condamné le premier et que tous deux sont égaux devant la raison ?

Mais la contradiction n'est qu'apparente. La raison croit aux mystères chrétiens, sans les comprendre, tandis qu'elle comprend le merveilleux de la Fable, sans y croire. Or croire et comprendre sont deux, et la condition esthétique que Boileau a posée n'est pas l'adhésion à la réalité de la chose belle, c'est-à-dire la croyance, mais simplement l'intelligence de sa possibilité, c'est-à-dire la compréhension.

Quand il dit :

> L'esprit n'est point ému de ce qu'il ne croit pas,

il ne veut pas dire que nous ne pouvons pas trouver belle une chose qui n'est pas réelle, mais une chose qui n'est pas intelligible. Que la beauté soit réelle ou fictive, peu importe, l'essentiel est que la fiction ou la réalité soit raisonnable. Or la mythologie ne trompe ni ne déconcerte notre raison, précisément parce que nous n'y croyons pas : c'est un jeu de l'imagination et de la pensée ; nous le savons bien, et comme ce jeu dépend de nous, nous pouvons et nous devons faire qu'il soit logique et d'accord avec notre faculté la plus exigeante, la raison.

De fait, la fable est anthropomorphique ; elle a une origine humaine, et, née de l'humanité, elle lui ressemble ; et nous la comprenons comme nous nous comprenons nous-mêmes. Ce bon sens et cette logique qui rendent la fiction intelligible se sont manifestées au XVIIe siècle d'une manière particulièrement curieuse. Ç'a même été chez un ennemi de Boileau et qui ne tenait pas de Boileau ce culte du bon sens et de la logique, mais du tempérament même de l'époque. Quand les Fées de Perrault font des prodiges, elles y mettent toujours le calcul plutôt que le caprice, et se règlent presque sur le grand principe cartésien qui veut que les choses soient faites par les voies les plus simples. Ainsi lorsqu'il s'agit d'improviser à Cendrillon un carrosse pour la conduire au bal, sa marraine tire le carrosse d'une citrouille et pourvoit à l'attelage en changeant des rats en chevaux. Elle aurait pu aussi bien sans doute, puisqu'elle est fée, changer les rats en carrosse et des citrouilles en chevaux. Au point de vue de sa puissance magique, c'eût été au moins aussi difficile, et le miracle n'y eût rien perdu. Pourtant si ce n'était pas moins prodigieux, c'était moins logique. Il aurait manqué à l'opération je ne sais quel élément d'analogie, de continuité même dont l'absence aurait enlevé de la vraisemblance à cette métamorphose, pourtant invraisemblable, et qui reste au fond, sous une forme ou sous l'autre, une absurdité. C'est que les rats sont déjà des quadrupèdes, et une citrouille un fruit roulant dont le jaune éclatant prépare, on dirait même volontiers contient en puissance, pour l'imagination, les dorures du futur carrosse. Il y a donc pour l'art raisonnable du XVIIe siècle une logique de l'impossible et comme un bon sens de l'absurde. Il n'est pas jusqu'aux fées de Perrault qui ne soient un peu cartésiennes (1).

(1) Boileau lui-même nous rapporte un exemple curieux de cette préoccupation du raisonnable dans la fantaisie et du vraisemblable

Ce n'est pas Rabelais qui se serait préoccupé de garder la vraisemblance et la proportion dans la fiction : son merveilleux est toujours fantastique et incohérent; il n'est qu'un grossissement démesurément hasardeux des figures humaines et des choses naturelles. Dans Rabelais, la marraine de Cendrillon n'eût pas manqué d'accomplir son prodige en dépit du bon sens, par le procédé le plus absurde, et son coup de baguette eût été, de parti pris, absolument déraisonnable. Tandis que les grivoises litanies de Rabelais sont des rimes, sans raison, Boileau veut

> .... même en chanson du bon sens et de l'art.

Ainsi, clarté de l'idéal et clarté de l'expression, qui en est la conséquence, voilà la première condition de la beauté. Mais ce n'est pas tout; les idées et les expressions pourraient être individuellement claires, sans que leur combinaison le fût. Ainsi chaque refrain d'Ophélie en démence a un sens propre, mais l'ensemble n'en a point. Il faut donc encore une troisième clarté, celle de l'arrangement des parties, c'est-à-dire celle du plan et du tout. Boileau la réclame aussitôt après les deux autres : c'est l'*ordre :*

> Il faut que chaque chose y soit mise en son lieu.
> Que le début, la fin répondent au milieu ;
> Que d'un art délicat, les pièces assorties
> N'y forment qu'un seul tout de diverses parties.

---

dans le prodige. On connaît la parodie joyeuse composée par lui sur la perruque de Chapelain, en collaboration avec quelques amis. Chapelain décoiffé par un riva, La Serre, laissait dans le ruisseau sa perruque d'où Apollon la retirait pour en faire une comète. Le Dieu décidait que quiconque naîtrait sous ce nouvel astre serait poète. Or Boileau nous raconte que Furetière, l'un de ses complices, fit une objection : « Furetière l'un des auteurs de la pièce, remarqua pourtant que cette *métamorphose manquait de justesse en un point :* C'est, dit-il, que les comètes ont des cheveux et que la perruque de Chapelain est si usée qu'elle n'en a plus ! ».

Voilà donc l'état dans lequel le beau doit mettre l'intelligence. Il lui donne l'impression et, si l'on veut, la jouissance, d'une clarté triple : clarté de la pensée, clarté des termes et clarté de la combinaison des pensées et des termes. Ce sont, comme l'on voit, les conditions mêmes de la philosophie et de la science. Quelle part est faite dans ce critérium à la sensibilité ? Aucune.

Boileau après avoir exigé en première ligne la clarté pour satisfaire la raison (en quoi on ne peut que l'approuver), s'en est tenu à cette condition nécessaire qu'il a considérée, pour cela, comme suffisante. Il aurait pu se demander ensuite si la sensibilité, elle aussi, ne devait pas être satisfaite, et rechercher si la différence entre l'art et la science n'est pas que la science s'adresse exclusivement à l'intelligence et se contente de provoquer l'idée, tandis que l'art, plus compréhensif, fait naître à la fois l'idée dans l'esprit et l'émotion dans le cœur. Mais Boileau a nettement sacrifié l'émotion à l'idée. Si l'on peut contester qu'il ait omis complètement l'émotion parce qu'il parle une fois de « la route la plus sûre pour aller au cœur (1), » il faut accorder qu'il ne lui a fait qu'une place insignifiante et trop peu déterminée dans son Art poétique. Pourquoi ?

On pourrait dire peut-être que l'art classique étant de l'aveu de tous éminemment idéaliste, c'est son essence même qui l'a poussé à cette dépréciation de la sensibilité au profit de l'intelligence. Il participerait donc du caractère commun à tous les arts idéalistes, et ce caractère serait une exagération naturelle et légitime du rôle et de la valeur de l'idée pure.

---

(1).   De cette passion (l'amour) la sensible peinture,
        Est, pour aller au cœur, la route la plus sûre.

Mais tout d'abord il n'est pas dans la nature de l'idéal de n'engendrer dans l'âme que l'idée ; il engendre aussi l'émotion. Il y a, si l'on peut dire, une émotion idéaliste. Elle est peut-être la plus forte en même temps qu'elle est la plus pure. Il y a donc lieu pour les idéalistes les plus absolus de compter pour quelque chose non seulement l'idée, mais tous les effets de l'idée, c'est-à-dire non seulement la notion qu'elle communique, mais l'émotion qu'elle produit.

De plus, l'histoire même de l'idéalisme s'oppose à ce qu'on attribue à l'idéalisme en général cette élimination du cœur et cette exaltation exclusive de la pensée claire. Certes s'il est un philosophe et en même temps un artiste idéaliste, c'est bien Platon, Or voici comment il parle des effets du beau sur l'âme humaine : c'est Socrate qui les décrit à Phèdre :

« A l'aspect de la beauté, l'homme semblable à un malade saisi par la fièvre, change de visage ; la sueur inonde son front, et un feu inaccoutumé se glisse dans ses veines ; sitôt qu'il a reçu par les yeux l'émanation de la beauté, il ressent cette douce chaleur qui nourrit les ailes de l'âme ; cette flamme fait fondre l'enveloppe dont la dureté les empêchait depuis longtemps de se développer.... Maintenant l'âme est dans l'effervescence et l'agitation.... en présence d'un tel objet, elle reçoit les parcelles de beauté qui s'en détachent et en émanent, et qui ont fait donner au désir le nom d'ἵμερος ; elle éprouve comme une tiède chaleur, se sent soulagée, et nage dans la joie. »

Voilà le critérium de Platon. Il est inutile d'insister sur le contraste entre cette large poésie du philosophe et la sécheresse savante du poète. D'un côté la présence de la beauté se manifeste par cet amour esthétique qui trouble l'âme tout entière et la ravit dans un transport divin, bien plus semblable à une passion sublime qu'à une impassible et clairvoyante contemplation ; de l'autre le beau provoque la sérénité intellectuelle, qu'aucune émotion ne vient troubler et qui s'entretient par la clarté raisonnable de la vérité.

Il y a donc un idéalisme qui admet l'amour, la passion même pour les idées et pour leurs formes sensibles réalisées par l'art. Ce n'est pas celui de Boileau. Platon dans le Phèdre met le délire inspiré au-dessus de la raison artiste, l'inconscience divine du génie au-dessus de l'effort conscient et volontaire dirigé par l'intelligence (1). Boileau n'accepte pas cette hiérarchie, et s'il emprunte la sienne à une philosophie, ce n'est pas à l'idéalisme de Platon, mais au rationalisme de Descartes.

La raison est en effet la faculté maîtresse dans l'Art poétique comme elle l'est dans le Discours de la méthode. Le beau est avant tout une pensée claire, comme le vrai. Le critérium de la beauté c'est la clarté, comme celui de la vérité est l'évidence. Appliquez à l'art la règle de Descartes, « de ne recevoir jamais aucune chose pour vraie que je ne la connusse évidemment être telle, » et « nous ne devons jamais nous laisser persuader qu'à l'évidence de notre raison, » et vous arriverez nécessairement à la formule fondamentale de Boileau : « le beau se reconnaît à ce qu'il est raisonnable, intelligible et clair. »

Or de même que Pascal semble avoir reproché à Descartes d'avoir trop aimé la clarté, au point de la mettre là où elle n'est pas et ne peut pas être, de même

---

(1) « Il y a deux espèces de délire : l'un n'est qu'une maladie de l'âme, mais l'autre nous fait franchir les limites de la nature humaine par une inspiration divine. » (*Phèdre*, XLVI.)

peut-on reprocher à Boileau d'avoir restreint le domaine du beau en le diminuant de toute la beauté du mystérieux et de l'obscur.

La philosophie cartésienne et la littérature classique sont tellement inspirées du même esprit d'analyse et de certitude qu'ici encore on peut leur faire la même critique. Elles ont voulu tout éclaircir et tout comprendre ; dans cette ambition, qui est noble et naturelle, mais qu'elles ont poussée à l'excès, ou bien elles se sont souvent contentées d'une clarté artificielle là où elles n'avaient pu mettre une clarté véritable et définitive ; ou bien elles ont volontairement éliminé de la sphère de l'attention humaine les choses invinciblement obscures, dont elles ne venaient pas à bout, et ont décidé qu'échappant aux prises de la raison, elles étaient à laisser en dehors de la philosophie et en dehors de l'art (1).

Pascal, qui est à la fois un grand philosophe et un grand artiste, et aussi éloigné en philosophie du cartésianisme qu'en littérature du genre classique, a justement pensé tout le contraire. Son génie si compréhensif, qui subissait l'attraction de l'inconnaissable et qui aimait naturellement la sensation troublante de l'obscur, n'a pas pu accepter cette restriction du domaine de la philosophie et de l'art à celui de la raison clairvoyante. Il a voulu rendre une place au sentiment de l'inintelligible, à l'émotion devant l'obscur, qui sont de hautes situations morales, qu'on ne supprime pas à volonté de l'âme humaine et avec lesquelles la philosophie et l'art doivent compter.

---

(1) « Boileau n'a parlé que de ce qu'il fallait éviter, il n'a insisté que
» sur des préceptes de raison et de sagesse, qui ont introduit dans la
» littérature une sorte de pédanterie très nuisible au sublime élan des
» arts. » Mme de STAEL : *De l'Allemagne*, 2e partie, chap. X.

Sans contredit la philosophie doit être l'effort pour comprendre et l'ambition d'expliquer ; mais elle est aussi, à son sommet, la conscience de ne point tout comprendre et le renoncement à trop expliquer : elle est donc l'émotion devant ce qui reste impénétrable, comme elle a été la sérénité intellectuelle devant ce qu'elle a éclairci. Or la tendance de Descartes avait été de la réduire à une seule de ses formes, la forme savante et dogmatique. Quant à cette seconde forme, poétique et noblement sceptique, qui doit venir nécessairement après la première, quand l'esprit est au bout de la démonstration et de la clarté, Descartes l'avait proscrite comme une gêne et comme un danger. Il avait dit qu'il faut une fois dans sa vie, et le plus tôt possible, se poser les grands problèmes inquiétants, mais pour les envisager sans crainte, s'y attaquer sans désemparer, s'en donner une solution plausible, et n'y plus penser (1).

Aussi démontre-t-il les points capitaux de sa métaphysique, Dieu, la spiritualité, la vie future, etc., comme on démontrerait une proposition de géométrie. L'infini dans sa doctrine devient clair comme un axiome, et le « silence éternel de ces espaces infinis » qui effrayait Pascal (2), ou bien Descartes l'omet par un oubli volontaire, contre lequel d'ailleurs son tempérament ne se révolte pas, ou bien il lui fait parler une langue scientifique qui rassure l'âme entière en occupant et en flattant la seule raison.

Cette hâte avouée à se débarrasser des hautes ques-

---

(1) « Quemadmodum credo perquam necessarium esse ut quilibet semel in vita probe conceperit metaphysicæ principia, — ita credo noxium admodum fore intellectum ad eorum meditationem sæpius adjicere, etc. » — Cité par RITTER. T. I, p. 7. Epit. 1, 30, p. 64.

(2) « Le silence éternel de ces espaces infinis m'effraye. » *(Pensées.)*

tions métaphysiques est si manifeste chez Descartes, qu'il lui suffit de quelques pages de la quatrième partie de son Discours pour mettre fin à tous ses doutes sur l'homme, le monde et Dieu. Certes il revient à ces graves problèmes dans les Méditations et dans les Principes ; mais seulement pour confirmer et développer ses premières preuves. Elles l'ont satisfait du premier coup, et quand il les reprend avec plus d'ampleur, ce n'est pas qu'il ait eu à leur endroit des scrupules et des fluctuations, mais bien plutôt parce qu'il n'en a pas eu, et que sa certitude primitive lui est restée si entière qu'il ne peut que l'affirmer de nouveau et la renforcer en l'expliquant.

Il est certain que cette impatience de l'obscur, qui l'éclaircit par la raison, ou qui l'écarte par une élimination voulue, se retrouve dans la littérature classique et figure au nombre des préceptes les plus chers à Boileau. On voit qu'elle prive l'art de la ressource de toute une catégorie d'émotions naturelles, profondes, éminemment poétiques, et qui font partie de ce *vrai* que Boileau estimait tant, mais dont il a néanmoins méconnu la moitié. Car il est vrai que l'âme humaine n'est pas moins belle quand elle est remuée par la sensation de l'obscur que quand elle est pacifiée par la notion du clair ; il est vrai qu'il existe, au moins pour la pensée, tout un monde inintelligible dont l'art doit donner l'expression ; et pour que cette expression soit fidèle, il faut qu'elle garde quelque chose de l'obscurité de la chose exprimée. Ce que l'on ne conçoit pas bien doit s'énoncer obscurément. Tel est le complément nécessaire du précepte de Boileau, que Boileau désavouerait et que le romantisme semble avoir eu pour originalité de formuler et d'appliquer.

Cette revendication en faveur du rôle de l'inintelligible

en philosophie et de l'expression de l'obscur dans l'art, est le trait caractéristique du génie philosophique et littéraire de Pascal, qui est bien le grand romantique du XVIIe siècle. Il a presque tout des romantiques : il en a l'inspiration chrétienne; non pas du christianisme facile et paisible des jésuites, qui a emprunté à l'esprit antique sa sérénité, qui réconcilie les contraires par le jeu de sa logique souple et subtile, et met l'unité dans l'homme en unissant le corps à l'âme par une série de médiateurs plastiques, dont les esprits animaux sont une forme célèbre ; — mais son inspiration lui vient au contraire du christianisme sans cesse ému et tourmenté des Jansénistes, qui exagère le dualisme mystérieux de l'esprit et de la matière, renforce la contradiction des facultés humaines, et condamne les explications rassurantes du rationalisme religieux comme l'œuvre païenne d'une superbe impie. — Il en a l'amour de l'antinomie dans les pensées et dans les choses, et cette recherche du contraste dans les termes et dans les images, qui en est la conséquence littéraire. D'un bout à l'autre, les Pensées ne sont qu'une antithèse. — Il en a l'estime et le souci des êtres petits, humbles et laids, et il prouve que leur laideur et leur petitesse sont affaire de relation, de comparaison et de mobiles manières de voir. — Il en a encore la curiosité émue des secrets de la nature, assez indifférente aux classiques ; il aime à interroger cette nature tantôt sœur, tantôt ennemie de l'homme, qui parle et se tait tour à tour, et qui révèle assez de l'infini pour nous en donner le sentiment, pas assez pour nous en donner la connaissance assurée. — Il en a enfin ce réalisme qui provoque et blesse à plaisir le goût et le purisme classiques, et aussi cette confiance dans l'inspiration, ce lyrisme mystique qui méprise le terre à terre humain de la raison cartésienne.

Dans une de ces pensées interrompues, auxquelles les fatalités du manuscrit ont donné, en les suspendant pour jamais, une forme mystérieuse qui peint si bien le génie de l'auteur, Pascal dit : « Je ne puis pardonner à Descartes.... » Qu'est-ce donc qu'il ne lui pardonne pas, sinon cette estime exclusive de la clarté, et ce parti pris, à son sens présomptueux, de mettre partout des solutions à la place des problèmes? Il n'eût pas davantage pardonné à Boileau, car les règles de Boileau ne lui eussent pas permis de dire : « Nous avons beau enfler nos conceptions au-delà des espaces imaginables, nous n'enfantons que des atomes au prix de la réalité des choses. C'est une sphère infinie dont le centre est partout, la circonférence nulle part (1). » Cette belle image est en effet aussi obscure que l'idée qu'elle exprime. Il n'est pas plus possible de se la représenter, que d'embrasser l'infini. L'imagination ne conçoit pas plus clairement cette sphère, sans circonférence, que l'immensité divine. Pour la raison qui veut comprendre, comme pour les yeux qui veulent voir, la figure est absurde. Mais c'est cette absurdité même qui en fait l'incomparable poésie. Car elle est plus vraie que toutes les fausses lumières dont les dogmatiques s'efforcent de l'éclairer. Il faut que l'incompréhensible reste incompréhensible, et que l'art, en l'exprimant, lui conserve son caractère, sous peine de manquer lui-même de sincérité et d'exactitude. Il y a donc des cas où l'esprit doit comprendre clairement qu'il ne comprend pas, et où la forme n'aura de valeur esthétique que si elle traduit parfaitement l'obscurité du fond. Il y a une beauté de l'inintelligible.

On voit par ce qui précède que le critérium de Descartes

---

(1) *Pensées.* Article I.

et de Boileau ne reconnaît pas cette beauté-là. Il est donc trop étroit ; il enferme l'art dans un domaine incomplet, dont Pascal, dès le XVIIe siècle, avait fait éclater les barrières, et que plus tard une révolution littéraire élargira définitivement au nom d'une esthétique plus compréhensive.

On peut conclure encore de cette analyse, que la solidarité de la philosophie cartésienne et du genre classique se démontre non seulement par des preuves directes, mais encore par des preuves indirectes et pour ainsi dire négatives. C'est que si les grands classiques sont cartésiens, les écrivains illustres du même temps qui ne sont pas cartésiens ne sont pas classiques. Témoin Pascal qui en est un incontestable exemple.

Sans doute on pourrait dire qu'il a beaucoup emprunté à Descartes. Mais quelle révolte contre l'esprit général de la doctrine cartésienne ! Quel emploi tout contraire de la raison ! Quelle conception tout opposée des rapports de la philosophie et de la foi ! Pascal a été disciple de Descartes, comme il a été disciple de Montaigne, pour les épuiser tous deux par son assimilation dévorante, arriver également au bout du scepticisme et du dogmatisme, ne se satisfaire ni de l'un ni de l'autre, en montrer le néant, et appeler la grâce. C'est donc contre Descartes qu'il a été cartésien et il a tourné la doctrine du maître contre elle-même.

A Pascal, on pourrait ajouter Corneille, qui n'a pas, au commencement, subi l'influence cartésienne (puisque le Discours de la méthode est d'un an postérieur au Cid), et qui est si romantique dans le Cid, et aussi dans cette curieuse préface de Don Sanche, où son génie, impatient des règles et avide de nouveauté, donne si nettement la formule du drame shakespearien, qu'il ne connaissait pas.

Aujourd'hui, à la distance de deux siècles, nous avons une tendance à trouver entre les hommes d'un même temps plus de ressemblances que de différences ; on a tant opposé le XVIIe siècle au XVIIIe, et celui-ci au nôtre, qu'il nous en reste cette illusion que ces divisions chronologiques en siècles sont de véritables classes naturelles dont les individus participent tous des mêmes caractères : plus on a accusé les différences des classes, plus on a accusé aussi les ressemblances des individus dans l'intérieur de ces classes. Aussi a-t-on trop identifié et tout à fait à faux, Corneille et Racine. Sans doute on les a souvent mis en parallèle, même en antithèse ; on a fait ressortir la grâce tendre de l'un et la force mâle de l'autre. Mais ces oppositions littéraires n'empêchent pas qu'on ne les considère comme deux tragiques de la même race, comprenant l'art de la même manière, quoiqu'avec des dons différents, obéissant aux mêmes règles et poursuivant le même idéal. En un mot, ce sont pour nous deux classiques au même titre ; ils semblent avoir la même esthétique. C'est une erreur que l'histoire littéraire dissipera de plus en plus.

On ne prend pas garde en effet que, pour les hommes du temps, Racine a été, par rapport à Corneille, un novateur et un révolutionnaire comme l'ont été, par rapport à Racine, nos romantiques de 1830, et qu'il y a eu entre eux une véritable lutte des classiques et des romantiques, seulement en sens inverse, les goûts classiques de Racine étant alors la nouveauté et le romantisme du vieux Corneille étant le passé démodé et condamné par les petits-maîtres. Entre le Cid et Nicomède, il y a sans doute chez Corneille une belle phase de soumission aux règles, avec une impatience contenue. Mais au commencement et à la fin de la carrière on voit se manifester dans le Cid, qui est une promesse, et dans Nicomède, qui est un retour, un penchant et une prédilection pour le drame, car le drame est bien plus dans le tempérament de Corneille, avec ses oppositions et ses éclats, que la pure tragédie. Un esprit qui tend à exagérer certaines grandeurs morales doit nécessairement chercher ses effets par l'antithèse et employer, comme moyens, le *repoussoir* de la laideur et de la mesquinerie humaines. De là les Prusias et les Félix qui, étant des personnages de comédie introduits dans la tragédie, deviennent par là de véritables personnages de drame. On chercherait vainement leurs équivalents dans les pièces de Racine, où la noblesse est continue et où l'unité de ton est parfaite.

Le cri fameux de Mme de Sévigné « vive notre vieux Corneille ! » atteste bien que les connaisseurs du temps sentaient mieux ces différences que nous ne faisons aujourd'hui. C'est l'identité de la forme dramatique et l'étiquette commune de tragédie qui nous trompe. Le gros du mécanisme théâtral, qui est le même des deux côtés, nous dérobe la diversité profonde des principes esthétiques d'où, de part et d'autre, procède le mouvement.

Pourtant cette diversité a été saisie et signalée par le romantisme moderne. Son école dramatique, qui tient Racine en très-petite estime, ou ne se le rattache parfois que par une subtile et diplomatique pudeur, se réclame au contraire de Corneille comme d'un ancêtre et le vénère comme le fondateur et le maître. C'est sans doute la façon dont la filiation a été prouvée qui n'a pas convaincu, et qui a fait plus de sceptiques que de croyants à cette généalogie : mais, théoriquement, il y a beaucoup de vrai dans ce jugement littéraire.

Corneille tendait naturellement à la nouveauté des formules dramatiques, au mélange des genres, à la complexité de l'action, à la multiplicité des personnages, aux sujets chevaleresques, et au souci de la couleur locale, qui sont devenus autant d'articles essentiels du code romantique.

On peut encore appuyer cette remarque d'un autre exemple pris chez les critiques. Saint-Évremond a échappé à l'influence du cartésianisme; et il se trouve qu'en même temps il a saisi avec beaucoup de perspicacité et dénoncé avec une indépendance unique les côtés faibles du genre classique. Sa situation particulière d'exilé français à Londres lui a donné un amour plus vif de son pays, à cause du regret de l'avoir perdu, plus de goût à le critiquer à cause de ce libre et nouveau point de vue (1) où l'avait placé l'éloignement, et aussi plus de sûreté et de largeur dans sa critique à cause du terme de comparaison qu'il avait et qui manquait aux français restés chez eux. Il était au XVIIe siècle à peu près dans la condition où fut plus tard Mme de Staël : il aimait l'esprit français (2) par-dessus tout, et le possédait lui-

---

(1) « J'avais cru autrefois qu'il n'y avait d'honnêtes gens qu'en notre cour... Mais à la fin, j'ai connu par expérience qu'il y en avait partout : et si je ne les ai pas goûtés assez tôt, c'est qu'il est difficile à un français, de pouvoir goûter ceux d'un autre pays que le sien. Chaque nation a son mérite, avec un certain tour qui est propre et singulier à son génie. Mon discernement trop accoutumé à l'air du nôtre rejetait comme mauvais tout ce qui lui était étranger... La différence que je trouve de nous aux autres, dans ce tour qui distingue les nations, c'est qu'à parler véritablement nous nous le faisons nous-mêmes, et la nature l'imprime en eux, comme un caractère dont ils ne se défont presque jamais. » SAINT-ÉVREMOND. Ed. GIRAUD T. I. p. 109.

(2) « Les Essais de Montaigne, les Poésies de Malherbe, les Tragédies de Corneille et les Œuvres de Voiture, se sont établis comme un droit de me plaire toute ma vie... J'ai une curiosité fort grande pour tout ce qu'on

même au plus haut degré ; mais le rapprochement avec l'étranger le poussait à en pénétrer les défauts et à lui dire volontiers son fait, avec une humeur spirituelle et clairvoyante, que piquait au jeu, non pas une rancune étroite, mais au contraire une sorte de dépit amoureux. Quand il en médisait, c'était encore pour s'en occuper et par attrait pour un sujet invinciblement cher, qui le séduisit toute sa vie. Il ne faudrait pas pousser plus loin l'analogie avec Mme de Staël, dont il n'eut tout à fait ni l'attitude, ni surtout l'influence. Mme de Staël alla jusqu'à l'aigreur et à l'injustice ; Saint-Évremond n'a jamais dépassé l'ironie, au fond bienveillante, et une malice inoffensive. Quant à son rôle littéraire, il n'en eut d'autre que de constater seulement des différences et ne pensa jamais à fonder une littérature nouvelle, ni à transplanter en France des goûts étrangers, tandis que Mme de Staël conçut et commença une véritable révolution.

En philosophie Saint-Évremond était sensualiste-épicurien, avec une pointe de scepticisme à la Montaigne. Il professait une admiration profonde pour Gassendi : « J'eus, dit-il, la curiosité de voir Gassendi, le plus éclairé des philosophes et le moins présomptueux. » Ceci est peut-être pour Descartes, dont il parle peu et sans beaucoup de respect, car ses démonstrations par la méthode déductive sont loin de l'avoir convaincu : « Je voudrais n'avoir jamais lu les Méditations de M. Descartes. L'estime où est, parmi nous, cet excellent homme, m'aurait laissé quelque créance de la démonstration qu'il nous promet ; mais il m'a paru plus de vanité, dans l'assurance qu'il en

---

fait de beau en français, et un grand dégoût de mille auteurs, qui semblent n'écrire que pour se donner la réputation d'avoir écrit. » Saint-Évremond. T. I. p. 99.

donne, que de solidité dans les preuves qu'il en apporte, et quelqu'envie que j'aie d'être convaincu de ses raisons, tout ce que je puis faire en sa faveur et en la mienne, c'est de demeurer dans l'incertitude où j'étais auparavant (1). »

Aussi Saint-Évremond ne croit-il guère à une raison unique et identique qui déciderait, une fois pour toutes, du vrai et du beau absolus. La tendance sensualiste de son esprit lui fait voir au contraire les hommes et les choses dans leurs relations et leurs accidents ; il admet plutôt, dans l'art, la loi du changement que la loi de la fixité, et il s'intéresse plus à la nouveauté et aux différences que les climats et les temps mettent dans les œuvres, qu'à cette identité du fond qui viendrait de l'éternelle nature humaine. « Il faut convenir que la Poétique d'Aristote est un excellent ouvrage : cependant, il n'y a rien d'assez parfait pour régler toutes les nations et tous les siècles (2). »

Il pense aussi que le type de la beauté n'est pas unique et qu'il est au contraire dans un rapport variable avec le caractère des peuples. Ça été l'erreur familière des Français de croire que le beau français est un beau universel, le seul parfait et qui convient à toutes les nations. Les classiques ont exagéré encore cette sorte d'égoïsme esthétique (3) : Saint-Évremond a reconnu et attaqué très-franchement cette erreur, à une époque où le goût l'avait érigée en une sorte de principe fondamental et incontestable de l'art. « Un des grands défauts de notre nation, c'est de ramener tout à elle, jusqu'à nommer étrangers dans leur propre pays, ceux qui

---

(1) T. I. p. 126. *Sur la Religion.*
(2) T. I. *De la tragédie ancienne et moderne,* p. 324.
(3) Il n'est pas sans analogie avec cet égoïsme métaphysique directement dérivé de la psychologie de Descartes.

n'ont pas bien ou son air ou ses manières. De là vient qu'on nous reproche justement de ne savoir estimer les choses que par le rapport qu'elles ont avec nous (1). » Et justement cette habitude de juger tout par « rapport à nous » vient de ce que nous considérons notre manière de voir comme absolue. Puisque nous faisons du genre de beauté qui nous convient et qui nous plaît le type même de la beauté parfaite, il s'ensuit que nous jugeons les œuvres plus ou moins belles suivant qu'elles se rapprochent plus ou moins de cette espèce de commune mesure immobile, que notre goût particulier a constituée en critérium absolu du beau. De là ce préjugé des classiques qui, considérant les règles de l'art comme les lois mêmes de la raison éternelle, les acceptent des anciens sans y rien changer et posent en principe qu'on ne saurait atteindre à la perfection sans y obéir rigoureusement : « On nous apporte une infinité de règles qui sont faites il y a trois mille ans, pour régler tout ce qui se fait aujourd'hui ; et on ne considère point que ce ne sont point les mêmes sujets qu'il faut traiter, ni le même génie qu'il faut conduire (2). » Ces règles, pour rester raisonnables et devenir applicables, auraient dû se modifier et suivre l'évolution universelle des caractères et des goûts : « Tous les temps ont un caractère qui leur est propre : ils ont leur politique, leur intérêt, leurs affaires ; ils ont leur morale en quelque façon, ayant leurs défauts et leurs vertus. — C'est toujours l'homme, mais la nature se varie dans l'homme, et l'art, qui n'est autre chose qu'une imitation de la nature, se doit varier comme elle (3). » Toutes les réflexions de Saint-Évre-

(1) T. 1. *Dissertation sur l'Alexandre de Racine*. P. 295.
(2) T. 1. Lettre XXXV. *Sur les règles*.
(3) Lettre XXXV. *Sur les règles*.

mond sont dans ce sens, et l'on pourrait accumuler les citations curieuses où il prouve, ou bien que le beau dans l'art est susceptible de progrès, c'est-à-dire qu'il s'est perfectionné entre les mains des modernes, ou bien que chaque temps et chaque pays se fait à lui-même un type de beauté qui a son caractère et sa valeur propres, qu'aucun pays ni aucun temps n'a le droit d'ériger en beauté éternelle et parfaite. Par exemple il répète souvent que « Corneille profitant des lumières que le temps apporte, trouve des beautés qu'Aristote ne connaissait pas (1). » Il dit encore : « Je veux que l'esprit des anciens nous inspire, mais je ne veux pas que nous prenions le leur ; je veux qu'ils nous apprennent à bien penser ; mais je n'aime pas à me servir de leurs pensées ; ce que nous voyons d'eux avait la grâce et la nouveauté, lorsqu'ils le faisaient ; ce que nous écrivons aujourd'hui a vieilli de siècle en siècle et est tombé comme éteint dans l'entendement de nos auteurs (2). » Ici l'opposition avec Descartes est bien manifeste. Saint-Évremond consent à emprunter aux anciens leurs méthodes de raisonnement, mais il entend bien les appliquer à des matières nouvelles et en tirer des combinaisons d'idées originales. Descartes au contraire garde volontiers les pensées antiques et c'est du côté de la méthode qu'il cherche l'originalité. Il semble que Saint-Évremond accepte d'avance le précepte contenu dans ce vers d'André Chénier qui a servi, pour un temps, de première formule à la nouvelle école littéraire :

Sur des pensers nouveaux faisons des vers antiques ;

or Boileau recommandait plutôt de faire, sur des pensers

(1) Lettre LIV.
(2) Lettre XXXV.

antiques, voire sur des données communes et insignifiantes, des vers nouveaux. — *Proprie communia dicere.* — Ainsi dans la même lettre à M. de Maucroix où il cite avec complaisance les deux vers de lui que La Fontaine estimait le plus (1), et qui ne sont que l'ingénieuse et élégante paraphrase d'une idée très-simple, Boileau lui annonce une petite épître qui n'aura pas plus de « cent trente vers » et où il fera sa propre biographie abrégée. « J'y compte tout ce que j'ai fait depuis que je suis au monde ; j'y rapporte mes défauts, mon âge, mes inclinations, mes mœurs ; j'y dis de quel père et de quelle mère je suis né ; j'y marque les degrés de ma fortune, comment j'ai été à la cour, comment j'en suis sorti, les incommodités qui me sont survenues, les ouvrages que j'ai faits. Ce sont de bien petites choses dites en assez peu de mots… (2). » Boileau ajoute qu'il a récité son petit poëme à quelques amis qui en ont été « aussi frappés que d'aucun autre de ses ouvrages. » Enfin il ne résiste pas au plaisir d'en citer quatre vers, ceux auxquels « on s'est le plus récrié » et qui sont sans doute à ses yeux ceux qui caractérisent le mieux le genre de la pièce. « C'est un endroit qui ne dit autre chose, sinon qu'aujourd'hui que j'ai cinquante-sept ans, je ne dois plus prétendre à l'approbation publique. Cela est dit en quatre vers que je veux bien vous écrire ici, afin que vous me mandiez si vous les approuvez :

> Mais aujourd'hui qu'enfin la vieillesse venue,
> Sous mes faux cheveux blonds déjà toute chenue,
> A jeté sur ma tête, avec ses doigts pesants,
> Onze lustres complets surchargés de deux ans.

(1) Lettre à M. de Maucroix (29 avril 1695).
(2) C'était la future Épître X.

Il me semble que la perruque est assez heureusement frondée dans ces quatre vers. » On voit que Boileau est porté à se contenter d'une matière, intéressante sans doute, mais en somme assez mince. Malgré ses revendications judicieuses et convaincues en faveur de la solidité du fond, sa théorie de l'imitation le pousse invinciblement à accorder une valeur extrême à la forme ; c'est une conséquence logique de ses principes esthétiques. Un auteur qui s'accommode des pensées d'autrui et qui ne tourne en vers que les idées les plus simples et les plus générales ne peut espérer se distinguer que par l'expression ; son talent consistera dans l'art qu'il mettra à dire les choses, et son œuvre n'aura de propriété que par le choix des tournures et la combinaison des termes. Je veux bien que Boileau a dit :

J'appelle un chat, un chat.

Mais, à consulter ses écrits, on s'aperçoit que ce souci du mot propre ne le prend guère que quand il est pressé par la vivacité de quelque rancune littéraire. Quand il a le temps, nous venons de voir qu'il n'appelle pas toujours une perruque, une perruque. Les oiseaux qui devraient rester des oiseaux, puisque le chat reste chat, deviennent des habitants de l'air, à qui le poëte fait la guerre,

...d'un plomb qui suit l'œil et part avec l'éclair (1).

Boileau fait donc des périphrases, tout comme les Précieuses. C'est une nécessité du genre classique. Quand un écrivain se propose, pour la perfection de son

---

(1) BOILEAU. Ép. VI.

art, de donner à ses pensées un tour noble et d'exprimer les choses qu'il dit d'une façon qui ne soit pas commune, il faut bien qu'il cherche aux termes ordinaires des équivalents distingués et qu'il atteigne à l'originalité du style par d'ingénieuses ou de hardies alliances de mots. Sans doute chacun de ces mots, pris en particulier, est le mot propre qui désigne exactement une qualité de la chose ; mais la chose elle-même n'est pas désignée par l'expression synthétique qui la représente tout entière d'un seul terme, et qu'on appelle son nom ; elle l'est au contraire par une sorte de définition analytique qui renferme plusieurs termes, dont chacun exprime une qualité, et dont la somme exprime le tout. L'esprit classique étant, comme nous l'avons vu, essentiellement analytique, imprime au style son caractère et se crée sa langue à son image. Il tend alors à nommer les choses plutôt par leur définition que par leur nom. De là l'usage de la périphrase qui, lorsqu'elle est exacte, n'est pas autre chose qu'une sorte de définition. La définition n'est-elle pas elle-même une périphrase puisqu'elle substitue à la seule désignation de l'espèce l'énonciation du genre prochain unie à celle de la différence spécifique? Loin donc que la périphrase soit un abus de mots inutiles pour désigner, par une formule longue et complexe, une chose simple, elle est, dans l'esprit des vrais classiques, une expression analytique qui s'efforce de comprendre les attributs essentiels ou actuellement intéressants de la chose exprimée, afin d'en donner une notion plus nette et plus instructive. Elle joue donc, en littérature, le rôle considérable que Descartes attribue, en philosophie, à la définition. Elle n'est point une figure verbeuse, mais au contraire un développement d'idées ou un éclaircissement par images. C'est la définition pittoresque en face de la définition logique. « Roseau pensant » vaut bien « animal raisonnable. »

Quand La Fontaine dit : « Les humides bords des royaumes du vent », et Bossuet : « Celui qui règne dans les cieux et de qui relèvent tous les empires, etc.; » et même Voltaire :

> Ces végétaux puissants qu'en Perse on voit éclore,
> Bienfaits nés dans les champs de l'astre qu'elle adore (1);

voilà autant de périphrases, mais qui sont un développement fécond de la compréhension du mot propre; elles peignent ou elles apprennent quelque chose ; elles ont l'intention d'augmenter ou d'éclaircir la notion telle que le mot propre nous l'eût donnée.

Mais ici une explication est nécessaire. On pourrait alléguer que certains grands écrivains du XVIIe siècle, semblent avoir réclamé surtout contre la périphrase en faveur du mot propre. Nous avons là-dessus des textes significatifs de Pascal, de La Bruyère, de Fénelon. Voltaire lui-même, qui se plaisait à consacrer deux vers élégants à désigner les plantes médicinales de la Perse, dit : « Si vous voulez dire que le roi vient, dites : le roi vient. Et n'allez pas, comme certain tragique, chercher cette tournure détournée :

> Ce grand roi roule ici ses pas impérieux. »

Les réformes de Boileau ne sont-elles pas d'ailleurs dirigées dans le sens de la simplification et de l'appropriation du langage ? Comment alors concilier l'esprit de sa réforme avec l'emploi de la périphrase qui semble une complication et un raffinement ?

Pourquoi serait-elle ridicule la Précieuse qui appelle

---

(1) SÉMIRAMIS, acte IV, sc. 2.

un fauteuil « les commodités de la conversation », si Boileau ne l'est pas quand ses cinquante-sept ans deviennent « onze lustres complets surchargés de deux ans. » Une périphrase n'en vaut-elle pas une autre, en face du mot propre? Et quelle autorité aura Boileau pour condamner celle de Cathos, quel droit d'en rire, s'il s'enchante et se vante des siennes? Enfin comment Boileau oserait-il interdire une manière d'écrire où il se complaît et comment, lui si judicieux, n'aurait-il pas senti la contradiction de dicter impérieusement des règles et d'être le premier à y désobéir?

La réponse est facile, si l'on se reporte à ce que nous avons remarqué dans un chapitre précédent, à savoir que Boileau n'a condamné aucun genre ancien, qu'il n'en a inauguré aucun nouveau, et qu'il a réduit son rôle à corriger et à rectifier, au nom du bon sens, ceux qu'il a trouvés existant. Ce n'est pas l'Épopée qu'il condamne, ni l'emploi de la mythologie : mais seulement la mauvaise épopée, et un usage maladroit de la Fable. De même ce n'est pas la périphrase qu'il interdit, mais la mauvaise périphrase. La guerre qu'il a faite aux méchants poètes et aux écrivains sans talent n'a jamais porté sur les genres dans lesquels ils ont écrit, mais sur la manière dont ils ont écrit dans ces genres-là. Aussi a-t-il gardé tous les procédés littéraires en usage de son temps, sauf à rendre raisonnables ceux qui ne l'étaient pas et à remettre à la place convenable ceux que l'indiscipline et la fantaisie des écrivains présomptueux et médiocres avait employés sans mesure et sans convenance.

Loin donc d'avoir réagi contre la périphrase, ce qui ne s'expliquerait pas, étant donné l'idéal de noblesse des classiques, Boileau l'a traitée comme le reste, c'est-à-dire qu'il l'a fortifiée et relevée en lui donnant des règles. Et ces règles peuvent se réduire à deux principales : 1º la clarté ; 2º la convenance.

Faire en sorte qu'elle exprime toujours quelque chose et, en second lieu, ne jamais l'employer à contre-temps, voilà qui lui rend sa valeur et assure son effet. Pourquoi les circonlocutions de la Précieuse sont-elles ridicules ? C'est d'abord parce qu'elles ne sont pas claires, et qu'ensuite elles sont déplacées. On peut tout entendre par *commodités de la conversation;* c'est une sorte de charade, que les initiés seuls devineront. De plus, la situation et l'objet désigné ne valent pas les frais d'une périphrase. C'est un manque d'à-propos et de goût que de vouloir ennoblir un siège. Enfin cette ingéniosité laborieuse n'est pas naturelle, et si elle peut faire l'ornement d'une pièce de vers, qui implique toujours et par son origine et par sa destination un certain appareil littéraire, elle est un contre-sens comique dans un dialogue courant.

En résumé la périphrase est une forme très-prisée de Boileau et qu'il recommandera et approuvera toujours, loin de la proscrire, à la condition qu'elle sera soumise comme tout procédé littéraire à la loi de la clarté et à la loi de la convenance. Étant aussi claire que le mot propre, elle aura l'avantage d'être plus analytique que lui et, par conséquent, plus instructive si elle s'adresse à l'intelligence, et plus pittoresque si elle parle à l'imagination. Elle sera toujours à sa place quand on l'emploiera soit pour badiner élégamment sur des sujets simples, soit pour donner plus de noblesse à des choses ou à des situations qui sont déjà par elles-mêmes d'un genre relevé.

Si nous suivons la fortune de la périphrase après

Boileau, nous constaterons qu'elle s'altère bien vite et se déprécie. Il y a sans contredit une distance énorme entre l'intention de pittoresque et de distinction par la périphrase descriptive qui a guidé Despréaux et les fastidieux tours de force de l'abbé Delille. Mais, avec des degrés, c'est des deux côtés la même conception du beau style ; l'un n'est que l'exagération et la dégénérescence de l'autre. Poussez à l'excès ce principe de Boileau que, dans l'art, la forme l'emporte sur le fond, et vous aurez, à la limite, cette erreur de Delille que le fond n'est rien et que la forme est tout. Et comme la poésie tient aussi au fond, il arrive que la forme, surface sans dessous, n'est plus que de la versification. C'est en effet par là qu'a péri le genre classique : à la fin il était une forme très-pure, mais aussi une pure forme, ou remplie d'une matière pitoyablement vieille et insignifiante, ou tout à fait vide. Mᵐᵉ de Staël, qui a été contemporaine de cet irrémédiable déclin, n'hésite pas à le considérer comme le dernier terme de l'évolution de l'esthétique classique : elle en fait remonter jusqu'à Boileau, sinon la responsabilité, du moins l'explication : « Nous avons en français des chefs-d'œuvre de versification ; mais comment peut-on appeler la versification de la poésie ! Traduire en vers ce qui était fait pour rester en prose ; exprimer en dix syllabes..., comme les derniers poëmes qui ont paru chez nous, le trictrac, les échecs, la chimie : c'est un tour de passe-passe en fait de paroles ; c'est composer avec les mots comme avec les notes des sonates sous le nom de poëme (1). » Au reste Mᵐᵉ de Staël reconnaît judicieusement qu'il a fallu, à force d'art, façonner une langue extrêmement poétique pour donner une couleur

---

(1) Mᵐᵉ DE STAEL, *De l'Allemagne* : La poésie.

de poésie à ces sujets qui en manquent complètement : ç'a été précisément l'œuvre du XVIIe siècle et en particulier de Boileau : « Il faut cependant une grande connaissance de la langue poétique pour décrire aussi noblement les objets qui prêtent le moins à l'imagination, et l'on a raison d'admirer quelques morceaux détachés de ces galeries de tableaux ; mais les transitions qui les lient entre eux sont nécessairement prosaïques, comme ce qui se passe dans la tête de l'écrivain. Il s'est dit : je ferai des vers sur ce sujet, puis sur celui-ci, puis sur celui-là ; — et sans s'en apercevoir, il nous met dans la confidence de sa manière de travailler. — Le véritable poète conçoit, pour ainsi dire, tout son poëme à la fois au fond de son âme ; sans les difficultés du langage, il improviserait, comme la sybille et les prophètes, les hymnes saints du génie (1). »

C'est contre cette forme trop consciente et cette inanition finale de la poésie française que Saint-Évremond s'élevait d'avance, avec une merveilleuse sagacité de critique, quand il dénonçait comme fausse et pernicieuse aux beaux-arts cette psychologie unique qui identifie opiniâtrément les hommes de tous les temps et de tous les pays, et qui réduit le moi humain à un exemplaire invariable et ne comprenant que les caractères essentiels (2).

(1) *De l'Allemagne. Ibid*.
(2) Boileau sentait bien en Saint-Évremond un hérétique de sa doctrine : il ne l'aimait pas et il a témoigné même une fois par écrit qu'il ne l'estimait guère. C'est en tête de la première édition des Satires, dont on avait donné, à Rouen, une monstrueuse édition, sans l'aveu de l'auteur, et qu'on avait fait suivre d'un « Jugement sur les sciences » par Saint-Évremond, ajouté à la fin du volume. Boileau dit qu'il a eu peur que ses Satires n'achevassent de se gâter en aussi mauvaise compagnie. Voici le texte même de cette partie de la préface. C'est le libraire qui parle au lecteur.
« Sa tendresse de père s'est réveillée à l'aspect de ses enfants ainsi défi-

Cette analyse de conscience qui est par-dessus tout un procédé cartésien, Saint-Évremond avait déjà remarqué que les poëtes, non contents de s'en servir sur eux-mêmes, en communiquent l'habitude à leurs personnages, même dans les circonstances les plus dramatiques ; et pour que l'action, qui est incompatible, au théâtre, avec l'excès de la réflexion, ne troublât pas ces analyses subjectives, l'action était supprimée. De là l'aspect philosophique et nullement dramatique du théâtre français. L'amour même, c'est-à-dire la passion qui exclut le plus, par sa nature violente et spontanée, ces lenteurs analytiques, y devient le plus souvent raisonneur et psychologue : « L'amant devient quelquefois un *philosophe* qui raisonne dans la passion, ou qui nous explique par une espèce de leçon comment elle s'est formée (1). » On ne saurait mieux saisir le côté faible du genre tragique français, et cela, à une époque où les meilleurs esprits de France ne concevaient pas qu'il pût y avoir un autre idéal que le leur. Remarquons que les critiques allemands qui, à la fin du XVIIIe siècle, ont mené la réaction que l'on sait contre le classicisme français, n'ont rien ajouté, sinon leur prolixité et leur pédanterie systématique, aux vues et aux arguments de Saint-Évremond. Voici par exemple une phrase de Schiller, tirée d'un morceau qui vise à la nouveauté et à l'effet humoristique : « C'est à peine si dans une tragédie française nous pouvons nous persuader que le héros

gurés et mis en pièces, surtout losqu'il les a vus accompagnés de *cette prose fade et insipide, que tout le sel de ses vers ne pourrait pas relever :* je veux dire de ce Jugement sur les sciences, qu'on a cousu si peu judicieusement à la fin de son livre ; il a eu peur que ses satires n'achevassent de se gâter en une si méchante compagnie. » (Préface de 1666.)

(1) SAINT-ÉVREMOND, *Des Caractères de la tragédie.*

souffre. Car il s'explique sur l'état de son âme comme ferait l'homme le plus calme et, constamment préoccupé de l'impression qu'il fait sur autrui, il ne laisse jamais la nature s'épancher en liberté. Les rois, les princesses et les héros d'un Corneille et d'un Voltaire n'oublient jamais leur rang, même dans les plus violents accès de passion, et ils dépouillent leur humanité, bien plutôt que leur dignité. Ils ressemblent à ces rois et à ces empereurs de nos vieux livres d'images qui se mettent au lit avec leur couronne (1). » Saint-Évremond, français, contemporain et aîné même de Boileau, avait vu aussi juste et dit aussi bien, plus d'un siècle avant Schiller. Il semble d'ailleurs que c'est le privilège de l'esprit français d'avoir toujours compté, même au plus fort du triomphe d'une école, des indépendants et des dissidents qui aient saisi les défauts de l'école et les aient signalés avec une sûre clairvoyance, dont l'histoire n'a fait plus tard que ratifier les jugements. Gassendi a été un contre-poids à Descartes, et Saint-Évremond à Boileau. A l'époque où le goût a régné sous la forme classique, il s'est trouvé des tempéraments inspirés comme Pascal pour faire ressortir ce que la règle du goût peut avoir d'étroit et de tyrannique ; et plus tard, les écarts de l'inspiration débridée ont été contenus et peu à peu corrigés par une petite élite de critiques attachés à la tradition classique et demeurés hommes de goût.

Il faut encore signaler chez Saint-Évremond deux traits remarquables, qui manquent aux esprits les plus classiques de son temps. C'est d'abord qu'il recommande le renouvellement de la matière des beaux-arts par l'histoire ; c'est ensuite qu'il manifeste pour les littératures étrangères, méconnues ou dédaignées par les grands écrivains français, une curiosité et une estime qui ne commenceront à se répandre et à devenir légitimes en France qu'à la fin du XVIIIe siècle. Il faudra aller jusqu'à Mme de Staël pour retrouver cette largeur de vues qui ne méprise pas a priori l'art étranger. Car on sait que Voltaire, après avoir, par un coup d'humeur, révélé aux lettrés français le génie de Shakespeare, se repentit misérablement de cette condescendance juvénile pour un « barbare, » et s'efforça, avec un acharnement grossier, de faire pour toujours repasser la Manche au « monstre » qu'il avait étourdiment importé.

C'est dans sa « Dissertation sur l'Alexandre de Racine (1) » que Saint-Évremond développe sur les conditions de l'art dramatique des idées curieuses par leur allure toute moderne. Il y oppose Corneille à Racine ; il prend le premier comme le type du tragique qui étudie ses personnages avec les procédés de la critique historique, qui s'inquiète de les replacer dans leur milieu authentique, avec leurs mœurs, leurs caractères et leur ton véritables, sans jamais sacrifier l'exactitude de l'histoire au désir de réussir en flattant, par un mensonge, le goût contemporain. Pour lui, Corneille a connu et représenté l'antiquité telle qu'elle est ; ses Romains sont de vrais Romains, parce que « presque seul il a le bon goût de l'antiquité » et qu'il a compris que « ceux qui veulent représenter quelque héros des vieux siècles doivent entrer dans le génie de la nation dont il a été, dans celui du temps où il a vécu et particulièrement dans le sien propre. » — « Il a connu la différence des temps et des climats, qui se manifeste dans les tempéraments aussi bien que dans les corps : un autre ciel, pour ainsi parler, un autre soleil, une autre terre y produisent

(1) T. I, p. 295. (1666.)

d'autres animaux et d'autres fruits ; une morale, une sagesse singulière à la région semble y régler et conduire d'autres esprits dans un autre monde. » Saint-Évremond va même jusqu'à trouver une cause généreuse à la chute de Corneille : il est tombé devant les petits-maîtres par fidélité à son principe esthétique et pour n'avoir point cédé aux exigences de la mode (1). C'était du reste l'avis de Corneille : dans une lettre de remerciement, il dit qu'il regarde « avec pitié ces opiniâtres entêtements qu'on avait pour les héros anciens refondus à notre mode, » et encore : « Que vous flattez agréablement mes sentiments quand vous confirmez ce que j'ai avancé touchant la part que l'amour doit avoir dans les belles tragédies, et la fidélité avec laquelle nous devons conserver à ces vieux illustres ces caractères de leur temps, de leur nation, et de leur humeur (2) ! »

---

(1) « Mais Corneille qui fait mieux parler les Grecs que les Grecs, les Romains que les Romains, les Carthaginois que les citoyens de Carthage, qui presque seul a le bon goût de l'antiquité, a eu le malheur de ne plaire pas à notre siècle, pour être entré dans le génie de ces nations, et avoir conservé à la fille d'Asdrubal (Sophonisbe) son véritable caractère. » (*Diss. sur l'Alex.*)

(2) Lettre de M. de CORNEILLE à M. de SAINT-ÉVREMOND pour le remercier des louanges qu'il lui avait données, dans la *Dissertation sur l'Alexandre de Racine*.

Il faut citer ici un jugement de Hégel, qui, tout en étant une critique de la méthode dramatique de Racine et en donnant raison aux reproches de Saint-Évremond, justifie pourtant cette méthode par une considération supérieure tirée de la métaphysique de l'art : « Ce qu'Homère a chanté, ce que les autres ont exprimé dans la liberté de leur génie, est dit une fois pour toutes. Ce sont là des sujets, des idées, des formes épuisées. L'actuel seul a de la vie et de la fraîcheur. Le reste est pâle et froid. Nous devons sans doute reprocher aux français d'avoir représenté les personnages grecs, romains, chinois, péruviens comme des princes français, de leur avoir prêté les passions et les idées de Louis XIV et de

Ainsi pour Saint-Évremond, Corneille et Racine représentent deux écoles dramatiques opposées, la première fidèle à la vérité historique, la seconde défigurant habilement et sciemment les caractères et les mœurs pour leur donner le piquant de l'actualité (1). Entre ces deux écoles, qu'il distingue du reste plus clairement que ses contemporains (car Boileau trouvait très grecs les Grecs de Racine), Saint-Évremond donne la préférence à la première. Les critiques modernes pensent en majorité comme lui; et ainsi que nous l'avons vu, la révolution dirigée contre le genre classique lui reprochait comme premier grief son insouciance de l'histoire et se proposait comme première conquête la vérité des caractères et des milieux. Nous n'avons pas à rechercher ici si les griefs étaient fondés et si les promesses ont été tenues, pas plus qu'il n'est à propos de décider si Saint-Évremond ne se faisait pas illusion sur les Romains de Corneille en les croyant plus romains que n'étaient grecs les Grecs de Racine. Nous nous bornons à étudier les préceptes, les procédés, en un mot les programmes esthétiques et non la manière plus ou moins exacte ou sincère dont ils ont été réalisés.

Nous avons signalé aussi chez Saint-Évremond une curiosité assez rare alors pour les littératures étrangères. Il ne faudrait pas lui en faire un mérite trop singulier : car il est évident que sa situation très-involontaire de rési-

---

Louis XV. Si toutefois ces idées et ces passions étaient en soi plus profondes et plus belles, cette liberté que prend l'art de transporter le présent dans le passé, n'est pas si mauvaise. » (*Esthét.*, trad. Bénard. T. I, p. 291.)

Il faudrait justement déterminer si la véritable actualité esthétique n'est pas cette actualité éternelle qui réside dans notre curiosité de la vérité historique.

(1) Voir H. Taine, *Essais de critique et d'histoire*, article Racine.

dent français à Londres a été pour beaucoup dans la connaissance qu'il a prise du génie, de la langue et de la littérature de l'Angleterre (1). Toutefois il faut remarquer que cette curiosité n'est pas seulement le résultat fatal d'un séjour forcé sur la terre étrangère, mais le gout spontané de son tempérament observateur, puisqu'il n'a pas donné moins d'attention au théâtre espagnol et au théâtre italien qu'au théâtre anglais. Il entre donc bien dans l'esprit de sa critique de se dérober à l'influence unique de l'idéal français et de juger de l'art, non pas au nom d'un critérium absolu, mais relativement à son milieu et à sa destination.

Certes on ne peut guère reprocher à ses contemporains de n'avoir pas connu, comme lui, la littérature anglaise, puisqu'alors c'étaient les œuvres françaises qui passaient la Manche pour aller se faire goûter et traduire à Londres, tandis qu'aucun ouvrage anglais, sauf peut-être les livres philosophiques, ne parvenait à Paris. Mais cette privation de nos lettrés ne peut pas être alléguée du côté de l'Espagne et de l'Italie. On sait que tout le théâtre italien et tout le théâtre espagnol avaient cours sur les quais. Nos auteurs, moins inventifs que ceux de Madrid ou de Florence, en tiraient tous leurs sujets. Personne pourtant jamais ne songea à écrire une étude critique et comparative de ces deux théâtres, à qui nos plus grands poètes, Corneille et Molière, avaient emprunté.

Un autre sujet d'étonnement c'est l'ignorance où l'on est du *Don Quichotte*. Ce livre merveilleux où le bon

---

(1) Voir son étude sur « la Comédie anglaise », et sa comparaison du caractère anglais et du caractère français, T. II, chap. XIX, p. 385. (1677.)

sens gaulois et le romanesque français devraient avoir tant de plaisir et d'intérêt à se retrouver et à se reconnaître à chaque instant, ne fit presque aucune impression sur le XVII⁰ siècle lettré. Boileau en parle à peine une ou deux fois dans sa correspondance ; mais sa raison, ennemie de la fantaisie, n'est guère séduite par la verve romantique du poème de Cervantès.

Au contraire, Saint-Évremond raffole du *Don Quichotte;* on voit qu'il l'a lu et relu, qu'il le possède comme un livre de chevet ; il y fait allusion à tout propos, il en cite des fragments et l'estime un chef-d'œuvre égal aux plus belles épopées antiques.

Cette prédilection pour une œuvre éminemment romantique, et cette vivacité à critiquer le genre classique, jointes au culte d'une philosophie qui n'est rien moins que cartésienne, ne se trouvent pas réunies dans Saint-Évremond par hasard. N'est-il pas permis de croire, au contraire, qu'il y a un lien logique entre ses doctrines psychologiques sur le mouvement éternel de la nature humaine et ses goûts littéraires qui cherchent surtout dans l'art l'expression mobile de cette variation ?

Aussi pouvons-nous conclure de ces quelques exemples de Corneille, de Pascal, de Saint-Évremond (auxquels on pourrait ajouter celui de Molière, élève de Gassendi et très romantique dans le *Festin de Pierre*), que les écrivains du XVII⁰ siècle qui se sont le plus éloignés de la pure esthétique classique sont justement les mêmes qui ont le moins subi l'influence cartésienne.

L'ART POÉTIQUE.

III.

Réalisation de l'idéal et application du critérium par l'artiste. — Esthétique appliquée : Les règles. — Analyse des éléments de logique cartésienne qu'elles renferment.

Dans les chapitres précédents nous avons déterminé, d'après Boileau : 1° quel est le beau idéal dans le genre classique ; 2° à quel critérium il se reconnait, tant dans les caractères objectifs de l'œuvre, que dans les émotions subjectives de l'âme qui le saisit.

Nous arrivons maintenant à une troisième partie, qui est plus explicite puisqu'elle constitue de fait, à elle seule, à peu près tout l'Art poétique, et qui a pour but d'enseigner aux poètes les moyens de réaliser l'idéal. C'est le chapitre des règles.

Ces règles sont bien connues. Elles ont été maintes fois analysées et jugées par la critique littéraire. Aussi n'entre-t-il pas dans le plan de cette étude de recommencer une analyse qui n'est plus à faire et qui ne pourrait être que le résumé de travaux excellents et définitifs dans ce genre-là (1).

Ce qui nous intéresse uniquement ici, c'est de rechercher dans ces règles l'inspiration et la direction cartésiennes.

Nous allons donc prendre à la suite les principaux préceptes de l'*Art poétique* et les rapprocher des Règles de la méthode avec lesquelles ils présentent d'incon-

---

(1) V. particulièrement D. NISARD, *Histoire de la litt. franç.* Chap. Boileau.

testables analogies. Nous verrons qu'il n'est pour ainsi dire pas un seul des canons de Boileau qu'on ne puisse appuyer sur quelque règle de la logique de Descartes.

Mais il faut d'abord dissiper une obscurité dont on pourrait tirer une objection spécieuse. Nous avons vu que la littérature classique est idéaliste comme la philosophie cartésienne, et nous avons montré que le type et les lois de cette littérature idéaliste ont été déterminés par Boileau avec une netteté qui n'admet aucune équivoque.

Et pourtant, nous trouvons dans le même Boileau deux passages très-cités, et d'une autorité répandue et presque banale, qui pourraient, ce semble, servir de formule au réalisme le plus rigoureux. Les voici : c'est d'abord le vers,

> Rien n'est beau que le vrai ; le vrai seul est aimable.

Et,

> Il n'est point de serpent ni de monstre odieux,
> Qui par l'art imité ne puisse plaire aux yeux.
> D'un pinceau délicat l'artifice agréable
> Du plus affreux objet fait un objet aimable.

L'interprétation de ces deux passages suggère tout d'abord un sens réaliste. En effet dans le premier vers ce qui frappe c'est une identification du beau et du vrai. On dirait d'une équation qui établirait, en un hémistiche net comme une formule, l'égalité des deux termes, le beau et le vrai. Rien alors de beau en dehors de la réalité. Les créations de l'imagination, les conceptions de la raison artiste, les combinaisons personnelles, les fictions originales dont vit la poésie ne seraient belles qu'à la condition d'être la représentation exacte du réel, c'est-à-dire tout le contraire de ce qu'elles sont.

Quant au second passage, il est encore plus significatif.

La beauté n'est plus un attribut de la chose ou de l'être, attaché originellement à lui, et se communiquant de lui à l'œuvre d'art, qui le représente. C'est au contraire une qualité extérieure, dont l'art gratifie les choses, à sa fantaisie ; c'est un don volontaire et arbitraire qu'il fait à l'objet, par lui-même insignifiant ou laid ; c'est un produit de la volonté humaine laquelle, en s'ingéniant à rendre fidèlement la nature, ne fait pas admirer la nature rendue, mais se fait seulement admirer elle-même dans l'effort qu'elle a fait pour la rendre. Ce qui est « aimable », comme dit Boileau, ce n'est pas avant tout l'image aimable de l'objet, choisi aimable par l'artiste (puisqu'il peut être affreux) ; mais c'est le travail de l'industrie humaine qui a reproduit artificiellement un réel quelconque ; c'est pour ainsi dire l'orgueil de la reproduction, le « *se sentir cause* » dont parle Pascal.

Cette manière de concevoir l'art, si on en faisait une théorie, dépouillerait nécessairement tout objet et tout être de l'attribut de la beauté naturelle et intrinsèque. Il ne serait plus ni beau ni laid en dehors de l'art ; il pourrait seulement devenir beau si l'art consentait à lui donner cette beauté, uniquement possible, qui serait le privilège d'être reproduit par l'art. Et que serait-ce que cette beauté ? Ce serait une sorte de beauté égoïste et subjective que l'art tirerait de lui-même et qui consisterait dans la conscience de son succès à rendre la réalité imitée.

Cette théorie, on le voit, a un aspect éminemment réaliste. En effet, elle tend à supprimer toute différence entre le beau et le laid, considérés en dehors de l'art. Elle justifie, elle prescrit même l'indifférence de l'artiste dans le choix de son modèle et place le critérium de la beauté, non pas dans la valeur esthétique intrinsèque de l'objet ou de l'idée représentés par l'art, mais seulement dans la réussite de l'exécution, dans l'habileté des moyens employés pour duper les sens, enfin dans la difficulté vaincue.

Il n'y a donc plus ni beau ni laid ; il n'y a plus que du faux et du vrai. Le vrai peut devenir le beau par la puissance de l'art, mais il n'est pas *beau* par lui-même; il n'est que *vrai*. C'est l'art qui, avec la réalité, créera la beauté, quelle que soit d'ailleurs la réalité reproduite. Un serpent réel et vivant est laid ou tout au moins indifférent ; le même serpent, artificiellement imité sur la toile par un pinceau délicat, devient aimable par la seule vertu de l'imitation, et acquiert par là le principal attribut de la beauté.

Telle est la théorie réaliste : toutes les choses, tous les êtres, tous les modèles possibles sont esthétiquement égaux avant que l'art s'en empare pour les représenter ; et cela, parce qu'ils n'ont par eux-mêmes qu'une valeur de *vérité* et non une valeur de *beauté*. Ceux que l'art choisit pour les imiter deviennent beaux par la seule puissance de l'imitation, et à la condition que toute la réalité du modèle passe dans la reproduction.

Cette interprétation des vers de Boileau est-elle acceptable ? Si elle l'est, comment expliquer cette échappée contradictoire de réalisme dans une esthétique tout entière idéaliste ? Pourrait-on admettre, étant donné l'esprit de l'*Art poétique*, que le sens vraisemblable que nous venons de donner au passage précité en fût le sens véritable et conforme à la pensée de l'auteur?

Ce serait une erreur à notre avis d'imputer à Boileau l'opinion réaliste qu'on pourrait tirer de ses vers.

En effet, il serait faux de considérer sa fameuse maxime

« Rien n'est beau que le vrai, » comme une équation, et de croire que Boileau a voulu dire par là que tout ce qui est vrai est beau. Il affirme seulement ceci, qui est bien différent : « Rien n'est beau, s'il n'est vrai. » La condition de la beauté c'est la vérité ; dans sa pensée l'extension du vrai dépasse l'extension du beau. Il y a beaucoup de choses vraies qui ne sont pas belles ; mais il n'y a pas de choses belles qui ne soient pas vraies. Voilà le seul sens autorisé par le texte : il n'est nullement contradictoire avec l'idéalisme de l'*Art poétique*; au contraire.

Tandis que pour les réalistes, tout ce qui est vrai (ou réel, car c'est tout un dans leur doctrine) est susceptible de devenir beau, s'il est bien rendu par l'art, pour Boileau, la beauté est un choix fait dans la vérité. Sans doute, il ne va pas jusqu'à la formule hardie d'un romantique contemporain (1) : « Rien n'est vrai que le beau, » mais il en est beaucoup plus près qu'il ne semble, puisque pour lui il n'y a que la vérité belle qui doive être traitée par l'art. Pour l'art, en effet, rien n'est vrai que le beau.

Mais pourtant, dira-t-on, et le serpent, et le monstre odieux ? Comment expliquer que l'art seul les rende « plaisants aux yeux » ? Car ils n'ont pas pour eux la beauté, ils n'ont que la réalité.

Constatons tout d'abord que la remarque de Boileau est juste. Il s'agit seulement de savoir si elle est l'observation d'un cas particulier, ou si elle est l'expression imagée d'une théorie essentielle et générale qui s'étendrait à l'art tout entier.

Donc, Boileau a raison d'avancer qu'un objet réel, qui

---

(1) A. DE MUSSET.

est laid ou indifférent dans la nature, peut devenir intéressant, agréable, beau enfin quand il est imité par l'art.

Il est incontestable que la fiction, qui dupe les sens, a un charme par le seul fait qu'elle est la fiction et qu'elle dupe les sens. Nous trouvons un plaisir tout particulier à cette duperie consciente, et dont la conscience même fait l'agrément.

Il est vrai encore que l'effort du génie humain pour imiter est un élément de la beauté de l'œuvre. Mais il ne constitue pas à lui seul toute cette beauté, et voilà ce que Boileau n'a jamais prétendu. Il ne faut pas confondre une simple remarque, qui porte sur un seul point, avec une théorie générale absolue.

Or, les vers de Boileau ne sont qu'une remarque. Le poëte constate avec raison que l'imitation suffit par elle seule à donner une valeur esthétique à des formes, à des figures qui n'en ont pas dans la réalité. Mais de là à professer que tout l'art consiste exclusivement dans cette imitation d'une réalité quelconque, et que la réalité du modèle suffit à assurer la valeur esthétique de la copie, si la ressemblance est parfaite, il y a un abîme, celui précisément qui sépare l'esthétique réaliste de l'esthétique idéaliste.

Il y a actuellement dans les productions de l'art des degrés de perfection esthétique qui sont la reproduction du progrès historique de l'art lui-même et qui rappellent, mais simultanément, les étapes successives de son évolution à travers le temps. En effet, historiquement, l'art commence par être imitateur, c'est-à-dire réaliste, pour devenir peu à peu créateur, c'est-à-dire de plus en plus idéaliste.

Mais il y a toujours ensemble des réalistes et des idéalistes, des artistes qui imitent et des artistes qui créent. Les choses ici ne se passent point comme dans la science où les découvertes nouvelles annulent le plus souvent les anciennes, ni comme dans l'industrie, où le dernier progrès atteint amène l'abandon de tous les appareils et de toutes les machines antérieurement en usage. L'art au contraire se perpétue et se renouvelle sans cesse sous toutes ses formes historiques, et à tous ses degrés de naïveté primitive ou de perfection. Or, entre le degré le plus inférieur et le plus élevé, il existe une série indéfinie de degrés intermédiaires, dont chacun est une combinaison particulière de l'imitation et de la création, c'est-à-dire de l'élément réaliste et de l'élément idéaliste.

L'art même le plus idéaliste renferme donc un élément de réalisme, auquel il faut bien faire sa part, et qui du reste se la fait lui-même par la force des choses. Car c'est la condition même de l'art de se servir de lignes, de couleurs, de surfaces, de formes solides, en un mot d'éléments sensibles qu'il est forcé d'emprunter au monde réel; il faut enfin qu'il prenne son point de départ dans la nature, si haut d'ailleurs qu'il prétende ensuite s'élever au-dessus d'elle.

C'est là ce qui fait que le « monstre odieux imité par l'art » plaît aux yeux. L'origine et la raison du plaisir, c'est cette duperie des sens dont nous avons parlé. C'est qu'avec un simple plan et des couleurs, on donne l'illusion de la profondeur et du relief; c'est qu'avec un marbre ou un bronze d'une teinte uniforme on rende la chaleur et le mouvement de la vie.

Boileau n'a donc fait, à notre avis, que constater en passant cette hiérarchie de l'art, et en indiquer le degré le plus bas, qui est la pure imitation. Si inférieur que soit cet art de pure imitation, il a néanmoins sa valeur et doit trouver sa place dans une esthétique. Boileau ne songe donc nullement à réduire l'art tout entier à n'être que l'art imitateur. Dans le reste de son traité, il fait une telle place à l'art qui procède de la raison et du goût, qu'il est impossible de douter de la prédominance qu'il lui accorde.

Ainsi, les vers qui nous occupent, loin de diminuer ou de contredire l'idéalisme de l'*Art poétique*, le renforcent au contraire et le font ressortir davantage. En faisant au réalisme sa part, ils prouvent qu'il n'a droit qu'à sa part; et ils la lui font, comme on voit, très petite.

Puisque, malgré les apparences, il n'y a aucune dissidence réelle entre l'idéalisme métaphysique de Descartes et l'idéalisme esthétique de Boileau, nous pouvons considérer en particulier les principales règles de l'art classique, et les comparer à celles de la logique cartésienne.

1° CLARTÉ. — Nous avons vu à propos du critérium esthétique de Boileau, le rôle que joue la clarté dans la philosophie et dans la littérature du XVIIe siècle. On doit considérer ce critérium comme la condition d'une règle. En effet le premier devoir de l'artiste comme du philosophe est de se soumettre à l'obligation impérieuse d'être clair. Il faut que la production esthétique comme la spéculation philosophique ne contienne aucune obscurité. Or dans l'art comme dans la métaphysique et la science c'est de la raison seule que peut procéder la véritable clarté.

Boileau néglige en effet ce qu'on pourrait appeler la clarté sensible, et l'imagination est aussi dépréciée par lui que les sens le sont par Descartes.

En effet la clarté de l'imagination n'est pas la vraie clarté parce qu'elle n'est pas universelle. Chacun se réprésente les choses d'une façon personnelle ; il n'y a pas pour ainsi dire de commune mesure absolue entre les différentes sensibilités ; de sorte que l'artiste qui travaillerait pour l'une d'elles, en obéissant à ses exigences et en s'inspirant de ses goûts, ne travaillerait pas nécessairement du même coup pour toutes les autres et produirait l'*agréable particulier,* mais non pas le *beau universel.*

C'est évidemment Descartes qui a ainsi préparé cette longue dépréciation de la sensibilité, qui a duré plus d'un siècle, en montrant, avec exagération, combien elle est faillible et relative.

Nous ne reviendrons pas ici sur ce qui a été dit plus haut de l'exclusion de cet élément négatif des choses qui est *l'obscur.* Rappelons seulement que le mystérieux, l'inconnu, l'inexplicable, les grandes contradictoires troublantes, dont Kant a fait plus tard les antinomies, sont également repoussés par la logique de Descartes et par l'esthétique de Boileau.

C'est là peut-être la caractéristique dominante du genre classique et de la philosophie cartésienne. L'une et l'autre ont une répugnance invincible pour ce qui ne se comprend pas, sans admettre jamais que l'incompréhensible est pourtant quelque chose, qu'il a un sens, un rôle dans la vie humaine, que la science même, dont il est plus l'ennemi que de l'art ou de la métaphysique, ne peut pas ne pas en tenir compte puisqu'il l'arrête, la limite et la défie ; qu'il engendre à la fois des réflexions de la plus haute philosophie et des méditations superbes, quoique sans issue, comme chez Pascal, et des émotions très dramatiques, comme celles que Shakespeare met dans le cœur d'Hamlet.

Le genre classique n'a d'estime que pour les faits psychologiques, les caractères, ou le pittoresque naturel dont il peut donner l'analyse, l'explication ou la description, comme le cartésianisme n'a de curiosité et de considération que pour les problèmes dont il se sent assuré d'obtenir une solution rationnelle. Il serait impossible de trouver dans le grand répertoire classique un type de héros mystique ou d'insensé prêchant la sagesse, comme on en rencontre à chaque instant dans les drames anglais et allemands.

Les fureurs de Phèdre et d'Hermione sont jusqu'à un certain point raisonnables, puisqu'elles sont raisonnantes et surtout conscientes. Puisque le caractère de l'action classique est d'être surtout logique, il faut bien que ses personnages soient toujours un peu logiciens. Ils sont tous plus ou moins soumis au dédoublement analytique de Descartes ; ils se possèdent encore dans une certaine mesure, quand ils s'abandonnent ou s'exaltent, puisque ce sont eux, et non l'action, qui doivent apprendre leur état au spectateur ; chargés ainsi de l'instruire et communiquant toujours plus ou moins directement avec lui, en faisant abstraction de tout témoin, il leur faut bien le sang-froid pour s'observer, la lucidité pour s'analyser, le raisonnement pour se comprendre, et la langue la plus logique et la plus analytique pour se traduire et s'expliquer au public.

Une des conséquences les plus frappantes de cette condition de la clarté, c'est l'élimination de tout symbolisme. Le symbole en effet ne représente pas la chose ou l'être dont il provoque l'idée ; il l'interprète. Or quand une représentation par l'art est une traduction fidèle ou de la nature, ou d'une figure idéale, elle est nécessairement claire et de plus elle a ce caractère d'universalité que réclame la raison. Par exemple, une traduction parfaite rend la notion d'un texte égale pour tous, et s'impose à tous avec la rigueur impérieuse d'une vérité scientifique.

Au contraire une interprétation renferme toujours un élément de liberté, de personnalité qui fait que, par rapport à la vérité absolue, elle peut n'avoir qu'une valeur particulière. Elle n'est pas uniquement rationnelle et procède en partie de la liberté et de la sensibilité de celui qui interprète, c'est-à-dire qu'elle est soumise à la variation et à la différence.

Or cette distinction que nous constatons entre la *représentation* et l'*interprétation* (c'est-à-dire, quand il s'agit de l'art, entre la figuration et le symbolisme) se retrouve entre l'art chrétien et l'art païen. Nous n'avons pas à insister ici sur leurs caractères respectifs : indiquons-les seulement pour la clarté de notre analyse.

Les Grecs représentent par l'art la nature et l'humanité. Leurs dieux sont humains et s'agitent sur un théâtre pittoresque qui n'est autre que le monde matériel agrandi et embelli par l'imagination des artistes. Leur mythologie même est lucide et explicite, c'est-à-dire qu'elle donne l'explication de toutes ses invraisemblances. Elle se compose exclusivement de fables qui sont *merveilleuses*, mais non *mystérieuses*, c'est-à-dire que tout en étant en dehors des lois de la nature, elles ne renferment pas de contradictoires La mythologie n'est qu'*impossible* : elle n'est pas *absurde* (1).

L'art chrétien au contraire, inspiré par la doctrine à

---

(1) Dans le sens du « Credo quia *absurdum*. » La mythologie est contradictoire avec l'*expérience*, non pas avec la *raison*.

mépriser la nature et l'humanité, s'efforce de rendre un divin mystérieux, qui par conséquent ne peut être ni compris par la raison, ni représenté par les formes sensibles. De là, la nécessité d'un art symbolique dont les expressions sensibles sont souvent aussi éloignées des objets qu'ils expriment « *que le chien animal aboyant l'est de la constellation qui porte le même nom.* »

Or pour comprendre la relation instituée par l'artiste, entre le symbole et l'objet symbolisé, il faut être initié. L'art chrétien n'est entièrement intelligible que pour des chrétiens, tandis que l'art grec, qui n'est qu'humain, l'est pour tous les hommes. Le triangle symbolique qui représente la Trinité n'aurait point de sens et encore bien moins d'agrément esthétique pour un grec, tandis qu'un Jupiter, même en le dépouillant de son caractère religieux et de sa signification mythologique, exprimera encore assez de la beauté purement humaine pour être compris et apprécié par quiconque est sensible à la beauté. Tandis que l'art chrétien, avec sa spiritualisation mystique de la forme humaine, aurait sans doute mal satisfait le goût des anciens, l'art ancien au contraire, à cause de son caractère éminemment naturaliste, a pu être compris et admiré des chrétiens. Et la preuve c'est que jamais le culte de l'antiquité n'a péri, même au moment où le christianisme était le plus jaloux, et qu'à la Renaissance l'esprit payen s'est victorieusement substitué dans l'art à l'esprit chrétien.

Or Boileau et les hommes du XVIIe siècle pouvaient choisir entre les deux. Par la religion, ils étaient chrétiens et par l'éducation, anciens. Qu'allaient-ils être en tant qu'artistes? Gothiques et romantiques? ou grecs et latins? Au nom de la clarté, et sous l'influence de la philosophie rationaliste, renaissante et régénérée, ils furent anciens

Les contradictoires du christianisme et le dualisme insoluble qu'elles engendraient en tout ne pouvaient satisfaire leur amour cartésien de la simplicité et de l'unité. Boileau, avec son sens critique, a si bien saisi cette influence de la philosophie sur les lettres, qu'il répétait souvent, s'il faut en croire J. B. Rousseau « que la philosophie de Descartes avait coupé la gorge à la poésie (1). »

Il entendait certainement par poésie la fantaisie personnelle, la liberté originale et déréglée, et le bon plaisir absolu de créer par l'imagination des fictions faites pour charmer, mais qui ne charment plus des esprits disciplinés et refroidis par la seule philosophie de la raison. Il croyait à l'impossibilité d'un Aristophane ou d'un Rabelais après Descartes. Mais il ne croyait pas à l'impossibilité d'une forme de poésie toute différente de la leur, inspirée ou plutôt nourrie par ce cartésianisme qui avait tué l'autre : et la preuve c'est qu'il en donna un peu le modèle et entièrement les lois. Son ami Racine la porta à la perfection dans la tragédie. Ce fut l'avènement de la poésie par la psychologie analytique, exprimée dans une langue d'une beauté simple, pure et impersonnelle.

Or parmi les lois de cette poésie nouvelle (la seule autorisée désormais par le rationalisme cartésien), l'une des plus instructives c'est la défense faite au poète, par Boileau, de chercher son inspiration dans sa foi et de prendre ses sujets dans les « mystères terribles » du dieu des chrétiens. Par contre, le législateur du Parnasse lui ouvre toutes grandes les avenues des domaines fabuleux ; il l'invite à s'y pourvoir, jusqu'à l'indiscrétion, de tout un personnel de Tritons, de Naïades, de Muses et de

---

(1) J. B. Rousseau à Brossette : lettre du 14 juillet 1715.

Cyclopes ; c'est la fantaisie mythologique qui sera chargée d'animer de son souffle archaïque les vers raisonnables du poète français ; ce sont les incroyables légendes de la Fable, dont les moins sceptiques des anciens souriaient déjà il y a près de trois mille ans, qui devront prêter des ornements au dogmatisme sensé de l'Epître et de la Satire, et qui donneront la vie poétique à la vérité moderne.

Pourquoi cette prédilection payenne d'un siècle incontestablement très chrétien ? Pourquoi ce recours artificiel à un passé mort, quand une tradition vivante était là, plus proche et plus capable d'intéresser et de toucher ?

La cause est-elle dans le scrupule religieux, et les artistes s'imposaient-ils de suivre la tradition antique pour se préserver, par cette neutralité volontaire, du contrôle probable et des censures possibles de l'Église ?

On pourrait répondre que, sans être inquiétés, Le Tasse avait écrit sa *Jérusalem délivrée*, et Corneille, *Polyeucte* et *Théodore*.

Néanmoins il y a d'abord dans cette interdiction des sujets chrétiens, quelque chose du prudent parti pris de Descartes : éviter de se rencontrer avec les théologiens, et s'assurer un domaine, indépendant et privé, en dehors de celui de la foi. Le rationalisme philosophique avait fait la leçon et donné l'exemple au rationalisme littéraire ; et la précaution de « laisser de côté les vérités de la foi » a bien pu être enseignée à Boileau par Descartes.

Ici encore l'attitude des artistes classiques serait cartésienne.

Mais l'explication nous semble être surtout dans cette différence que nous avons constatée entre l'art chrétien et l'art ancien. C'est que le principe du symbolisme, en esthétique, est incompatible avec le principe du rationalisme cartésien, en métaphysique ; c'est que l'art ancien étant rationaliste et non mystique, il répondait tout naturellement au tempérament et au goût d'un siècle tout nourri de raison ; c'est qu'enfin les personnages de la Fable, étant au fond humains et naturels, sauf la proportion, sont susceptibles d'être analysés, décrits et expliqués comme des hommes ; qu'ils peuvent alors être l'objet merveilleux et séduisant, à cause de leur grandeur, mais réel, à cause de leur vérité, d'une psychologie semblable à la nôtre, et qui même n'est que la nôtre transposée ; c'est qu'enfin, à propos de ces figures imaginaires des dieux revêtus d'une beauté humainement surhumaine, qui n'étaient pour les artistes classiques que des occasions et des prétextes d'analyse, ceux-ci retrouvaient encore et toujours cette étude de l'humanité qui a été la passion dominante et l'application presque exclusive de leur génie.

La clarté dans la beauté n'était possible qu'avec l'esprit et la méthode de l'art ancien : voilà pourquoi Boileau interdit au poète de toucher à l'obscurité terrible des mystères chrétiens, et l'invite à se tourner uniquement vers les lumineuses merveilles de la Fable antique. La raison accepte bien le *surhumain* mais non le *surnaturel* (1).

Saint-Évremond avait déjà exprimé cette opinion sur l'impossibilité d'une littérature chrétienne au XVIIᵉ siècle. Seulement c'est au théâtre qu'il applique l'interdiction que Boileau prononce à propos de l'épopée : « L'esprit de notre religion est directement opposé à celui de la tragédie. L'humilité et la patience de nos saints sont

---

(1) « Une *merveille absurde* est pour moi sans appas. » (*Art poét.*)

trop contraires aux vertus des héros que demande le théâtre....

.....Les histoires de l'Ancien Testament s'accommoderaient beaucoup mieux à notre scène. Moïse, Samson, Josué y feraient un tout autre effet que Polyeucte et Néarque (1). » (Racine a-t-il profité de cette réflexion pour composer *Esther* et *Athalie* ?)

Il avait remarqué également que la tragédie antique offre « un mélange perpétuel des hommes avec les dieux, » mais que le théâtre moderne n'admet pas ce merveilleux : « On ne peut pas mettre les saints et les anges sur la scène (2). »

Constatons pourtant une différence entre Boileau et Saint-Évremond. Tandis que le premier n'autorise aux auteurs que l'antiquité payenne, Saint-Évremond, plus libéral, leur ouvre aussi l'antiquité biblique. Or, celle-ci est sacrée pour les chrétiens ; ses récits sont articles de foi. Saint-Évremond admet donc sur la scène, non pas seulement des fictions ou l'histoire profane, mais encore la vérité religieuse.

2º Unité. — Après la clarté, c'est l'unité que Descartes considère comme la principale qualité des œuvres humaines en général, et particulièrement des ouvrages de l'esprit « Parmi mes pensées, dit-il, l'une des premières fut que je m'avisai de considérer que souvent il n'y a pas tant de perfection dans les ouvrages composés de plusieurs pièces et faits de la main de divers maîtres, qu'en ceux auxquels un seul a travaillé. » Quant aux ouvrages qui sont le produit du temps et de la collabo-

---

(1) Saint-Évremond. *De la tragédie ancienne et moderne.* Chap. VII.
(2) *Ibid.*

ration continue des générations, ils semblent plutôt disposés « par la fortune que par la volonté de quelques hommes usant de raison (1). »

On connaît l'importance métaphysique de l'unité dans la doctrine cartésienne : elle est l'essence même de l'esprit en opposition à la divisibilité de l'étendue (2).

Le rapprochement se fait tout seul entre ce rôle philosophique de l'unité et le rôle littéraire que lui a donné Boileau. Il serait superflu d'y insister et de rappeler le long règne absolu de cette loi des trois unités qui semble avoir été l'arche sainte des classiques, d'après l'acharnement tout particulier avec lequel elle a été dénoncée, maudite et proscrite par leurs adversaires.

Ce qu'il faut démêler ici, c'est la part que Descartes peut bien avoir prise indirectement, par sa doctrine, à l'avènement et au règne de cette loi autoritaire.

Il semble tout d'abord paradoxal de lui en attribuer une. Tout le monde sait en effet que cette théorie dramatique vient d'Aristote. C'eût été une raison capitale pour la rendre suspecte à Descartes, s'il s'en fût occupé. Mais on sait aussi qu'il ne put pas la connaître, puisque les critiques français ne l'avaient pas encore formulée de son temps, et que d'ailleurs il fût probablement resté indifférent à une question purement littéraire, qui n'avait point de lien avec ses études, puisqu'il devait toujours laisser de côté l'esthétique.

Sans entrer dans les détails de l'histoire des trois

---

(1) *Disc. de la Méth.* IIe partie.

(2) « Toute la doctrine est pénétrée de l'idée que l'esprit est ce qu'il y a de supérieur, de plus noble et pour ainsi dire de divin ; le corps, au contraire, ce qu'il y a d'inférieur et de sensible. Voilà pourquoi il est, avant tout, préoccupé de séparer radicalement l'esprit pensant de la matière. » (Dr RITTER. T. I, p. 47.)

unités (qui d'ailleurs n'est pas encore définitive) (1), rappelons seulement qu'elles sont issues d'un passage très-rarement cité de la *Poétique* d'Aristote, interprété pour la première fois par Trissino vers 1529, et un peu plus tard en 1561 par Jules César Scaliger.

Dans ce passage, Aristote s'exprime catégoriquement sur l'unité d'action dont il fait une loi à l'auteur dramatique. Sur ce point du reste toutes les écoles littéraires se sont toujours accordées.

Puis il cite, comme une simple remarque historique, et ne donne nullement comme une loi, ce fait que les auteurs dramatiques de son pays ont presque toujours enfermé leur action dans les limites d'une journée. Enfin il ne dit absolument rien de l'unité de lieu.

Les commentaires, les paraphrases, les amplifications arbitraires des critiques anglais, italiens, espagnols ou allemands de la Renaissance firent un sort littéraire à cette phrase d'Aristote, à peu près comme l'ingéniosité et l'application scholastiques avaient fait une destinée philosophique à la glose de Boëce sur la question des universaux. A l'époque du *Cid* la loi des trois unités n'était pas encore à proprement parler une loi, puisqu'il n'y avait pas encore de juridiction littéraire pour la promulguer. Elle le devint lorsque l'Académie, sur l'invitation de Richelieu, par la plume de Chapelain, imposa officiellement aux poètes cet article d'un code nouveau dont le cardinal lui avait abandonné sans réserve la confection (2).

---

(1) Voir « *Les unités d'Aristote avant le Cid de Corneille* » par H. Breitinger, professeur de littératures étrangères à l'Université de Zurich. (Genève, Gœrg, 1879.) Voir aussi la notice sur le *Cid*, dans l'édition Ad. Régnier.

(2) « Il (Chapelain) montra en présence du cardinal, qu'on devait indispensablement observer les trois fameuses unités de temps, de lieu et d'action. Rien ne surprit tant que cette doctrine ; elle n'était pas seu-

Passons sur les résistances du grand Corneille, sur la gêne qu'il en éprouva, enfin sur les dissertations subtiles avec lesquelles il dissimulait sa fière insoumission, en démontrant dans des Examens, presque toujours un peu justificatifs, une obéissance qui au fond n'existait pas (1).

Arrivons au temps de Boileau, où la loi est triomphante : alors on a oublié ses origines, hasardeuses et équivoques ; on a même oublié qu'elle en a. Elle apparaît comme une loi nécessaire, non pas instituée graduellement par la coutume ou par l'expérience, mais dictée par la raison même, et elle reçoit dans l'*Art poétique* sa formule définitive :

> Qu'en *un lieu,* qu'en *un jour,* un *seul fait* accompli
> Tienne jusqu'à la fin le théâtre rempli.

Mais l'*Art poétique* nous apprend-il d'où vient cette loi ? Vient-elle de cet Aristote contre lequel Boileau a rédigé l'*Arrêt burlesque* ? ou de ce Chapelain, dont il a si impitoyablement bafoué la *Pucelle* ? ou des poétiques italiennes qu'il ne cite jamais, qu'il ignore peut-être, ou qu'il méprise certainement ? Boileau ne semble point se soucier de le savoir et encore moins de le dire. Pour lui cette loi n'a pas d'histoire ; il l'énonce comme une vérité a priori, qui serait nécessaire, universelle et ferait partie de la raison même.

---

lement nouvelle pour le cardinal, elle l'était pour tous les poètes qu'il avait à ses gages. Il donna dès lors une pleine autorité sur eux à M. Chapelain, et quand il voulut que le *Cid* fût critiqué par l'Académie, il s'en reposa principalement sur lui, comme on le voit dans l'histoire de M. Pellisson. » *Hist. de l'Ac. Franç.*, par PELLISSON et d'OLIVET, II, 130.

(1) V. le *Discours des trois unités*. T. I, p. 88. V. aussi l'*Examen de Théodore*. T. V, p. 13.

Or voilà justement ce qu'il y a de cartésien dans cette théorie de l'*Art poétique*; c'est cette forme rationnelle que Boileau donne à une loi, qui s'est élaborée lentement, obscurément; qui s'est imposée peu à peu et par portions à la scène française, en raison d'influences complexes, successives, peut-être fortuites; qui en elle-même n'a rien de nécessaire ni d'universel, puisqu'il est peu de belles tragédies qui s'y soient entièrement soumises, et que la différence entre celles qui y obéissent et celles qui la violent est si peu sensible tout d'abord, qu'il faut un effort d'analyse ou de mémoire pour pouvoir dire quelles sont les unes et quelles sont les autres. Si l'on prenait au hasard une tragédie de Corneille, et qu'on demandât si elle est ou non conforme à la règle des unités, ou quelle unité lui manque, il serait difficile peut-être d'obtenir une réponse immédiate, même de lecteurs à qui le théâtre de Corneille serait familier.

Ainsi, voilà une théorie demi-antique et demi-anonyme, fabriquée par l'inattendue collaboration d'Aristote avec Trissino et Chapelain — sans compter celle de tous les critiques plus ou moins obscurs qui y ont mis la main; — acceptée bien plus que réclamée par le goût public; exaltée comme la condition même de la perfection dramatique par les auteurs médiocres, mais déplorée comme une servitude et heureusement violée par les auteurs de génie : et pourtant malgré l'indifférence et les résistances, elle prend possession de la scène française et domine l'art classique, qu'elle caractérise, comme le *Cogito* caractérise et domine la philosophie. Boileau, sans l'expliquer comme une conquête de l'expérience, ni la justifier, soit par le prestige de son antiquité, soit par la démonstration de son excellence, l'érige en une règle absolue et lui donne, avec une formule définitive, l'autorité universelle de ces principes fondamentaux que la raison humaine a toujours trouvés en elle et n'a jamais contestés.

Pour que cette *rationalisation* (si l'on nous passe le barbarisme) de cette loi des unités ait été possible, il faut évidemment admettre que les esprits y aient été préparés par une discipline qui concordait avec elle : car il n'est pas vraisemblable que ce soit l'autorité d'Aristote, et encore bien moins celle de Chapelain, qui ait pu l'imposer à Boileau et aux classiques, s'ils n'en avaient pas voulu. Au contraire, ces deux autorités-là eussent suffi à la leur rendre suspecte ; on se figure avec quelle fougue ironique et indignée Despréaux les eût humiliées l'une et l'autre devant la raison, s'il les eût crues le moindrement en désaccord avec elle.

Ainsi, en laissant à Aristote et à Chapelain ce qu'on pourrait appeler la matière de la loi des trois unités, c'est l'esprit cartésien qui lui a donné sa forme rationnelle, qui a fait d'une habitude des anciens ou d'un préjugé de quelques modernes, enfin d'une théorie purement expérimentale, comme le prouve son histoire, une sorte de principe indiscutable de l'esthétique classique.

Si la multiplicité et la contingence avaient triomphé avec Gassendi, et si la philosophie dominante avait été l'atomisme épicurien, régénéré par un savant moderne, peut-être la littérature n'eût-elle jamais eu de code et la règle des unités eût-elle été remplacée par cet article unique, d'un esprit et d'un libéralisme admirables, que le plus grand des élèves de Gassendi met dans la bouche de Dorante : « Je voudrais bien savoir si la grande règle de toutes les règles n'est pas de plaire et si une pièce de théâtre qui a attrapé son but n'a pas suivi le bon chemin ?... Car enfin si les pièces qui sont selon les règles ne plaisent pas, et que celles qui plaisent ne soient pas selon les règles, il faudrait, de nécessité, que les règles eussent été mal faites. Moquons-nous donc de cette chicane où ils veulent assujétir le goût du public, et ne consultons dans une comédie que l'effet qu'elle produit sur nous. Laissons-nous aller de bonne foi aux choses qui nous prennent par les entrailles et ne cherchons point de raisonnements pour nous empêcher d'avoir du plaisir (1). »

Et quand Molière touche en passant à l'origine de ces mêmes règles, comme l'éducation sensualiste qu'il tient de son maître ressort en quelques lignes saisissantes, en face du rationalisme de l'*Art poétique !* « Il semble à vous ouïr que les règles soient les plus grands mystères du monde ; et cependant ce ne sont que *quelques observations aisées que le bon sens a faites* sur ce qui peut ôter le plaisir que l'on prend à ces sortes de poèmes ; et le même bon sens qui a fait autrefois ces observations les fait fort aisément tous les jours *sans le secours d'Horace et d'Aristote* (2). »

Et ce bon sens-là est-il le même que celui de Descartes et de Boileau ? Nullement. C'est un bon sens expérimental et non la raison universelle des cartésiens et des classiques : on n'en peut pas douter si l'on prend garde que le critérium de Molière c'est le plaisir, et que ce bon sens de l'auteur dramatique qui cherche les moyens « d'attraper son but » subordonnera nécessaire-

---

(1) MOLIÈRE, *La Critique de l'école des femmes*. Scène VII.
(2) *Ibid.*

ment ces moyens aux variations du goût de ceux à qui il voudra plaire (1).

D'ailleurs cette solidarité possible de la philosophie expérimentale et de la théorie de la liberté comme moyen en littérature et du plaisir comme critérium, n'est qu'une hypothèse qu'il ne faut pas prolonger, puisqu'elle n'est pas vérifiable. Mais il nous semble que la solidarité parallèle du cartésianisme et du genre classique est ici encore un fait acquis, et que si les trois unités viennent bien d'Aristote (ou à peu près), ce n'est pas l'autorité d'Aristote, directement combattue en philosophie par Descartes et par Boileau en littérature, qui les a fait revivre au XVIIe siècle ; c'est bien plutôt que l'amour de l'unité et le goût des règles absolues de l'esprit, inspiré par le cartésianisme à toute l'époque, pénétra la littérature et la provoqua à faire l'emploi qu'elle pourrait du principe de l'unité et à se donner des lois, qu'elle voulait et qu'elle croyait nécessaires et définitives.

3º IDENTITÉ.

> D'un nouveau personnage inventez-vous l'idée ?
> Qu'en tout avec soi-même il se montre d'accord
> Et qu'il soit jusqu'au bout tel qu'on l'a vu d'abord (2).

Tel est le précepte qui prescrit l'identité des caractères. C'est le « *Sibi constet* » d'Horace. Mais c'est aussi cet accord avec soi-même dont Descartes fait une loi de sa logique, dans le *Discours de la méthode*, et une loi

---

(1) Corneille, dans le *Discours des trois unités*, avait trouvé un compromis entre le bon plaisir de Molière et la réglementation rigoureuse de Boileau. Voici sa formule éclectique :

« Le but du poëte est de *plaire selon les règles de son art.* » (T. I, p. 95.)

(2) *Art poét.* Chant III.

de sa morale, dans les lettres à la princesse Elisabeth. La pensée, même quand elle s'égare, doit persister dans la logique de son erreur et pousser en ligne droite jusqu'à ce qu'elle trouve un jour où elle n'arriverait pas, si elle changeait à chaque instant de direction. La volonté, elle aussi, même quand elle n'est pas absolument sûre d'être dans le bien, doit aller jusqu'au bout de ce qu'elle a voulu et soumettre ses actions à une sorte de nécessité déductive qui les enchaîne comme le raisonnement enchaîne les idées.

Or cette identité, qui est bonne, est belle aussi ; elle est une forme de l'unité : c'est l'unité qui dure. Aussi l'art classique en a-t-il fait, comme de l'unité, une condition de la beauté.

Si le personnage tragique ou comique ne se ressemblait pas à lui-même jusqu'à la fin de l'action, la pièce serait comme ces syllogismes faux où le moyen est pris deux fois avec des extensions différentes. Il y aurait à vrai dire deux personnages, comme il y a deux moyens au lieu d'un seul, et la conclusion du drame ne serait pas plus juste que celle du syllogisme. D'ailleurs le changement d'un caractère au cours de l'action serait d'autant plus choquant, que la loi de l'unité de temps réduit le développement de ce caractère à la très petite durée d'un jour. Comment admettre que, dans un aussi court intervalle, un tempérament et une physionomie se modifient assez profondément pour n'être plus « au bout tels qu'on les a vus d'abord ? » Il y a donc dans l'art classique, une relation étroite entre l'unité et l'identité, et c'est par une déduction rigoureuse que Boileau tire la seconde de la première.

On pourrait montrer que cette relation se vérifie par des effets inverses dans l'art romantique. La durée de l'action y étant indéterminée, l'identité des caractères n'y est point indispensable ni exigible, puisqu'un long temps peut vraisemblablement les modifier. C'est même ce qui fait que le romantisme peint de préférence la mobilité humaine, encadrée dans les événements de l'histoire. Il a pour lui, ce que les classiques n'avaient pas, mais parce qu'ils n'en avaient pas voulu : le temps (1). Or le temps est le plus grand ennemi de l'identité ; c'est lui qui fait que :

> L'enfant au premier acte est barbon au dernier.

Voilà pourquoi Boileau n'accorde au poète qu'un *minimum* de temps, une *unité*. Par là, l'identité est sauvegardée.

Il faut rapprocher de cette loi dramatique, cette pensée du *Discours de la méthode*, qui est bien aussi celle des critiques classiques, à savoir que l'histoire n'est pas une artiste parce qu'elle se développe suivant une succession indéfinie, tandis que l'art, qui travaille suivant un plan, se limite lui-même dans le temps et dans l'espace. L'histoire, c'est l'ouvrière inconsciente qui agglomère fortuitement les maisons de ces « anciennes cités qui n'ayant été au commencement que des bourgades, sont devenues par succession de temps de grandes villes, ordinairement si mal compassées. » L'art au contraire, qui choisit le moment et le lieu de son œuvre, est le créateur volontaire de « ces places régulières qu'un ingénieur trace à sa fantaisie dans une plaine. » (2)

Ainsi la limitation dans le temps et dans l'espace est une condition de l'œuvre d'art, parce que seule elle en

---

(1) Comme prise de possession du temps au théâtre, par le drame romantique, il n'en est pas de plus fameuse que le drame de *Cromwell*.

(2) *Disc. de la méth.*, IIe partie.

assure l'unité et l'identité. La loi qui enfermait l'action dramatique dans l'intervalle de vingt-quatre heures se rattache donc à cette conception très philosophique de l'œuvre d'art. Sans doute on pourra discuter sur la quantité de temps accordée à l'artiste ; on pourra demander pourquoi l'on a pris arbitrairement pour unité un jour plutôt qu'un mois ou qu'un an ; on pourra trouver, comme le grand Corneille, cette parcimonie mesquine et cet emprisonnement étroit de l'action ridicule et funeste. Sur ce point c'est l'expérience qui doit décider. Mais ce qu'il ne faut pas méconnaître c'est que cette limitation a un sens philosophique et une intention esthétique très arrêtés ; ils ne les avaient peut-être pas au temps d'Aristote (1) ; mais l'esprit cartésien les leur a certainement donnés.

Voici, ce nous semble, le sens de cette intention : étant admis que l'unité est le principe même du beau, cette unité qui est dans le *temps* où les conditions humaines de l'art la placent, devient, en durant, l'identité. Or la meilleure condition pour que cette identité ne s'altère pas et échappe au changement, c'est qu'elle

---

(1) Aristote fonde son esthétique dramatique, comme sa morale, sur la μεσότης.

« La beauté consiste dans la proportion et dans la mesure ; c'est pour cela qu'un animal très-petit ne saurait être beau, parce que la vision n'est pas distincte quand la durée est presque imperceptible. Il en est de même d'un animal trop grand, de 10,000 stades par exemple ; car la perception n'en peut être complète : l'unité, le tout échappent à nos yeux. Donc puisque tout objet, tout animal doit avoir une étendue qui puisse être saisie d'un coup d'œil, de même la fable doit présenter une étendue que la mémoire puisse également embrasser. » (*Poétique*. Chap. VII.) Tel est le principe de l'unité de temps dans Aristote. Il consiste à proportionner la durée de l'action à la portée de la perception et de la mémoire du spectateur. Elle est un juste milieu entre le *trop long* et le *trop court*, par rapport au champ de notre intelligence.

se développe et s'exprime dans le moins de temps possible. Il y a moins de chances en effet pour qu'un caractère change dans un jour que dans un an.

La tendance de l'art classique a donc dû être de se resserrer dans un minimum de temps ; pour l'action dramatique il a fixé ce minimum à vingt-quatre heures. Il fut même question de le réduire encore en donnant à l'action fictive une durée égale à celle de l'action réelle, et de limiter celle-ci à la représentation.

Dans sa poétique, Scaliger avait exprimé cette opinion, non pas dans l'intention philosophique que nous indiquons, mais par respect pour la vraisemblance. « Res autem ipsæ ita deducendæ disponendæque sunt, ut quamproxime accedant ad veritatem..... Quum enim scenicum negotium totum *sex octove horis* peragatur, haud verisimile est et ortam tempestatem et obrutam navem eo in maris tractu, unde terræ conspectus nullus. »
« C'est dans ce dernier passage de Scaliger, dit M. Breitinger (page 12), que nous trouvons pour la première fois la tentative de renchérir sur le soi-disant précepte d'Aristote, et *d'identifier tout simplement la durée de l'action et celle de la représentation*. Quelques sectateurs de Boileau, Voltaire lui-même, ont adopté cette idée si contraire *au principe de la vraisemblance qu'elle se proposait de servir.* »

Mais entre Scaliger et Voltaire, il faut citer une autorité plus considérable que l'un et l'autre, le grand Corneille. Dans un passage curieux de son *Discours des trois unités*, Corneille formule avec une netteté magistrale cette théorie d'un *temps minimum* dont nous venons de rechercher le principe philosophique et la portée esthétique :

« Beaucoup, dit-il, déclament contre cette règle qu'ils

nomment tyrannique et auraient raison si elle n'était fondée que sur l'autorité d'Aristote, mais ce qui doit la faire accepter c'est la raison naturelle qui lui sert d'appui. Le poème dramatique est une imitation ou pour mieux parler un portrait des actions des hommes et il est hors de doute que les portraits sont d'autant plus excellents qu'ils ressemblent mieux à l'original.

La représentation dure deux heures et ressemblerait parfaitement si l'action qu'elle représente n'en demandait pas davantage pour sa réalité. Ainsi ne nous arrêtons point ni aux douze ni aux vingt-quatre heures, mais resserrons la durée de l'action du poème dans la moindre durée qu'il nous sera possible afin que la représentation soit plus parfaite. »

On pourrait nous objecter que Corneille ici se montre plus classique encore que Boileau puisqu'il saisit mieux que lui le principe classique de l'unité de temps. Mais remarquons d'abord que ce *Discours des unités* a été écrit par Corneille de mauvaise grâce et comme par un avocat qui défend une cause à laquelle il ne croit guère. Le *Discours* est rempli d'embarras et même de contradictions qui marquent bien que la conviction manque. Corneille a hésité longtemps entre la soumission aux règles et l'indépendance ; et de fait il s'en est plaint beaucoup et les a presque toujours violées (1). Dans presque tous ses Examens il s'en accuse ou plutôt s'en excuse avec une simplicité qui témoigne qu'il croyait la faute légère. A propos de *Théodore*, il dit: « L'unité de jour et de lieu se rencontre dans cette pièce ; mais je ne sais s'il n'y a

(1) Pour un exemple curieux de la casuistique et de la sophistique de Corneille sur certaines interprétations des règles, voir l'explication de la purgation des passions par Aristote (*D. des Un.*, p. 60). « Il est aisé de nous accommoder avec Aristote. Nous n'avons qu'à dire que... etc... »

point une duplicité d'action en ce que Théodore échappée d'un péril se rejette dans un autre de son propre mouvement. » Et après avoir un instant discuté sur ce point, il finit par cette conclusion qui montre plus d'indifférence que d'intérêt: « Si les maîtres de l'art veulent consentir que cette nécessité de faire connaître ce qu'elle (Théodore) devient suffise pour réunir ce nouveau péril à l'autre, et empêcher qu'il n'y aye duplicité d'action, je ne m'opposerai pas à leur jugement; mais aussi je n'en appellerai pas quand ils la voudront condamner. »

Dans l'examen d'*Héraclius* il dit encore: « Il lui faut la même indulgence pour l'unité de lieu qu'à *Rodogune*. La plupart des poëmes qui suivent en ont besoin, et je me dispenserai de le répéter en les examinant. » Cette dernière phrase est surtout significative : Corneille manque si régulièrement à la loi des unités, qu'il veut que sa désobéissance soit convenue une fois pour toutes entre le lecteur et lui, et qu'il se dispense de la signaler.

Remarquons aussi que sa loi d'un minimum de temps telle qu'il la formule est une ingénieuse façon de rendre au poète une entière liberté. Car le minimum de temps est évidemment proportionnel à la grandeur de l'action choisie par le poète; il est un rapport dont le poète est le meilleur juge; c'est à lui seul et non à un législateur étranger qu'il appartient de déterminer quelle durée mérite et exige le développement de son drame.

Aussi Corneille ne veut-il point d'une mesure commune, qui serait la servitude pour la plupart ; il n'entend pas qu'on dispute sur douze ou sur vingt-quatre heures ; il n'accepte point de chiffre unique, fixé à l'avance; c'est l'auteur qui déterminera lui-même la mesure de temps qui lui semblera la plus stricte ; et cette mesure pourra, devra même varier avec l'importance et la nature des sujets. Corneille interprète donc la loi de l'unité de temps dans le sens de la liberté ; Boileau, au contraire, dans celui de la tyrannie puisqu'il impose à tous les drames, quels qu'ils soient, le cadre uniforme d'une journée. Il réglemente et contraint là où Corneille ne fait que conseiller et inviter. Il prescrit une mesure obligatoire, là où Corneille s'en remet au libre goût et à la compétence personnelle de l'auteur.

Rien ne marque mieux le manque de déférence de Corneille pour la règle des unités que cette fin de son Discours : « Quoi qu'il en soit, voilà mes opinions, ou si vous voulez, mes HÉRÉSIES touchant les principaux points de l'art ; et je ne sais point mieux accorder les règles anciennes avec les agréments modernes. Je ne doute point qu'il soit aisé d'en trouver de meilleurs moyens, *et je serai tout prêt de les suivre lorsqu'on les aura mis en pratique* AUSSI HEUREUSEMENT QU'ON Y A VUS LES MIENS. »

Enfin il faut noter que les trois discours de Corneille, le *Poème dramatique,* la *Tragédie* et les *Trois unités* sont de 1660, c'est-à-dire d'une époque où il avait fini sa carrière dramatique et où des lois, encore nouvelles et contestées du temps du *Cid* et de *Polyeucte*, avaient pris depuis une autorité absolue. Corneille alors se fait le critique de ses propres pièces pour les défendre contre la jeune génération de ses détracteurs. Par une préoccupation chagrine, il s'impose la tâche ingrate de démontrer a posteriori qu'en composant jadis ses tragédies il avait suffisamment obéi à des règles, qui n'existaient pas encore quand il les composait. L'obéissance qu'il affecte à l'égard des trois unités est donc rétrospective, et il mesure celle qu'on y doit avoir, à celle qu'il a eue lui-même, dans un temps où son succès le dispensait de s'en soucier. Ces trois discours sont le plaidoyer attristé et résigné d'une vieille indépendance qui fait des concessions forcées aux puissances du jour.

Dans la *Vie de Corneille*, Fontenelle remarque ainsi le mépris du jeune poète pour les règles naissantes :

« On recommençait alors à étudier le théâtre des anciens et à soupçonner qu'il pouvait y avoir des règles. Celle des vingt-quatre heures fut une des premières dont on s'avisa ; mais on n'en faisait pas encore trop grand cas, témoin la manière dont Corneille lui-même en parle dans sa préface de *Clitandre*, imprimée en 1632. « Que si j'ai renfermé cette pièce dans la règle d'un jour, ce n'est pas que je me repente de ne point y avoir mis Mélite ou *que je me sois résolu à m'y attacher dorénavant*. Aujourd'hui, quelques-uns adorent cette règle ; beaucoup la méprisent ; pour moi j'ai voulu seulement montrer que si je m'en éloigne, ce n'est pas faute de la connaître (1). »

4º SIMPLICITÉ. — « C'est un vice commun parmi les hommes, dit Descartes, que les choses les plus difficiles leur paraissent les plus belles. La plupart ne croient rien savoir quand ils trouvent aux choses une cause claire et simple (2). » Et sa philosophie est dominée par cette idée que de même que la méthode la meilleure pour l'esprit humain est la plus simple, de même les causes physiques et la cause divine doivent produire leurs effets par la plus simple voie. Nous retrouvons ici encore le *minimum classique* sous une autre forme. L'artiste suprême, Dieu,

---

(1) FONTENELLE. *Vie de Corneille*. T. II, page 334. Édition Belin. Paris, 1818.
(2) *Règles pour la Dir. de l'Esprit*. T. XI, p. 250.

crée ses ouvrages avec la plus grande économie et par le moindre effort possible (1). Or l'artiste humain n'a pas de plus sûr moyen pour atteindre à la perfection que de suivre la méthode divine. L'ὁμοίωσις τῷ θεῷ est la loi de l'art comme celle de la morale. Donc employer le moins de matière possible, choisir parmi la complexité de l'histoire un ou deux faits qui suffiront à servir de thème au génie créateur, faire beaucoup avec peu, ou mieux encore, comme dit Racine, « faire quelque chose de rien (2) » telle sera l'ambition de l'art classique. Elle est si clairement exprimée dans la préface de *Bérénice* que nous remettons à en parler plus à fond dans celui des chapitres suivants où nous étudierons les préfaces de Racine.

Quant à Boileau, c'est peut-être sur la simplicité qu'il a le moins trouvé de ces vers frappants qui sont restés des formules fameuses, comme celles où il prescrit la clarté ou l'ordre. Néanmoins il n'est pas douteux qu'elle soit aussi indispensable à ses yeux. Ainsi quand il dit, en parlant des auteurs qui décrivent à outrance :

> Fuyez de ces auteurs l'abondance stérile,
> Et ne vous chargez point d'un détail inutile (3).

il recommande évidemment au poète de ne prendre que l'essentiel des choses c'est-à-dire les éléments simples qui les constituent et les caractérisent. La complexité s'oppose à la vision nette, par conséquent à la clarté qui est la première condition de l'œuvre d'art. Elle s'oppose aussi à la limitation volontaire dont il a été parlé plus haut, et par là expose l'artiste à une sorte d'entraîne-

---

(1) « Qu'on me donne l'étendue et le mouvement et je vais faire le monde. » *Traité du Monde*, chap. VI.
(2) Préface de *Bérénice*.
(3) *Art. poét.* Chant I.

ment hasardeux ; alors il n'est plus le maître de ses intentions, de sa matière ni de son plan : la fatalité de la succession se substitue en lui à la liberté de se contenir et de s'arrêter : il cesse d'être un artiste.

> Qui ne sut se borner ne sut jamais écrire (1).

Boileau loue encore la simplicité homérique de telle façon que cet éloge doit être considéré comme un précepte général :

> N'offrez point un sujet d'incidents trop chargé ;
> Le *seul courroux d'Achille* avec art ménagé
> Remplit abondamment une Iliade entière (2).

Enfin c'est par la simplicité seulement que le poète pourra répondre à cette autre exigence de Boileau :

> Et que tout ce qu'il dit *facile à retenir*,
> De son ouvrage en nous laisse un long souvenir (3).

On voit que Descartes et Boileau s'accordent à donner une grande valeur aux choses faciles. La simplicité n'est pas seulement belle et bonne en elle-même : elle l'est encore en ce sens qu'elle facilite la connaissance et permet à l'esprit de comprendre et de sentir, lui aussi, par le moindre effort. Le poète qui propose à l'intelligence des sujets simples, lui fait faire pour ainsi dire une économie d'activité ; et le sentiment de cette économie, qui est le plaisir élevé de se rapprocher le plus possible de la connaissance par intuition, est également précieux pour la raison, soit qu'on lui expose le vrai, soit qu'on

---

(1) *Art poétique.* Chant I.
(2) *Id. Ibid.*
(3) *Id.* Chant III.

lui présente le beau. A ce prix seul le plaisir esthétique est possible ; autrement un art trop laborieux

> D'un divertissement nous fait une fatigue (1) ;

car,

> Le sujet n'est jamais assez tôt expliqué.

La facilité dans la beauté, c'est la grâce : et Platon la met au-dessus de la beauté même.

5° PERFECTION ABSOLUE. — Un des points du cartésianisme qui frappe le plus, surtout aujourd'hui, c'est l'infinie distance qui sépare le parfait de l'imparfait. Par réaction sans doute contre l'esprit de la doctrine péripatéticienne, Descartes s'est fait l'ennemi de la continuité. Son mécanisme d'ailleurs ne le laissait pas libre de voir l'univers et la série des êtres créés sous un autre jour que celui où il nous les montre, séparés, opposés et discontinus. La machine et le mécanicien sont deux et ne tiennent pas l'un à l'autre ; la première est sans valeur puisqu'elle est inerte ; le second, incomparablement au-dessus d'elle, a seul du prix, parce qu'il est seul actif et capable de communiquer le mouvement. Aussi les choses et les êtres sont-ils le plus souvent pour Descartes des accouplements d'un élément vil et d'un élément précieux : le corps et l'âme, la raison et les sens, l'essentiel et l'accident, la matière de l'univers et le Dieu qui l'entretient dans son mouvement et dans sa forme par la création continuée. Sa métaphysique classe volontiers les êtres d'après le principe du « tout ou rien. » Ainsi, les animaux ne sont pas plus que les pierres ; ils sont infiniment loin des hommes, et entre le règne mi-

---

(1) Voir sur l'importance attribuée au simple par Descartes les *Règles pour la direction de l'esprit*, cinquième, sixième et neuvième. T. XI, p. 225.

néral et l'humanité raisonnable, s'il y a des degrés dans la construction mécanique des êtres, il n'y en a pas dans leur valeur métaphysique, qui est nulle, ni dans l'intensité de leur vie qui est pour tous également inconsciente, inintelligente et insensible. En somme, il n'y a guère pour Descartes que trois formes de l'être : l'esprit pur, qui est Dieu ; la matière pure, qui est la nature au sein de laquelle sont égaux animaux, plantes et minéraux ; enfin, entre les deux, un mélange provisoire des deux qui est l'homme. Voilà les trois termes de sa cosmologie, qui constituent trois degrés seulement de valeur métaphysique. L'extrême simplicité de cette hiérarchie, réduite à trois étages, ressort davantage si on la rapproche de la série indéfinie et continue des êtres qui se superposent dans l'univers dynamique de Leibniz, et où deux termes consécutifs ont toujours, dans quelque partie de leur nature, quelque chose de compatible et de commun.

Il nous semble qu'il ne manque pas d'analogie entre la conception que Descartes se fait de la perfection métaphysique et celle que se font les classiques de la perfection esthétique. Boileau l'a dit en effet : une œuvre qui n'est pas belle, ne l'est pas plus ou moins : si la perfection n'est pas atteinte, on ne calcule pas les degrés d'imperfection de l'œuvre manquée. Le beau, c'est le parfait : or, on ne peut pas dire d'une chose qu'elle est plus ou moins parfaite. Elle l'est absolument, ou elle ne l'est pas :

> Il est dans tout autre art des degrés différents ;
> On peut avec honneur remplir les seconds rangs.
> Mais dans l'art dangereux de parler et d'écrire,
> Il n'est point de degré du médiocre au pire (1).

(1) *Art poétique.* Ch. III.

De même que pour Descartes, le chien ne se rapproche pas plus de l'homme raisonnable et sensible que l'huitre, puisque l'huitre et le chien sont également des machines, de même pour Boileau, Ronsard ou Chapelain ne sont pas plus près d'Homère que Brébeuf ou Saint-Amand, parce qu'ils en sont tous infiniment loin.

Et Boileau n'applique pas seulement ce principe à la poésie, où l'on pourrait admettre aisément que le passable et le médiocre sont aussi insupportables que le pire, les beaux vers seuls étant des vers : il en fait la règle de l'éloquence et de tous les autres genres littéraires, où pourtant les auteurs de second ordre ne semblent pas si nécessairement dénués d'intérêt et de mérite.

Cette conception d'une perfection unique et de l'égalité des œuvres dans l'imperfection est si profondément classique, que nous la retrouverons encore très nettement exprimée par La Bruyère et par Voltaire. Ce qui l'explique le mieux, c'est cette assimilation du beau au vrai que nous avons rencontrée déjà. Pour un géomètre comme Descartes, ce que, dans d'autres sciences, on appelle la vérité approximative, est sans valeur : il n'y a pas de degrés dans l'erreur : une figure, une opération, une construction, une solution, sont vraies ou fausses, sans à peu près. Les sciences exactes ont une exigence de la rigueur absolue que n'ont ni les sciences expérimentales ni l'histoire. Or, le beau classique participe, comme nous l'avons vu, du vrai cartésien. Il en a l'exactitude et la rigueur rationnelle. S'il n'était pas la perfection entière, il ne serait pas vraiment le beau, puisque l'œuvre n'étant belle que par endroits, manquerait de l'unité essentielle à la beauté. Un poète qui ferait un sonnet de quinze vers, ne serait pas moins ridicule ni moins coupable envers les règles que s'il y en avait mis trente. De même si l'auteur dramatique emploie vingt-cinq heures à son action, il viole tout aussi bien la loi de l'unité de temps que s'il y employait deux jours. Du moment enfin où l'écrivain n'a pas trouvé le mot propre (et il n'y en a qu'un seul), tous les à peu près qu'il pourra proposer ne vaudront pas mieux les uns que les autres.

La perfection esthétique est donc de la même nature que la vérité métaphysique et mathématique ; on pourrait dire que l'art classique est un *art exact*.

6° MÉTHODE. — L'*Art poétique* n'est lui-même, dans son ensemble, qu'une méthode esthétique dont le trait saillant est de se subordonner à la méthode philosophique (1) :

> Avant donc que d'écrire, apprenez à penser.

Or celui qui enseignait à penser au temps de Boileau, c'était Descartes. Et comme son *Discours de la Méthode*, qu'il avait écrit dans le dessein qu'il fût plus populaire que la suite de son système, n'est qu'un discours sur la méthode déductive, à l'exclusion de toute théorie expérimentale, on ne retint de Descartes que cette magnifique leçon de déduction et on laissa aux savants et aux philosophes de profession le Descartes expérimentateur, anatomiste et physicien (2), qui se révéla ensuite, mais par des œuvres

---

(1) « L'*Art poétique* a été pour ainsi dire le *Discours de la Méthode* de la littérature et de la poésie. » F. BOUILLIER. *Hist. de la phil. cartés.* T. I, p. 439.

(2) Voici deux passages dont le rapprochement nous montre Descartes tout à l'inverse de ce que la tradition l'a fait : dans les premiers il exprime curieusement son goût pour l'expérience, et dans le second il est aussi dur que Locke lui-même pour le procédé déductif. « J'ai été un

beaucoup moins accessibles lesquelles ne dépassèrent ni ne modifièrent jamais le premier effet du *Discours*. C'était le *Cid* de Descartes. L'opinion, ainsi frappée, vit donc surtout dans la doctrine cartésienne une telle inégalité entre la valeur de la déduction et celle de l'expérience qu'elle crut aisément la première sacrifiée par le maître à la seconde, et ne garda d'estime que pour la méthode rationnelle, méconnaissant, par une illusion presque légitime, que Descartes les avait personnellement estimées et employées autant l'une que l'autre.

Cette interprétation générale de la méthode cartésienne n'a pas été sans influence sur l'*Art poétique*, où la même disproportion se retrouve entre la raison et l'expérience. L'observation y est sacrifiée, et les procédés recommandés sont au contraire ceux de la méthode rationnelle : l'analyse, l'abstraction, la déduction.

On pourrait objecter cependant que Boileau invite souvent le poète à prendre la nature pour modèle :

> Jamais de la *nature* il ne faut s'écarter.
> ....Que la *nature* donc soit votre unique étude.

Mais de quelle nature s'agit-il ? Tout d'abord il ne peut

---

hiver à Amsterdam que j'allais quasi tous les jours en la maison d'un boucher pour lui voir tuer des bêtes, et faisais apporter de là en mon logis les parties que je voulais anatomiser plus à loisir. » *Lettres*. T. VIII, p. 174.

« Pour se convaincre que cet Art syllogistique ne sert en rien à la découverte de la vérité, il faut remarquer que les dialecticiens ne peuvent former aucun syllogisme qui conclue le vrai, sans en avoir en avant la matière, c'est-à-dire, sans avoir connu d'avance la vérité que le syllogisme développe. De là il suit que cette forme ne leur donne rien de nouveau, qu'ainsi la dialectique vulgaire est complètement inutile à celui qui veut découvrir la vérité, mais que seulement elle peut servir à exposer aux autres les vérités déjà connues et qu'ainsi il faut la renvoyer de la philosophie à la rhétorique. » *Règle X*, T. XI, p. 256. — Rapprochez de LOCKE, *Essai sur l'Ent. Hum*, L. IV, ch. XVII.

être question ici que de la nature humaine. Nous avons indiqué déjà pourquoi la nature pittoresque, la campagne, n'a pas trouvé de place dans l'art classique, ou n'a été invoquée par lui que comme une réalité lointaine qu'on admire de confiance sur le rapport des anciens; l'imagination s'en fait, dans le cabinet, une représentation abstraite dont aucune comparaison avec l'original ne contrôlera ensuite l'exactitude. Boileau ne demande donc pas au poète de comprendre et d'aimer les montagnes et les forêts, ni d'y transporter parfois l'action dramatique et d'en faire une sorte de chœur muet capable, lui aussi, d'inspirer ses personnages, ni de chanter sur une lyre personnelle les émotions, les pensées ou les rêves que lui mettent dans l'âme le spectacle des choses inanimées. Pour lui la nature c'est seulement le cœur de l'homme. Ce sont les passions et les mœurs qu'il prescrit d'étudier et non les arbres et les ruisseaux.

Mais si l'*Art poétique* borne l'étude du poète à la psychologie, cette psychologie du moins n'exige-t-elle pas l'emploi de la méthode d'observation?

De nos jours sans doute la psychologie est devenue expérimentale: mais il faut prendre garde que la psychologie cartésienne, véritable métaphysique, était éminemment rationnelle et déductive. On sait avec quelle facilité Descartes connaît son âme dans le *Discours de la Méthode* (1), et combien il déclare cette connaissance instantanée plus aisée et plus sûre que celle du corps ou de l'univers. De plus, l'âme que Descartes étudie, c'est la sienne; et ce qu'il y cherche ce sont les éléments

---

(1) Voir le développement de cette idée dans les *Principes de la philosophie*, parag. 11 : « Comment nous pouvons plus clairement connaître notre âme que notre corps. » T. III, p. 69.

métaphysiques qui doivent se retrouver dans toutes les autres : dès qu'il les aura découverts en lui-même, il les affirmera de tous les hommes par une généralisation a priori qui se passera d'avoir observé.

Le spiritualisme cartésien livrait donc aux écrivains une âme humaine singulièrement simplifiée : tout le pittoresque en avait été retiré par l'abstraction de la conscience solitaire, et l'homme était devenu un être dont « toute l'essence est de penser. »

Si de la nature humaine, qui est aussi bien sensible que raisonnable, vous retranchez la sensibilité comme accidentelle, il ne restera plus que la raison, qui n'est qu'une partie de la nature, mais qui pour vous deviendra toute la nature.

C'est ainsi que la psychologie cartésienne tendait à réduire la nature, qui est plus compréhensive que la raison seule, à n'être plus que la raison. De même que toute peinture si vivante, si riche et si chaude de couleurs qu'elle soit, peut être ramenée à un simple dessin, c'est-à-dire à un système de lignes ; de même le spiritualisme cartésien, géomètre en psychologie, ne cherchait que les lignes de l'âme : il négligeait, par méthode, les couleurs qui, à son sens, n'étaient qu'un obstacle à bien discerner les lignes. Voilà donc l'être humain tel qu'il est présenté à l'art par la philosophie : il est réduit à sa figure linéaire, à ses traits essentiels; l'abstraction en a fait un type général, mais elle l'a dépouillé de cette cristallisation complexe, variée et d'un éclat changeant qui se développe inégalement chez les individus pardessus le fond commun et caractérise les personnalités.

Le but de l'art classique étant de créer des types, cette méthode psychologique s'offrait naturellement à lui comme la plus propice à son dessein. Ce fût celle de Boileau :

> Quiconque voit bien l'homme, et d'un esprit profond,
> De tant de cœurs cachés a pénétré le fond ;
> Qui sait bien ce que c'est qu'un prodigue, un avare,
> Un honnête homme, un fat, un jaloux, un bizarre,
> Sur une scène heureuse il peut les étaler,
> Et les faire à nos yeux, vivre, agir et parler (1).

7° ANALYSE ET ABSTRACTION. — Quand nous disons que l'art classique a procédé par analyse et par abstraction, nous ne prétendons pas qu'il ait absolument méconnu l'observation expérimentale et proscrit l'emploi de la couleur en littérature. L'esprit humain ne se dépouille pas ainsi, par système, d'un de ses pouvoirs et ne s'enlève pas, de parti pris, l'usage de la moitié de lui-même. Mais nous constatons et nous essayons d'expliquer une préférence remarquable pour la méthode rationnelle. L'*Art poétique* renferme des traces de règles expérimentales, mais en deux ou trois endroits seulement ; et encore ces rares passages sont-ils la traduction d'Horace et non l'expression d'une opinion personnelle à Boileau : tel est le morceau si connu sur les âges de la vie et qui commence par une concession à l'expérience. Il s'agit des personnages de la comédie :

> Présentez-en partout les images naïves ;
> Que chacun y soit peint des couleurs les plus vives.
> La nature féconde en bizarres portraits,
> Dans chaque âme, est marquée à de différents traits ;
> Un geste la découvre, un rien la fait paraître :
> Mais tout esprit n'a pas des yeux pour la connaître.
> Le temps, qui change tout, change aussi nos humeurs :
> Chaque âge a ses plaisirs, son esprit et ses mœurs (2).

(1) *Art poétique*. Ch. III.
(2) *Art poétique*. Chant III. — Dans la *Règle V pour la direction de l'esprit*, Descartes blâme aussi « la plupart des philosophes qui, négli-

Nous avons remarqué aussi d'autre part que Descartes préfère l'analyse à la synthèse. Il n'est pas à dire pour cela qu'il ne se soit jamais préoccupé de recomposer ce qu'il avait décomposé : il s'est efforcé par exemple d'expliquer la réunion de l'esprit et de la matière, par les esprits animaux, et la variété des choses qui constituent l'univers sensible, par la combinaison de l'étendue et du mouvement. Mais il est certain que ses analyses sont de beaucoup supérieures à ses synthèses : ses successeurs et même ses disciples n'ont pas eu de peine à renverser la théorie des esprits animaux et le mécanisme, tandis que l'analyse du moi par la conscience, le *cogito ergo sum* et la valeur objective de l'idée d'infini ont survécu aux attaques des sceptiques et des sensualistes, et sont encore les dogmes fondamentaux du spiritualisme contemporain.

Si Descartes n'a pas parlé de la synthèse dans le *Discours de la Méthode*, et s'est contenté de la règle du dénombrement parfait qui divise, sans la compléter par une règle de recomposition qui rapproche les parties d'un tout, du moins lui a-t-il consacré une belle page dans la première des Règles pour la direction de l'esprit (1). Il y proteste contre l'assimilation que des esprits faux font de la science aux arts. « Comme ils voient, dit-il, qu'un seul homme ne peut suffire à apprendre tous les arts à la fois, mais que celui-là seul y devient habile qui n'en cultive qu'un seul...... Ils pensent qu'il en est ainsi des sciences.... Ils croient qu'il faut les étudier séparément et indépendamment l'une de l'autre.

---

geant l'*expérience*, croient que la vérité sortira de leur cerveau comme Minerve du front de Jupiter. » T. XI, p. 225.

(1) T. XI, pp. 201, 203.

Or c'est là une grande erreur ; car, comme les sciences toutes ensemble ne sont rien autre chose que l'intelligence humaine, qui reste une et toujours la même, quelle que soit la variété des objets auxquels elle s'applique, sans que cette variété apporte à sa nature plus de changement que la diversité des objets n'en apporte à la nature du soleil qui les éclaire, il n'est pas besoin de circonscrire l'esprit humain dans aucune limite. » Et plus loin il ajoute : « Ce qu'il faut d'abord reconnaître, c'est que les sciences sont tellement liées ensemble qu'il est plus facile de les apprendre toutes à la fois que d'en détacher une seule des autres. Si donc on veut sérieusement chercher la vérité, il ne faut pas s'appliquer à une seule science ; elles se tiennent toutes entre elles, et dépendent mutuellement l'une de l'autre (1). »

Néanmoins il faut reconnaître que malgré cet éloge de la synthèse, Descartes n'a pas étudié toutes les sciences, pas même toutes les sciences philosophiques, puisqu'il a laissé de côté la psychologie expérimentale, la morale théorique et l'esthétique. De même Boileau, en dépit de l'intérêt qu'il prend aux « variétés de la nature » et « aux vives couleurs » dont on les doit peindre, n'a pas enseigné à son poète l'art d'être coloriste ni le goût de l'observation expérimentale. Il y a donc et chez Descartes et chez Boileau des indications, des intentions, des professions de foi, des préceptes mêmes qui n'ont pas

---

(1) La règle douzième pour la direction de l'esprit est encore un correctif à ce que la méthode purement rationnelle pourrait avoir de trop absolu. « Enfin il faut se servir de toutes les ressources de *l'intelligence, de l'imagination,* des *sens,* de la *mémoire,* pour avoir une intuition distincte des propositions simples, pour comparer convenablement ce qu'on cherche avec ce qu'on connait, et pour trouver les choses qui doivent ainsi être comparées entre elles; *en un mot on ne doit négliger aucun des moyens dont l'homme est pourvu.* » T. XI, p. 261.

eu d'effet. Ce n'est pas les méconnaître que les négliger dans un travail qui étudie surtout les effets.

La règle de l'analyse et de l'abstraction est donnée dans la deuxième partie du *Discours de la méthode :* « Diviser chacune des difficultés que j'examinerais, en autant de parcelles qu'il se pourrait et qu'il serait requis pour les mieux résoudre. » Descartes reprend et développe ce précepte du *Discours* avec les trois autres dans les *Règles pour la direction de l'esprit*.

Dans la règle quatrième, intitulée « De la nécessité de la méthode, » il exprime l'opinion qu'elle n'est pas moins nécessaire à ceux qui s'occupent des lettres qu'à ceux qui s'adonnent aux sciences ou à la métaphysique. « Comme l'utilité de cette méthode est telle que se livrer sans elle à l'étude des lettres soit plutôt une chose nuisible qu'utile, j'aime à penser que depuis longtemps les esprits supérieurs, abondonnés à leur direction naturelle, l'ont en quelque sorte entrevue. En effet l'âme humaine possède je ne sais quoi de divin où sont déposés les premiers germes des connaissances utiles, qui, malgré la négligence et la gêne des études mal faites y portent des fruits spontanés (1). »

Nous avons essayé de montrer plus haut comment cette méthode analytique s'est imposée à la littérature classique et surtout au théâtre. Boileau n'en a pas donné le précepte dans une formule particulière : mais l'*Art poétique* n'est que la théorie de l'analyse et de l'abstraction en littérature ; car, d'une part, il prescrit absolument la division des genres et de l'autre, l'étude du cœur humain en vue de créer des types universels, c'est-à-dire qui soient assez dépouillés de toutes leurs particularités

(1) T. XI, p. 217.

concrètes et assez abstraits du temps et du lieu pour perpétuer les traits essentiels de la nature, sans craindre les variations du goût ni la différence des mœurs.

Pour donner les preuves complètes de cet esprit d'analyse et d'abstraction il faudrait parcourir la littérature tout entière, ce qui est impossible et inutile : impossible parce que ni le plan ni les proportions de ce travail ne comportent une histoire, même abrégée, de la littérature classique ; inutile, parce que cette histoire a été souvent faite, quelquefois de main de maître, et que cet esprit d'analyse et d'abstraction n'ayant été contesté nulle part, n'est pas à démontrer.

Mais il faut prouver sur un ou deux cas particuliers que cette analyse et cette abstraction sont bien cartésiennes, c'est-à-dire essentiellement spiritualistes et rationnelles. Car l'analyse est un procédé universel, et c'est l'emploi qu'on en fait sur tel ou tel objet et dans tel ou tel sens, qui lui donne un caractère propre. L'analyse peut s'adapter aux descriptions réalistes, aussi bien qu'à la psychologie idéaliste : elle s'applique à la nature comme à l'homme, à la matière comme à l'esprit, et Locke s'en est servi tout autant que Descartes. Aussi quand on a dit qu'une littérature est analytique, on n'a pas assez dit pour la caractériser, et il faut encore expliquer sur quoi cette littérature fait porter l'analyse et dans quel esprit elle l'emploie. Il en est de même pour l'abstraction.

8º LE PORTRAIT. — Le genre littéraire qui admet le moins l'abstraction et qui exige le plus l'analyse concrète c'est sans contredit le *Portrait*. Rien en effet de plus individuel que ce qui est la description physique ou morale d'une personne et qui a pour but de différencier cette personne de toutes les autres, par des traits particuliers. Cherchons donc comment l'art classique a conçu et traité le portrait littéraire ; et s'il a tourné le plus possible à l'abstrait ce genre qui le comporte le moins, on en pourra conclure a fortiori que, pour lui, la méthode d'abstraction prévalait sur toutes les autres, et qu'il en a dû faire dans tous les autres genres un égal emploi.

On sait que le XVIIe siècle a eu, plus qu'aucun autre, le goût des portraits. C'est un fait d'histoire littéraire qui n'est pas à prouver ici. Sans doute on pourrait dire, qu'au siècle précédent, Montaigne avait inauguré cette mode du portrait, en passant sa vie à faire le sien d'un bout à l'autre de ses *Essais*. Mais, de son temps et de sa part, cette étude curieuse et constante de soi-même est encore une originalité, tandis que pour les générations suivantes elle est devenue une coutume universelle, un amusement distingué des salons, et bientôt un jeu obligatoire et d'une fastidieuse banalité.

Il pourrait sembler tout d'abord irrévérencieux pour Descartes et risqué pour la vérité, de rapprocher ce passe-temps léger et cette manie précieuse de la gravité philosophique du *Discours de la méthode*.

Mais pourtant, en gardant les distances, en les faisant mêmes infinies pour ne scandaliser personne, n'y a-t-il point dans cette préférence à prendre pour objet de sa curiosité la personne humaine, dans ce goût à se dédoubler soi-même, dans ce plaisir à peindre sa propre figure reflétée dans le miroir avantageusement infidèle d'une conscience toujours indulgente, n'y-a-t-il pas enfin dans cette passion de psychologie, comme une application mondaine de la méthode psychologique et du subjectivisme de Descartes ? N'est-ce pas l'étude du moi qui s'échappe de l'austère poêle d'Allemagne et prend les airs du monde pour s'ouvrir les salons?

De nos jours, certaines grandes découvertes de la physique et de la chimie, qui sont l'honneur de la haute science, par exemple la photographie, la galvanoplastie ou le téléphone n'ont pas manqué de provoquer des expérimentations d'amateurs, et de répandre pour ainsi dire dans les salons ou dans les cours populaires d'ingénieuses et souvent divertissantes réductions d'elles-mêmes, qui les ont vulgarisées, sans les diminuer. N'est-il pas vraisemblable que les amateurs de portraits au XVIIe siècle aient de même, et à leur insu peut-être, réduit et vulgarisé la méthode cartésienne? Qu'ils aient fait en petit, par imitation involontaire et pour l'agrément seul, ce que Descartes avait fait en grand, avec la plus haute intention philosophique, et pour la vérité?

Non certes que Mlle de Scudéri ou Mme de La Fayette aient pu s'aviser de se croire cartésiennes, lorsqu'elles brodaient ainsi à la plume la psychologie de leurs amies ou assortissaient les nuances de leurs sentiments pour mettre leur « moi » sur le métier. Mais tout de même le souffle cartésien, qui a passé partout, a bien pu aussi frôler leurs coiffes et incliner sur elle-même cette curiosité féminine, qui à d'autres temps s'éveille de préférence sur le dehors et ambitionne d'embrasser de plus larges vues (1).

---

(1) Mme de Staël, par exemple, n'était point pour l'analyse classique; elle en parle très sévèrement dans son livre de l'*Allemagne*: « L'analyse ne pouvant examiner qu'en divisant s'applique, comme le scalpel, à la nature morte, mais c'est un mauvais instrument pour apprendre à connaître ce qui est vivant; et si l'on a de la peine à définir par des paroles la conception animée qui nous représente les objets tout entiers, c'est précisément parce que cette conception tient de plus près à l'essence des

Mais ces portraits étaient-ils la représentation de toute la personne, c'est-à-dire la description physique jointe à l'analyse morale ? Ou bien, la personne se composant d'une âme et d'un corps, l'observation de ces peintres littérateurs faisait-elle un choix entre les deux et s'appliquait-elle à l'un plutôt qu'à l'autre ?

A suivre l'histoire des portraits littéraires, il nous semble qu'ils ont commencé par être plutôt physiques, pour devenir de plus en plus moraux, à mesure que le spiritualisme cartésien se répandait et que simultanément l'art classique se fortifiait, se purifiait et devenait davantage maître de sa formule et de ses lois. Ainsi, si l'on pouvait employer le terme d'évolution à propos du genre portrait au XVIIe siècle, on dirait qu'il a fait la sienne du réalisme dans le sens de l'idéalisme.

Le portrait chez Mlle de Scudéri, par exemple, est surtout physique ; il est même à certains endroits très réaliste ; et Boileau, dans son dialogue « Des Héros de Roman », n'a pas manqué de parodier, avec un à-propos malin, ces endroits-là (1).

Le portrait de La Rochefoucauld commence par une description minutieusement spirituelle de son visage et

---

choses. Diviser pour comprendre est en philosophie un signe de faiblesse comme en politique diviser pour régner. » *De l'Allemagne.* Troisième partie. — Chapitre II.

(1) Boileau met dans la bouche de Sapho le portrait de Tisiphone qui n'est autre que celui de Mlle de Scudéri elle-même : « Son teint n'a point cette couleur fade et blanchâtre des femmes de Scythie, mais il tient beaucoup de ce brun mâle et noble que donne le soleil aux africaines qu'il favorise le plus près de ses regards. Son sein est composé de deux demi-globes brûlés par le bout comme ceux des Amazones, et qui, s'éloignant le plus qu'ils peuvent de sa gorge, se vont négligemment et languissamment perdre sous ses deux bras. Tout le reste de son corps est presque composé de la même sorte. »

de sa taille : « Je suis d'une taille médiocre, libre et bien proportionnée. J'ai le teint brun, mais assez uni ; le front élevé et d'une raisonnable grandeur ; les yeux noirs, petits et enfoncés, et les sourcils noirs et épais et bien tournés. Je serais fort empêché de dire de quelle sorte j'ai le nez fait, car il n'est ni camus, ni aquilin, ni gros, ni pointu, au moins à ce que je crois ; tout ce que je sais, c'est qu'il est plutôt grand que petit, et qu'il descend un peu trop bas. J'ai la bouche…, j'ai les dents…, j'ai les cheveux, etc., etc. (1). »

Après avoir ainsi détaillé ses traits, La Rochefoucauld, avec un art de composition très savant, passe à sa physionomie, à son air, à son expression, c'est-à-dire à ce qui est l'intermédiaire entre le corps et l'âme ; puis il arrive enfin à son âme dont il énumère les qualités, en commençant par celles de l'esprit pour finir par celles du cœur.

On voit que ce portrait est un modèle de gradation et d'équilibre. Le corps et l'âme y ont chacun leur place, et celle qui leur convient. Dans l'analyse de sa personne La Rochefoucauld va du *moins* au *plus* par des degrés très habilement étagés. On y sent surtout la précaution délicate d'atténuer, par l'esprit et par l'humeur, le réalisme obligé du portrait physique. Quand La Rochefoucauld en arrive à son nez, à ses dents et surtout à son menton (2), il les traite avec une familiarité de grand seigneur, il en relève la description ou l'appréciation par une pointe de plaisanterie aristocratique et d'indifférence

---

(1) Portrait du duc de La Rochefoucauld, par lui-même, imprimé en 1658.

(2) « On m'a dit autrefois que j'avais un peu trop de menton ; je viens de me regarder dans le miroir, pour savoir ce qui en est et je ne sais pas trop bien qu'en juger. » (*Ibid.*)

affectée pour des avantages corporels, qui ont eu leurs beaux jours, mais qui ont fait leur temps et qu'il n'y a plus alors d'intérêt ni à regretter ni à vanter. Il se réserve pour l'âme, qui ne passe pas avec la jeunesse, et dont il croit plus aisé de parler sans fatuité et sans illusion.

Avec Mme de La Fayette, le portrait se spiritualise de plus en plus; la part faite à l'esprit l'emporte tellement sur celle qui reste au corps, que les derniers éléments réalistes s'évanouissent pour faire place à un dessin pour ainsi dire immatériel: cette image abstraite n'est plus le portrait de la personne tout entière, mais seulement le portrait de son âme. On connaît le fameux portrait de Mme de Sévigné, composé par son amie sous le nom d'*Un inconnu*. Il faudrait le citer tout entier pour prouver qu'il est l'œuvre gracieuse d'une pure psychologue qui n'a d'attention que pour l'âme. Voici en effet le court passage où Mme de La Fayette nous entretient de la beauté de son amie: on va voir que le portrait est tellement abstrait qu'il serait difficile, d'après lui, de reconnaître la marquise. « Je ne veux point vous accabler de louanges et m'amuser à vous dire que votre taille est *admirable*, que votre teint a *une beauté* et *une fleur* qui assurent que vous n'avez que vingt ans, que votre bouche, vos dents et vos cheveux sont *incomparables*; je ne veux point vous dire toutes ces choses; votre miroir vous les dit assez. Mais comme vous ne vous amusez pas à lui parler, il ne peut vous dire combien vous êtes *aimable et charmante* quand vous parlez; et c'est ce que je veux vous apprendre (1). » Et tout aussitôt Mme de La Fayette passe à l'expression de la physionomie: « Sachez donc, Madame, si par hasard vous ne le savez pas, que votre

---

(1) Édition Montardier. Paris, 1825. T. III, p. 241.

esprit *pare* et *embellit* si fort votre personne qu'il n'y en a *pas au monde de si agréable* .....; vos paroles attirent *les ris et les grâces autour* de vous ....; quoiqu'il semble que l'esprit ne dût toucher que les oreilles, il est pourtant certain que le vôtre éblouit les yeux, et que lorsqu'on vous écoute, l'on ne voit plus qu'il manque quelque chose à la régularité de vos traits, et l'on vous croit *la beauté du monde la plus achevée.* » Enfin Mme de La Fayette suit la même gradation que La Rochefoucauld de la matière à l'esprit; car, en passant par la transition de la physionomie qui exprime l'esprit par la matière, elle arrive pour ainsi dire à l'esprit pur, et consacre le reste du tableau à la tendresse, à la fidélité et à toutes les vertus de Mme de Sévigné.

Qu'y a t-il de concret et de pittoresque dans la partie la moins idéale de ce portrait? Rien, sinon que les traits de la marquise sont légèrement irréguliers tout en étant parfaitement beaux. Et encore nous apprend-on où réside cette irrégularité? Nullement. Le peintre nous l'enveloppe à dessein de mystère, afin qu'un détail trop précis ne vienne point matérialiser cette figure qu'il a faite invisible et transparente, pour que l'âme apparaisse tout de suite, comme une lumière derrière un cristal.

Nous reviendrons tout à l'heure à cette expression de la beauté parfaite par les termes les plus abstraits de la langue et les moins capables de peindre, et nous essaierons d'en trouver la cause.

Ce n'est pas seulement le portrait personnel et actuel, exécuté par l'original lui-même ou par une plume contemporaine et toute proche de lui, qui tend à prendre dans la littérature classique cette forme purement morale. Dans les genres où le portrait, soit d'un personnage historique, soit d'un héros fictif intervient nécessairement, tracé par la main désintéressée de l'orateur ou du poète, comme par exemple dans l'oraison funèbre ou l'épopée, c'est encore l'âme seule qu'on voit apparaître : le corps est masqué par la peinture du cœur et il n'y est fait que de rares et lointaines allusions. Ainsi dans l'oraison funèbre du prince de Condé, Bossuet, qui est pourtant plus coloriste qu'aucun autre écrivain classique, a omis le portrait physique de son héros. Il n'a pas voulu sans doute d'un effet que l'autre école littéraire n'eût pas manqué : faire revivre un instant, devant son cercueil, le duc d'Enghien jeune, fougueux, et chevauchant sur le champ de victoire de Rocroi. Bossuet a réservé toute la place au cœur et à l'esprit du prince : il n'a dit qu'un mot, en passant, de « *ses regards étincelants,* » et encore ces regards-là sont-ils quelque chose de l'âme plutôt que du corps, et tout près d'être de l'esprit (1).

Ainsi d'une part le goût du XVIIe siècle pour le portrait, c'est-à-dire pour l'étude du moi humain, répond au rôle attribué par Descartes à la conscience psychologique ; et d'autre part l'élimination de plus en plus complète de la partie physique de l'homme au bénéfice de la partie morale, s'accorde bien avec cette tendance du spiritualisme cartésien à faire abstraction du corps et des sens et à donner à l'esprit une incomparable supériorité sur la matière.

Mais la plupart des portraits dont nous avons parlé sont encore la représentation de personnes réelles et concrètes et dont les originaux ont vécu. Venons maintenant à un autre genre de peinture, celle de la beauté parfaite attribuée par un auteur à un personnage de son

---

(1) Voir aussi dans la *Henriade*, ch. III, le portrait du duc de Guise.
Dans tout le poème, on ne trouve pas une seule fois le portrait physique du héros, Henri IV.

invention, ou mieux encore à un personnage historique idéalisé.

S'il s'agit de la beauté du corps, cette beauté quoique réputée parfaite, doit être néanmoins sensible ; c'est-à-dire que si l'écrivain veut nous représenter une personne parfaitement belle, il faut que nous puissions nous en faire une image et que sa perfection même ne soit pas un obstacle à la vue mentale que nous en voulons prendre. L'auteur doit nous faire voir le portrait avec notre imagination, comme nous verrions l'original avec nos yeux.

Or la conception classique de la beauté parfaite permet-elle cette représentation ? Il ne le semble pas ; car, d'après ce que nous en apprennent les romans ou les poèmes de l'époque, le caractère de la beauté parfaite est justement l'*indétermination absolue*. Nous venons de voir que le portrait de Mme de Sévigné, dont l'amitié a fait un peu une figure idéale, laisse le lecteur dans une ignorance complète sur le genre de beauté de la marquise. *Admirable, incomparable, aimable* et *charmante* sont des qualificatifs qui ne peignent pas. Ils conviennent à toutes les beautés ; ils sont des formules générales et non des traits particuliers et distinctifs. Mme de La Fayette ressemble ici à un peintre qui voudrait se passer et de lignes et de couleurs, et qui se contenterait pour tout portrait, d'exprimer l'opinion qu'il a de son modèle et l'impression toute subjective que l'original fait sur lui. Qu'on rapproche en effet de cette partie du portrait de Mme de Sévigné tel autre portrait de belle personne, par exemple celui d'Elvire, dans *La Provençale* de Regnard : « ...Une jeune dame d'*une beauté extraordinaire* ; *son esprit éclatait dans ses yeux*, et ses yeux vifs et pleins d'amour portaient dans le fond des âmes tous *les feux dont ils brillaient :* les *grâces et les ris volaient autour de sa bouche,* et toute sa personne n'était que *charmes.* »

Ces deux portraits sont identiques. Ce sont les mêmes expressions et la même ordonnance. Des deux côtés *l'esprit éclate dans les yeux.* Mais *quel esprit* et *quels yeux ?* Voilà ce que Mme de La Fayette ni Regnard ne nous apprennent. Les *grâces et les ris* volent également autour de la marquise et autour d'Elvire. Mais *quelles grâces,* et *quels ris ?* Ce sont vraisemblablement les mêmes : il n'y en avait que d'une sorte, et ils ont servi à toutes les belles du siècle.

Ainsi, beauté réelle ou beauté de roman, dès là que cette beauté est dite parfaite, elle n'admet qu'une forme unique ; elle est exprimée par les mêmes termes. La forme semble convenue une fois pour toutes, puisque les écrivains ne la déterminent jamais ; les termes aussi semblent convenus, puisque les mêmes servent à tous.

Prenons encore dans la « Princesse de Clèves » (le roman classique par excellence, tout de finesse psychologique et qui plaisait tant à Racine) (1), quelques exemples de cette manière abstraite de peindre la beauté idéale. Voici ce qu'on appelait alors la *peinture* de la cour de Henri II. « Jamais cour n'a eu tant de *belles* personnes et d'hommes *admirablement bien faits,* et il semblait que la nature eût pris plaisir à placer ce qu'elle donne de plus *beau,* dans les plus grandes princesses et les plus grands princes.

---

(1) C'est à propos de la « *Princesse de Clèves* » mise en tragédie par Boursault que Racine se brouilla avec Corneille dans une rencontre à l'Académie. Racine sentait bien que Boursault avait défiguré le roman ; il prit mal le compliment désobligeant de Corneille, qui prétendait qu'il ne manquait à la tragédie que la signature de Racine, pour qu'elle fût trouvée bonne par le même public qui l'avait sifflée.

» Mme Élisabeth de France.... commençait à faire paraitre un *esprit surprenant* et cette *incomparable beauté* qui lui a été si funeste.

» Marie Stuart.... était une personne *parfaite pour l'esprit et pour le corps*.... Le duc de Nevers avait.... trois *fils parfaitement bien faits*.... Le duc de Nemours.... était un *chef-d'œuvre* de la nature : ce qu'il avait de *moins admirable*, était d'être *l'homme du monde le mieux fait et le plus beau*.... » On pourrait croire que Mme de La Fayette réserve ses couleurs pour son héroïne : nullement ; elle ne nous en présente qu'une figure abstraite comme les autres : « Il parut alors à la cour *une beauté* qui attira les yeux de tout le monde, et l'on doit croire que c'était *une beauté parfaite*, puisqu'elle donna de l'admiration dans un lieu où l'on était si accoutumé à voir de *belles personnes* (1). »

On voit par ces exemples que l'art classique admettait, même pour le corps, un type unique de beauté parfaite, qu'il attribuait également à tous ses personnages et dont il faisait une manière d'être commune et universelle dans son genre. Il *qualifiait* la beauté, mais ne la *déterminait* point. Il ne prenait même point garde à différencier la beauté des sexes : d'une femme, il disait qu'elle était *parfaitement belle*, d'un homme qu'il était *parfaitement beau*. Et c'était tout.

Les mots par lesquels il désignait cet idéal unique étaient nécessairement *abstraits* et nullement *pittoresques*. Ils exprimaient surtout l'*impression* de ceux qui regardent et *point la manière d'être de l'objet regardé*. On disait : femme *charmante*, ce qui veut dire femme *qui me charme* ; mais on ne dépeignait pas la nature de

---

(1) La *Princesse de Clèves* (1re partie).

ce charme. On racontait aux autres ce qu'on avait éprouvé en voyant, mais on ne décrivait pas ce qu'on avait vu. Les cheveux n'étaient ni blonds ni noirs, mais adorables, et les yeux ni noirs ni bleus, mais divins.

Nous dirions volontiers que le portrait classique (ou en général la représentation de la beauté humaine) était à la fois *subjectif* et *absolu*. Et par là nous revenons au *subjectivisme* et à l'*idéalisme* de Descartes.

Par portrait subjectif nous n'entendons pas celui que l'original ferait de lui-même; car ce portrait, comme nous l'avons vu, pourrait être très réaliste; mais nous voulons dire l'analyse psychologique de ce qui se passe en nous, en présence d'un bel objet, substituée à la description de ce bel objet lui-même.

Par exemple, Mme de La Fayette nous apprend bien plutôt l'impression que faisait sur elle la vue de Mme de Sévigné, qu'elle ne nous montre la marquise en personne. Par exemple encore, Phèdre, lorsqu'elle parle pour la première fois d'Hippolyte à sa nourrice, ne repasse pas dans son imagination la beauté du prince, mais repasse dans son cœur les ravages qu'y a faits cette beauté. Hippolyte pour elle, c'est la cause de *sa* rougeur, de *sa* pâleur, de *sa* honte, de *ses* larmes, de *ses* feux, de *son* mortel ennui. Elle ne voit guère Hippolyte que dans sa conscience, par les traces douloureuses qu'il y a laissées, comme nous ne voyons l'infini, suivant Descartes, que par l'idée qui en est imprimée dans notre raison (1).

(1)   Je le vis, je rougis, je pâlis à sa vue :
       Un trouble s'éleva dans mon âme éperdue :
       Mes yeux ne voyaient plus, je ne pouvais parler ;
       Je sentis tout mon corps et transir et brûler.
                           (*Phèdre*. Acte I. Sc. III.)

Par là s'explique, à notre avis, l'emploi de ces épithètes *charmant, adorable, troublant, aimable,* qui expriment les états subjectifs où la présence des objets met notre âme, tandis que les adjectifs pittoresques, qui suscitent dans l'imagination la forme, la couleur, la proportion, expriment les qualités de l'objet, sans rien indiquer de l'impression qu'elles font sur nous.

Descartes s'enfermait dans sa conscience, et, sans en sortir, il y trouvait tout ensemble les preuves de lui-même, du monde et de Dieu. Il lui suffisait des idées des objets pour en conclure la réalité adéquate de ces mêmes objets. Les écrivains classiques ne font-ils pas de même quand ils ne retiennent de la beauté extérieure que l'émotion intime qu'elle a fait naître dans leur âme, et quand, au lieu de porter leur attention désintéressée au dehors, pour observer et rendre cette beauté elle-même, c'est plutôt leur émotion qu'ils analysent et qu'ils expriment? Les portraits classiques ne sont guère que les portraits de l'âme de leurs peintres en présence des originaux.

Le portrait classique est absolu aussi, en ce sens qu'il laisse indéterminée, comme l'est l'absolu lui-même, la figure qu'il prétend représenter : il la qualifie seulement de *beauté parfaite,* comme s'il n'y avait qu'un genre de perfection et qu'il fût inné pour ainsi dire dans toutes les imaginations avec sa forme unique; comme si enfin tous les esprits s'accordaient nécessairement sur sa nature et sur son apparence concrète au point qu'il fût superflu de les décrire. Le portrait absolu suppose que le sens du beau est chose du monde aussi également partagée que le bon sens : il n'est personne qui ne sache du premier coup de quoi il est question quand on parle de beauté parfaite; il suffit de la nommer pour qu'elle apparaisse à l'imagination, comme par exemple l'idée d'infini apparaît à l'entendement.

Ainsi, nommer la beauté parfaite, ce serait renvoyer le lecteur à un type bien connu de lui, dont l'image lui est familière, et qui doit répondre exactement dans son esprit à ce qu'il est dans l'esprit de l'auteur.

Puisqu'en effet il s'agit ici de la beauté humaine, c'est-à-dire de visage, de taille, de forme, de démarche, en un mot de choses sensibles, perceptibles par la vue, on pourrait se demander si les artistes classiques n'auraient pas admis, une fois pour toutes, un type de beauté sensible, déterminé et décrit quelque part par l'un d'eux et réputé parfait. A ce compte et dès lors quand ils diraient d'une personne, soit réelle, soit fictive, qu'elle est parfaitement belle, il se serviraient d'une sorte d'abréviation, convenue et intelligible, pour nous apprendre que cette personne est semblable au modèle admis ; ils se dispenseraient par là tout simplement d'une description déjà faite et présente aux yeux de tous les connaisseurs.

Après tout, les raffinés de lettres et de psychologie galante s'étaient bien avisés, sous la présidence de Marguerite de Navarre, de trouver la formule du *parfait amour ;* et ils étaient arrivés à la composer avec tant de précision et de rigueur, qu'il n'y eut plus dès lors qu'une seule manière d'être *parfaits amants*. Tout le beau monde de la cour et des ruelles entendait le terme dans les romans comme dans la conversation et, sans plus d'explication, en savait le sens et le contenu.

Mais pour la beauté parfaite, il n'y a pas eu, que nous sachions, de description typique. L'Art classique est tellement idéaliste qu'il a traité la beauté sensible comme la beauté idéale, et qu'il a rendu la première aussi abstraite que la seconde.

Du reste, c'eût été de sa part une inconséquence et même une contradiction de la décrire ; car, s'il s'y fût risqué, il se fût infailliblement prouvé à lui-même, et contre sa doctrine, qu'il n'y a pas un type unique de beauté sensible, mais qu'il y en a autant que la nature se plaît à en produire, ou que l'imagination des artistes s'ingénie à en créer. Si Mme de La Fayette s'était avisée de peindre avec des lignes et avec des couleurs la beauté parfaite de la princesse de Clèves, elle se fût bien vite aperçue qu'il lui eût fallu d'autres couleurs et d'autres lignes pour peindre la beauté parfaite de Marie Stuart, et d'autres encore pour celle du duc de Nemours. Et ces variations obligées de son pinceau, et cet ajustement différent de nuances diverses, lui eussent prouvé qu'il y a beaucoup de genre de beautés parfaites, et qu'Éliante a raison de faire ressortir si joliment contre Alceste tout ce qu'il y a de relatif et de personnel dans l'appréciation de la beauté sensible (1). Peut-être pourrait-on récuser la compétence d'Éliante : alors nous invoquerions celle de La Bruyère, qui est un peintre et qui s'y connaît : « L'agrément est arbitraire ; la beauté est quelque chose *de plus réel*, et *de plus indépendant du goût et de l'opinion* (2). » Sans doute la beauté, même sensible, d'après ce jugement, tend vers l'absolu dont elle est plus voisine que l'agrément. Mais elle n'y atteint pas, tant qu'elle demeure sensible, parce qu'elle contient toujours cet élément de différence et de relativité qui vient de la sensibilité et que l'art classique a cru le

---

(1) *Le Misanthrope*. Acte II. Sc. V.
(2) *Les caractères*. Chap. Des femmes.

plus souvent devoir négliger. Voilà où est l'excès, et où la doctrine, poussée à bout, se retourne contre l'art lui-même pour lui enlever de ses moyens et diminuer ses effets.

Le portrait *abstrait* de personnes *concrètes* et la représentation *absolue* de beautés *individuelles* finissent par être de véritables contradictions, pour éviter une contradiction; la théorie classique veut qu'il n'y ait qu'une perfection esthétique, comme il n'y a qu'une raison et qu'une vérité, et pour ne pas se contredire, quand elle passe à l'acte, elle conserve cette unité illusoire en n'employant qu'une seule formule pour exprimer des choses réellement différentes : *beauté parfaite*. Mais cette unité n'existe que par la généralité des termes; elle est purement verbale. Que l'écrivain précise, elle disparaît. La beauté parfaite devient blonde ou brune, etc ; Marie Stuart et la princesse de Clèves retrouvent leurs personnalités, identifiées tout à l'heure par Mme de La Fayette dans l'uniformité d'une perfection abstraite, et cette peinture algébrique, qui n'a même pas la consistance d'un dessin, fait place à des tableaux composés de lignes et de couleurs, ayant un caractère propre et offrant un spectacle saisissable à l'imagination (1).

9° LA SÉPARATION DES GENRES. — Une autre forme de la méthode d'analyse et d'abstraction appliquée à la littérature

---

(1) Il faut prendre garde que nous parlons seulement ici de la *représentation de la beauté*. Nous n'ignorons pas que, quand il s'agit de peindre des figures vulgaires ou comiques, l'art classique descendant son procédé au niveau des modèles, a su être descriptif et parfois pittoresque et réaliste. (V. par exemple les portraits de Giton et de Phédon dans LA BRUYÈRE, et dans le *Lutrin*, ch. I, la description de l'alcôve et du trésorier qui y repose, après déjeuner.)

c'est la séparation des genres. Nous n'y insisterons point après ce qui en a été dit plus haut. Nons avons constaté en effet que Boileau après avoir énuméré tous les genres de poésie connus des anciens, sauf la fable et le poème didactique, oubliés ou omis on ne sait pourquoi, assigne à chacun d'eux un objet, un ton, des limites et des lois qui lui sont propres :

> Tout poème est brillant de sa propre beauté (1).

Un seul genre peut même se subdiviser en deux espèces distinctes : ainsi le genre dramatique se subdivise en tragédie et en comédie.

> Le *comique* ennemi des soupirs et des pleurs
> N'admet point dans ses vers de *tragiques* douleurs (2).

Cette séparation du rire et des larmes au théâtre a été considérée par les théoriciens classiques comme une nécessité de l'esthétique au premier chef. Le mélange des genres n'était pas seulement interdit du tragique au comique, mais encore d'un comique supérieur à un comique inférieur. Molière, au jugement de Boileau, n'a pas été docile à la pure doctrine pour avoir mêlé à des caractères sérieux et puissants des figures légères et badines :

> C'est par là que Molière, illustrant ses écrits,
> Peut-être de son art eût remporté le prix
> Si moins ami du peuple en ses doctes peintures
> Il n'eût point fait souvent grimacer ses figures,
> Quitté pour le plaisant l'agréable et le fin,
> Et, sans honte, à Térence allié Tabarin (3).

C'est là une quatrième unité que Boileau ajoute aux

---

(1) *Art poétique*. Chant II.
(2) *Id*. Chant III.
(3) *Id*. Ch. III.

trois autres sans lui donner de nom : on pourrait l'appeler *l'unité de ton*. Elle est une loi si essentielle du théâtre classique, que le premier effort des novateurs romantiques, en France, a porté contre la division des genres, et qu'ils ont revendiqué comme leur plus difficile victoire et leur plus précieuse conquête d'avoir recombiné le comique et le tragique de la vie humaine dans une synthèse vraie, qu'ils ont appelée le drame.

Il y a place ici pour deux objections. On pourrait dire :
1º Que ce ne sont pas les classiques français qui ont inventé la séparation des genres, puisqu'elle existait déjà sur la scène antique et qu'Horace la prescrit comme une loi du goût dans sa *Lettre aux Pisons*. Par conséquent ce serait aux anciens seuls, et non à la discipline cartésienne, que les auteurs dramatiques du XVIIᵉ siècle devraient cette application, au théâtre, de l'analyse et de l'abstraction.

2º Que ce ne sont point les romantiques français du XIXᵉ siècle qui ont tenté les premiers, en France, le mélange du comique et du tragique dans une même action, sous le nom de drame, puisqu'au XVIIIᵉ siècle Diderot a employé le terme et fait non seulement la théorie, mais l'essai même de la chose. Examinons d'abord la seconde observation : nous en aurons plus de clarté pour répondre ensuite à la première.

C'est un fait que Diderot a le premier essayé de renouveler le théâtre français et qu'il a fait la théorie d'une nouvelle conception dramatique, avec des modèles à l'appui. « J'ai essayé de donner dans le *Fils naturel* l'idée d'un *drame qui fût entre la comédie et la tragédie.* »

Au nom du naturel, il fait porter d'abord ses réformes sur l'aménagement matériel du théâtre, c'est-à-dire sur la mise en scène. Il développe ses réclamations sous quatre chefs : les personnages, les costumes, le décor, la pantomime.

Il demande en premier lieu que l'action soit jouée par des *hommes ordinaires*, et non par des personnages historiques ou des héros fictifs plus grands que nature.

En second lieu il exige que les costumes soient naturels ; il ne veut pas qu'un prisonnier sorte enrubanné d'un cachot, ou que des personnes de qualité qui viennent de faire naufrage et ont abordé à la nage dans une île, s'y retrouvent, comme certains seigneurs de la *Princesse de Clèves*, avec des habits assez secs et assez correctement ajustés, en dépit de l'eau de mer et de ce temps de natation, pour que, héros immaculés de cette inoffensive tempête, ils puissent reprendre incontinent leurs galants propos.

Diderot exige ensuite un *décor naturel* : c'est la conséquence de la réclamation précédente. Elle peut nous étonner aujourd'hui ; mais alors elle avait une grande valeur de nouveauté.

Enfin il s'efforce de créer la *pantomime* qui n'existait pas. Il pense que le poète, qui donne à l'acteur des paroles seulement, et qui lui livre ses vers sans plus s'occuper des gestes qui devront les accompagner, ne détermine que la moitié de l'action. Il lui appartient non seulement de diriger l'acteur quand il parle, mais encore de gouverner son silence et de lui imposer des attitudes calculées pour le temps où on lui donne la réplique.

Diderot applique sa théorie : de là l'aspect étrange du texte de ses pièces, qui est, à chaque instant, coupé par des parenthèses où le geste est indiqué, ou bien suspendu par de nombreux points qui interrompent la phrase, et laissent à la mimique de l'acteur le soin de l'achever.

Puis passant de la forme au fond, Diderot donne la classification suivante des types de poèmes dramatiques : « Voici donc le système dans toute son étendue : *La Comédie gaie*, qui a pour objet le ridicule et le vice. *La Comédie sérieuse*, qui a pour objet la vertu et les devoirs de l'homme. *La Tragédie qui aurait pour objet nos malheurs domestiques. La Tragédie qui a pour objet les catastrophes publiques et les malheurs des grands.* » Il pense enfin, en dépit de Boileau, qu'il faut autant de génie pour réussir dans l'un ou l'autre de ces quatre genres : « Si l'on croit qu'il y ait beaucoup plus d'hommes capables de faire Pourceaugnac que le *Misanthrope*, on se trompe (1). »

Si l'on cherche, d'après ce qui précède, quelle est la définition du drame suivant Diderot, on voit qu'elle n'implique pas le mélange du comique et du tragique dans la même action, mais seulement l'introduction dans la tragédie de personnages ordinaires, renfermés jusque-là dans la comédie. Le drame pour Diderot n'est donc qu'une espèce de tragédie ; c'est « cette tragédie qui aurait pour objet nos malheurs domestiques. »

La réforme de Diderot ne va donc qu'à ouvrir la scène tragique à des personnages qui jusque-là en avaient été exclus par leur condition inférieure. Par là il sauvegarde encore cette unité de ton, qui est une loi classique, puisque si les personnages du « Fils naturel » sont des bourgeois et non des héros ou des grands, du moins aucun élément comique ne se mêle-t-il à l'action tra-

---

(1) DIDEROT, *Lettre à Grimm sur la poésie dramatique.* Ed. DESNOY, Paris, 1798, pp. 440 et suivantes.

gique où ils sont impliqués. On y pleure d'un bout à l'autre, sans la moindre occasion de rire : les larmes même y sont si continues que le genre s'en est appelé : *Comédie lacrimatoire*.

Le drame romantique, au contraire, vise surtout à rompre l'unité de ton. Le principe esthétique du romantisme étant le rapprochement ces contraires, il tire ses effets de l'antithèse perpétuelle de la tristesse et de la joie, de la noblesse et de la bassesse, des événements insignifiants et des catastrophes profondes et retentissantes. Sans doute il introduit sur la scène tragique des personnages d'humble qualité, des hommes ordinaires, comme le voulait Diderot, mais à la condition qu'ils s'y rencontreront avec des grands, des héros, et qu'ils feront contraste avec eux. Chez Diderot il n'y a qu'un commencement d'opposition entre la grandeur des sentiments et la vulgarité des conditions ; chez les romantiques l'opposition est poussée à bout, puisque non seulement le drame donne des sentiments nobles aux petits et des sentiments petits aux nobles, mais que de plus il mêle dans la même action ces petits et ces nobles, et ajoute ainsi au contraste des conditions celui des sentiments. Il y a donc encore dans le drame de Diderot un élément très classique, c'est l'unité de ton. Il augmente le nombre des genres, puisque sa classification en admet quatre au lieu de deux ; mais il les laisse encore distincts et séparés.

Les romantiques, au contraire, n'admettent plus qu'un seul genre, mais un genre complexe qui les comprend tous, et qui laisse à la liberté de l'artiste la faculté de mélanger sous le nom de drame le comique et le tragique dans telle proportion qu'il lui plaît.

Examinons maintenant l'autre objection et voyons si

la séparation des genres n'est qu'un emprunt fidèle des classiques à l'esthétique de l'antiquité.

Pour ne point entamer ici une longue discussion littéraire qui ferait sortir ce travail des limites voulues, indiquons seulement les points essentiels dont la preuve est faite, soit par l'histoire et la critique, soit par nos remarques précédentes.

1º — L'art ancien n'a jamais exclu comme moyen l'opposition des contraires. Loin de là. Il a connu l'emploi du laid pour faire ressortir le beau. Il l'a subordonné à une harmonie finale dans laquelle il lui a savamment assigné un rôle. On connait la fameuse antithèse d'Achille et de Thersite. Nous savons aussi que la théorie esthétique de Platon se ressent de son dualisme métaphysique, et que pour lui la beauté ne réside pas dans une sorte d'unité primitive, indécomposable en éléments divers, mais bien plutôt dans une *unité synthétique*, qui s'est faite elle-même, en subordonnant harmonieusement des éléments épars et opposés, et en les soumettant, par une sorte de victoire sur les contraires, à la finalité esthétique.

Les classiques modernes ont compris l'unité tout autrement. Ils la cherchent par l'abstraction, tandis que les anciens la concevaient plutôt comme une synthèse et l'obtenaient par la conciliation. Ceux-ci faisaient entrer dans l'œuvre d'art tous les contraires, par une combinaison harmonieuse ; les autres ont préféré les éliminer le plus possible pour réduire l'œuvre d'art à un minimum, qui ne renfermât plus qu'un élément d'une seule nature.

Pour les anciens, même pour les spiritualistes, l'unité de l'homme est la résultante harmonieuse de l'âme et des organes : Platon dit que l'homme est un esprit servi par un corps, et Aristote que le corps est la matière dont l'âme est la forme.

Pour les modernes, l'unité de l'homme, c'est ce qui reste de l'homme quand l'abstraction spiritualiste en a éliminé la partie matérielle, pour n'en garder que l'essence spirituelle. En somme, pour les anciens, l'unité réside plutôt dans l'harmonie totale des parties, quand elles sont réunies en un ensemble, suivant un système ou dans un organisme. Pour les classiques, elle est dans chacune des parties seulement, quand la division, poussée jusqu'au bout, les a séparées.

De là, cette interprétation par les modernes de la loi des trois unités que les anciens ne leur avaient nullement laissée telle qu'ils l'ont comprise. De là aussi cette quatrième unité, l'unité de ton, qui est la conception originale de l'art classique et qui indique de sa part un suprême et excessif effort d'abstraction dont les anciens ne leur avaient donné ni le précepte ni l'exemple.

C'est qu'en effet pour obtenir cette unité de ton, les classiques modernes ont dû éliminer de leur tragédie plusieurs des éléments constitutifs de la tragédie antique. Ils ont été amenés ou bien à donner le même ton à des personnages qui, au naturel, n'ont ni le même langage, ni les mêmes manières, à cause de la différence de leurs conditions ; ou bien à ne réunir sur la scène tragique que des personnages de la même condition, des rois, des reines, des héros, en fermant ce milieu noblement homogène à toute figure et à tout caractère d'un ordre inférieur.

Par suite, la classe sociale des confidents, inventée par le génie classique pour les besoins de cette unité de ton, est une classe aristocratique, très voisine de la royauté. Ces suivants sont des courtisans, de grands seigneurs, qui parlent naturellement la langue de leur maître. Ou bien si, par exception, l'imitation plus scrupuleuse d'une fable antique ouvre la tragédie française, *Phèdre* par exemple, à un personnage de l'ordinaire, comme la *nourrice*, alors celle-ci est élevée du coup à la dignité de confidente et parle d'office le langage noble.

2° — L'art antique n'a jamais exclu de la scène tragique les personnages de condition inférieure. Il nous suffit de rappeler qu'on y trouve des bergers, des nourrices, des messagers, des esclaves, des enfants, etc.

Le chœur, qui joue un rôle constant dans la tragédie, est toujours composé d'hommes ou de femmes d'un rang très humble : matelots, captives grecques, vieillards thébains, bergers, soldats gardiens d'un camp, jeunes filles argiennes, etc.

3° — L'art antique n'a pas non plus remplacé par des récits les scènes réalistes qui ont si fort blessé la délicatesse du XVII° siècle. Il nous montre le sang d'Œdipe aveuglé, et les blessures d'Hippolyte mis en lambeaux par les pierres de la route. Le récit, qui éloigne l'action et cache la réalité pour n'en donner que l'idée et non la sensation, est encore une forme de l'abstraction classique que les tragiques anciens n'ont pas enseignée aux tragiques français.

En résumé, les artistes du XVII° siècle n'ont pas compris l'unité dramatique comme les anciens. Ils leur ont emprunté, si l'on veut, la loi de la séparation des genres, c'est-à-dire que d'après eux ils ont fait de la comédie et de la tragédie deux formes distinctes, avec leurs attributions propres. Mais à part cette grande division, les classiques français n'ont presque rien gardé ni de l'aménagement, ni du caractère, ni des lois esthétiques de la tragédie. Ils s'en sont créé un type à eux, noble et abstrait : pour le réaliser, ils se sont servis d'une méthode d'analyse, rationaliste en psychologie, que les anciens, s'ils l'ont quelquefois pratiquée en philosophie, n'ont jamais du moins appliquée au théâtre.

Il reste donc une place, et une large place pour l'influence cartésienne dans l'histoire de l'idéal et de la méthode dramatiques des classiques. On a dit bien souvent, et les classiques ont prétendu eux-mêmes, qu'ils étaient originaux dans l'imitation. La formule nous semble juste, mais à la condition qu'on l'explique, et qu'on place bien cette originalité là où elle est, c'est-à-dire dans la méthode analytique, et qu'on la fasse venir de là d'où elle vient, c'est-à-dire d'une application à l'art dramatique de cette méthode analytique enseignée par Descartes.

Pour que l'imitation des anciens ait pu être originale il a bien fallu que les modernes y aient mis quelque chose de moderne. Or, ce n'est pas l'emprunt des sujets qui est original, pas plus que celui des cadres dramatiques : il reste donc que ce soit la psychologie des personnages. Il a donc fallu, à notre avis, que la littérature classique, pour n'être pas toute d'imitation et d'après les anciens, tirât son originalité de ce qui était par-dessus tout original alors — la philosophie — de qui elle a pris sa méthode psychologique et son caractère de spiritualisme déductif.

Aux considérations précédentes il convient d'ajouter une dernière remarque qui, sans avoir la valeur d'une preuve, peut confirmer cependant cette solidarité que nous avons constatée entre la conception de la tragédie noble et abstraite et l'esprit cartésien.

Un fait curieux, sinon important, c'est que Corneille (qui d'une part ne s'est jamais soumis aux règles que par une condescendance subtile et rétrospective, et qui, d'autre part, n'aurait pu subir que par un anachronisme l'influence cartésienne) avait précisément conçu et tenté un genre dramatique, intermédiaire entre la tragédie et la comédie, qu'il ne savait comment nommer, mais qui depuis s'est appelé le drame. Il expose son invention, en 1650, dans l'épître dédicatoire de *Don Sanche*, à M. de Zuylichem.

On va voir que Diderot n'a pas fait autre chose que de la reprendre au siècle suivant; et si le drame, défini par le grand Corneille, n'a pas fait son entrée cent ans plus tôt sur la scène française, malgré la haute autorité d'un introducteur aussi illustre, ce n'est pas que la formule n'en ait été proposée aux classiques et connue d'eux, mais c'est que leur goût ne pouvait pas l'admettre, parce que ce goût était inspiré et réglé par une philosophie dont l'esthétique ne l'admettait pas. De sorte que le drame, qui s'est présenté sous le patronage de Corneille au théâtre du XVIIe siècle a été repoussé et différé jusqu'à Diderot, c'est-à-dire pendant le temps qui s'est écoulé entre l'avénement du cartésianisme et le commencement de sa décadence, ou du moins entre l'époque où il ne faisait que de naître et celle où la philosophie du sentiment et de la sensation diminua considérablement son empire.

Corneille avait un esprit d'invention que n'a jamais eu Racine. Il l'exerçait non seulement à trouver des sujets nouveaux, mais encore de nouvelles formes dramatiques (1). Or, étant donnés les deux genres extrêmes, la

---

(1) « Voici un poëme d'une espèce nouvelle, et qui n'a point d'exemple chez les anciens. Vous connaissez l'humeur de nos Français : ils aiment la nouveauté ; et je hasarde « non tam meliora quam nova » sur l'espérance de les mieux divertir. » A M. de Zuylichem, T. V. p. 404.

comédie et la tragédie, l'invention de Corneille fut attirée à en essayer des combinaisons. Il y en a deux qui s'offrent naturellement à l'esprit. Si l'on prend garde que les deux éléments d'une pièce sont d'une part l'*action*, de l'autre les *personnages*, on s'aperçoit qu'on peut les combiner de telle sorte que, ou bien on fera jouer des scènes de la vie ordinaire et une action commune à des personnages de qualité, ou bien que l'on emploiera des personnages ordinaires et communs à une action extraordinaire et tragique. Faire jouer la comédie par des rois et des héros, et faire jouer la tragédie par des bourgeois et des artisans, voilà deux variétés du genre dramatique qui semblent possibles et susceptibles d'être tentées.

Or ces deux combinaisons sont exposées par Corneille avec une netteté parfaite dans l'Epître à M. de Zuylichem. Voici l'ingénieuse psychologie dont Corneille se réclame pour justifier sa double conception et cette symétrie inverse de la tragédie comique et de la comédie tragique : « La tragédie doit exciter de la pitié et de la crainte, et cela est de ses parties essentielles puisqu'il entre dans sa définition. Or s'il est vrai que ce dernier sentiment ne s'excite en nous par sa représentation que quand nous voyons souffrir nos semblables, et que leurs infortunes nous en font appréhender de pareilles, n'est-il pas vrai aussi qu'il y pourrait *être excité plus fortement par la vue des malheurs arrivés aux personnes de notre condition à qui nous ressemblons tout à fait*, que par l'image de ceux qui font trébucher de leurs trônes les plus grands monarques, avec qui nous n'avons aucun rapport qu'en tant que nous sommes susceptibles des passions qui les ont jetés dans ce précipice, ce qui ne se rencontre pas toujours ? » Voilà bien la première combinaison : mettre dans le cœur d'hommes ordinaires comme nous de grands sentiments, de fortes passions et les mêler à une action tragique. Voici maintenant la seconde. Corneille continue : « Que si vous trouvez quelqu'apparence en ce raisonnement, et ne désapprouvez pas qu'on puisse faire une tragédie entre des personnes médiocres, quand leurs infortunes ne sont pas au-dessous de sa dignité, permettez-moi de conclure, a simili, que nous pouvons faire une comédie entre des personnes illustres, quand nous en proposons quelqu'aventure qui ne s'élève point au-dessus de sa portée. »

Ainsi, si l'on ajoute ces deux genres à la comédie et à la tragédie pures, le système dramatique de Corneille est plus riche que celui de Diderot. Il est vrai que Corneille ne donne point de noms à ces deux genres. Pour ce qui est du premier, il ne s'en occupe pas autrement qu'en passant et pour en indiquer la théorie, puisqu'il ne s'y est point essayé. Quant au second, dont la pièce de *Don Sanche* est justement un exemple, il propose plusieurs dénominations sans s'arrêter à aucune : « Je vous avouerai toutefois qu'après l'avoir faite (la pièce) je me suis trouvé fort embarrassé à lui choisir un nom. Je n'ai pu me résoudre à celui de tragédie, ne voyant que les personnages qui en fussent dignes. » Corneille ajoute qu'il n'a pas voulu faire comme le bonhomme Plaute qui n'eût pas manqué d'appeler sa pièce *tragi-comédie*. Ce serait « trop déférer au personnages et considérer trop peu l'action. » Il a pensé à l'appeler *comédie héroïque* « J'ajoute à celle-ci (comédie) l'épithète de *héroïque* pour satisfaire aucunement la dignité de ses personnages, qui pourrait sembler profanée par la bassesse d'un titre que jamais on n'a appliqué si haut. »

D'ailleurs Corneille ne se soucie pas outre mesure de trouver un nom pour sa pièce ni d'instituer pour elle une nouvelle classification dramatique ; ce titre n'est que provisoire et Corneille n'y tient pas autrement : « Mais, après tout, Monsieur, ce n'est qu'un *intérim*, jusqu'à ce que vous m'ayez appris comme je dois l'intituler. »

Voilà donc des cadres nouveaux proposés aux auteurs dramatiques du XVIIe siècle. Et par qui ? Par le grand Corneille lui-même, c'est-à-dire par le théoricien le plus autorisé, puisqu'il était en même temps celui qu'on a nommé le père du Théâtre français. Or ces nouveautés, qui étaient raisonnables et praticables, puisque l'art français y est revenu plus tard et semble s'y tenir depuis lors, ont-elles séduit par leur nouveauté même, ont-elles convaincu par leur origine, ont-elles tenté par un exemple, qui en somme n'est pas sans mérite (1), la jeune génération dont était Racine et qui eût dû, semble-t-il, écouter encore les leçons et s'en fier aux conseils du grand Corneille ? Nullement. Cette tentative pour rapprocher les genres ne fit point de disciples. Cette évolution, que l'action dramatique essayait en allant de l'unité à la complexité, se faisait à contre sens pour l'esprit de l'époque. Les écrivains qui avaient appris de Descartes à chercher le simple, ne pouvaient pas, sans contradiction, suivre Corneille quand il les invitait à chercher le compliqué ; il fallait choisir : ce fut Descartes qui l'emporta. La tragédie classique garda sa forme pure jusqu'au jour où, la trouvant épuisée par sa pureté même, Diderot se crut novateur en dirigeant contre elle une révolution moindre que celle que Corneille avait méditée entière et à demi entreprise.

(1) *Don Sanche* est une pièce intéressante qui, après quelques représentations heureuses, ne tomba que par le « refus d'un illustre suffrage » comme nous l'apprend Corneille lui-même.

10° ORDRE ET DÉDUCTION. — La littérature classique, après avoir accepté de Descartes la règle de l'évidence et la règle de l'analyse, ne pouvait pas ne pas se conformer à son troisième précepte qui est la conséquence logique des deux premiers, et que Descartes formule ainsi : « Le troisième, de conduire par ordre mes pensées, en commençant par les objets les plus simples et les plus aisés à connaître, pour monter peu à peu comme par degrés, jusqu'à la connaissance des plus composés ; et supposant même de l'ordre entre ceux qui ne se précèdent point naturellement les uns les autres (1). » Ainsi l'ordre est une nécessité pour l'esprit qui cherche le vrai.

Mais ici encore il faut déterminer la nature de cet ordre, comme nous avons plus haut déterminé celle de l'analyse. Quel est le caractère particulier de l'*ordre cartésien*? Car il n'est point de philosophe qui n'ait reconnu et proclamé la valeur logique de l'ordre. Tout système de penser, quel qu'il soit, implique un ordre, et tout esprit qui pense a nécessairement le sien, puisqu'il se fait en lui une certaine association d'idées qui constitue une suite et un enchaînement. Il y a donc un ordre subjectif de l'imagination et des sens, c'est-à-dire un arrangement personnel des impressions et des notions, dans lequel la pensée individuelle se reconnaît et dont elle possède la clef.

Mais cet arrangement, qui est un ordre véritable pour telle ou telle intelligence prise en particulier, est-il un ordre universel et qui puisse convenir à tous les esprits? Évidemment non, puisqu'il est l'œuvre de facultés variables et relatives, comme l'imagination et l'asso-

(1) *Disc. de la méth.*, 2e partie.

ciation des idées. Il y a donc aussi un autre ordre, composé uniquement d'éléments rationnels et qui, par suite, n'est pas un arrangement propre à un seul esprit, mais s'impose à tous. Or lequel des deux est l'ordre cartésien ? C'est évidemment le second. « ...Considérez, dit Descartes, que, n'y ayant qu'*une vérité de chaque chose*, quiconque la trouve en sait autant qu'on en peut savoir ; et que par exemple un enfant instruit en l'arithmétique, ayant fait une addition suivant les règles, se peut assurer d'avoir trouvé, touchant la somme qu'il examinait, tout ce que l'esprit humain saurait trouver ; car enfin la méthode qui enseigne à trouver *le vrai ordre* et à dénombrer exactement toutes les circonstances de ce qu'on cherche, contient tout ce qui donne de la certitude aux règles d'arithmétique. » Ainsi il y a un vrai ordre : il est universel et nécessaire. Il doit donc être tel qu'il ne convienne pas seulement à l'esprit de Descartes, mais qu'une fois trouvé, il s'impose à la raison humaine elle-même.

Nous avons déjà relevé la contradiction qu'il y a entre cette conception de la méthode et la façon dont Descartes la présente. En effet il la donne comme une marche personnelle de sa pensée, qui peut n'être bonne que pour lui et qu'il propose aux autres, sans les contraindre nullement à s'en servir. Par là, il laisse à sa méthode un caractère de personnalité et d'originalité qui pourrait faire croire qu'entre les deux ordres dont il est question plus haut, c'est précisément l'ordre individuel qu'il a choisi et adopté. A ce compte les littérateurs classiques, en condamnant l'imagination et la fantaisie, en diminuant, comme nous l'avons vu, jusqu'à l'anéantir, le rôle esthétique des facultés individuelles, auraient pris le contrepied de Descartes ; et par conséquent il y aurait absurdité à prétendre que l'esthétique des uns procède de la logique et de la métaphysique de l'autre. Mais ici encore nous avons la preuve que cette contradiction n'est qu'une apparence ; l'originalité de Descartes consiste justement à trouver le moyen unique de raisonner d'une façon commune et universelle : sa personnalité ne réside pas dans la singularité de ne pas penser comme tout le monde, mais dans l'ambition plus haute de penser le premier de telle façon que tout le monde soit amené à penser comme lui.

Voilà déjà un premier point acquis : l'ordre cartésien, c'est l'ordre qui doit être commun à tous les esprits.

Mais cette détermination n'est pas suffisante ; car si l'ordre qui va du simple au composé est scientifique, celui qui va du composé au simple ne l'est pas moins. Il faut donc choisir encore entre deux formes également universelles de l'ordre intellectuel : la déduction et l'induction. Or, l'ordre cartésien est déductif : les termes de Descartes sont catégoriques : il va du simple au composé. De sorte que le *Discours de la méthode* n'est pas le Discours *de toute* la méthode, mais d'une moitié seulement. La double échelle dont parle Bacon y est dédoublée. Ainsi, l'ordre cartésien est impersonnel et déductif.

Si nous passons maintenant de la logique à l'art nous verrons que l'ordre que Boileau exige de l'écrivain est également déductif et impersonnel, c'est-à-dire qu'il procède de la raison et non de l'imagination.

Il faut de l'ordre dans tous les genres : voici la formule générale du précepte :

> Il faut que chaque chose y soit mise en son lieu :
> Que le début, la fin répondent au milieu.

> Que d'un art délicat les pièces assorties,
> Ne fassent qu'un seul tout de diverses parties,
> Que jamais du sujet le discours s'écartant,
> N'aille chercher trop loin quelque mot éclatant (1).

Plus loin Boileau revient encore sur la même idée :

> Un poème excellent où tout marche et se suit
> N'est point de ces travaux qu'un caprice produit (2).

Ici l'opposition est bien nette entre la fantaisie et la raison.

Dans les genres mêmes qui sembleraient par leur caractère exclure l'ordre et se prêter plutôt à la fantaisie et au caprice, il faut encore que cette incohérence pittoresque des parties soit voulue et consciente :

> Il faut, même en chansons, du bon sens et de l'art (3).

Pour aller jusqu'au bout de sa pensée, Boileau veut enfin que le hasard, quand il figure dans les œuvres d'art, soit calculé par la réflexion et que le désordre lui-même soit encore un ordre. Il dit en parlant de l'Ode :

> Son style impétueux souvent marche au hasard :
> Chez elle, un beau désordre est un effet de l'art (4).

Mais où l'ordre est le plus nécessaire, c'est au théâtre. Et Boileau y insiste en faisant à ce genre dramatique une application particulière et détaillée du précepte de l'ordre dans les vers suivants :

> 1° Que dès les premiers vers l'action préparée
> Sans peine du sujet aplanisse l'entrée.

---

(1) *Art. poét.*, Chant I.
(2) *Id.*, Chant III.
(3) *Id.*, *Ibid.*
(4) *Id.*, Chant II.

2º   Que l'action marchant où la raison la guide
      Ne se perde jamais dans une scène vide.

3º   Que le trouble toujours croissant de scène en scène
      A son comble arrivé se débrouille sans peine (1).

Enfin, pour compléter ces trois formes de l'ordre dramatique, rapprochons-en les trois vers suivants qui accentuent encore leur caractère de logique déductive :

>   ...La scène demande une exacte raison.
>   ...Les scènes toujours l'une à l'autre liées (2).
>   ...La raison pour marcher n'a souvent qu'une voie (3).

Ainsi la succession des scènes doit être une suite logique ; cette suite logique est l'œuvre d'une exacte raison, et comme la raison n'a souvent qu'une voie, c'est-à-dire qu'il y a une manière, unique si elle est parfaite, d'arranger les scènes dans l'ordre le meilleur, l'art dramatique admet cet *ordre vrai* dont Descartes nous donnait tout à l'heure la définition.

Si donc deux auteurs de génie traitaient le même sujet, et s'ils atteignaient, chacun de son côté, à la perfection, ils devraient se rencontrer dans deux compositions très voisines, sinon même dans un seul ordre commun. La logique de l'action, qui réside dans l'action même, imposerait son enchaînement unique à la raison de l'un et de l'autre. L'ordre esthétique tend donc à l'universalité, comme l'ordre logique : c'est une perfection pour lui d'être, autant qu'il le peut, impersonnel.

Par là nous revenons encore à cette théorie de l'imitation qui est la conséquence nécessaire de la doctrine classique. L'ordre, qui en somme n'est qu'une forme, pourra bien être pour un temps original en littérature

(1) *Art poét.*, Chant III.
(2) *Id., Ibid.*
(3) *Id.*, Chant I.

comme il l'a été en philosophie avec Descartes. Mais dès qu'un critique aura démontré que l'ordre admis par tel grand écrivain est le meilleur, le plus conforme à la raison, en un mot l'ordre *vrai*, tous les écrivains qui viendront ensuite ne seront raisonnables qu'à la condition d'adopter cet ordre vrai, ce qui revient en définitive à emprunter la forme d'un autre, c'est-à-dire à imiter.

Reprenons maintenant les trois premiers préceptes qui portent sur la marche du drame. Il est incontestable qu'ils s'accordent tous trois pour prescrire à l'auteur d'aller du simple au composé.

Si l'on voulait bien enlever au syllogisme, pour un instant, cet aspect de mécanisme que la banalité des exemples choisis lui a donné, et si l'on pouvait le considérer au point de vue dramatique, on s'apercevrait que les trois propositions correspondent exactement à l'exposition, à la crise et au dénoûment, et que leur ensemble constitue une véritable action. Il est certain que le syllogisme : « *Tout homme est mortel*, etc. » n'est pas fait pour aider à ce point de vue : car, tandis que le dénoûment d'une pièce doit être toujours plus ou moins une surprise, dans ce type de déduction si fastidieusement répété, la conclusion étant presque plus présente à l'esprit que les prémisses, il n'y a pour l'esprit aucun étonnement à y arriver et par conséquent aucun sentiment de progrès de la première proposition à la dernière. Le dénoûment ici est aussi connu que l'exposition, et il n'y a pas de crise.

Mais quand les termes du syllogisme sont des notions moins communes, le sentiment de la gradation renaît, et de fait la gradation existe. Nous allons voir qu'elle suit la même marche que la gradation dramatique.

La majeure est une affirmation aussi simple et aussi

claire que doit l'être l'exposition ; comme l'exposition elle implique et annonce une question. On ne pose pas un jugement pour ne point s'en servir ; de même on ne met pas en scène, au premier acte, des personnages avec un caractère, des passions déterminées, sans donner un objet à leurs passions et une tendance active à leur caractère. Aussi la majeure appelle-t-elle et prépare-t-elle une mineure, comme l'exposition appelle une action et prépare un événement.

La mineure est une véritable crise pour le raisonnement ; en effet un personnage nouveau, le moyen terme, vient d'être introduit. Il y a donc complication pour la pensée, puisqu'elle est forcée de porter son attention sur une situation nouvelle, à savoir la relation du petit terme avec le moyen. De plus il y a pour la pensée une attente : elle reste en suspens tant qu'elle ne voit pas quel rôle est venu jouer ce moyen, et s'il sépare ou s'il unit les termes extrêmes. Voilà où réside l'intérêt du syllogisme : dans le choix et dans l'œuvre du moyen. La conclusion, c'est-à-dire le dénoûment, dépend de lui. Va-t-il lier ? va-t-il disjoindre ?

Si le raisonnement s'arrêtait là, l'esprit ne serait pas plus satisfait de se passer de conclusion, que si le rideau se baissait sur la crise, sans dénoûment. Il faut donc que cette complexité provisoire se simplifie, et que la pièce, comme le syllogisme, se termine sur une situation simple et nette comme celle du commencement. Dans le syllogisme, le moyen, cause temporaire de cette complexité, disparaît de la conclusion : il n'y reste plus que les deux personnages de l'exposition, le grand et le petit terme, dont le rapport est définitivement réglé. L'esprit se retrouve alors devant la question, mais devant la question résolue. Au théâtre, même retour à la simplicité initiale ; c'est, la plupart du temps, le rival qui est éliminé, ou un obstacle qui disparaît, comme tout à l'heure le moyen terme, et la pièce conclut par l'union des deux amants, restés seuls en présence.

Ainsi le syllogisme et l'action dramatique, chez les classiques, partent également du simple, passent par un moment de complication et reviennent au simple.

Boileau a marqué très nettement ces trois étapes :

> Que le trouble, toujours croissant de scène en scène,
> A son comble arrivé se débrouille sans peine ;
> L'esprit ne se sent point plus vivement frappé
> Que, lorsqu'en un sujet d'intrigue enveloppé
> D'un secret tout à coup la vérité connue
> Change tout, donne à tout une face imprévue.

Le trouble croissant, c'est le passage du simple au composé ; le comble, c'est la crise, c'est-à-dire le moment d'obscurité et d'attente où l'esprit ne prévoit pas quel sera l'effet produit par l'introduction d'un moyen terme. Le secret connu c'est la conclusion qui fait cesser le doute et détermine cet effet, après l'expulsion de ce moyen terme.

Il va sans dire que cette assimilation de la marche du drame à celle du syllogisme ne prétend pas être d'une rigueur absolue. Il y a, dans l'humanité vivante et agissante, un élément de contingence qui ne se trouve pas dans le rapport nécessaire que les idées peuvent avoir entre elles ; aussi notre comparaison porte-t-elle plutôt sur la forme et la division que sur le fond lui-même.

A y regarder de près, une pièce de théâtre offre un double aspect, suivant qu'elle est vue par l'auteur ou par le spectateur.

L'auteur doit connaître d'avance son dénoûment ; c'est

même ce qu'il doit arrêter tout d'abord : car le conseil de Pascal semble encore plus juste au théâtre que partout ailleurs, et la dernière chose dont on ait à se préoccuper c'est celle qu'on devra mettre la première. Pour l'auteur, l'ordre du drame est donc véritablement déductif, puisque l'auteur arrange ses prémisses pour sa conclusion, dont il est le maître et dont il a le choix. Il peut sans doute mal choisir cette conclusion et la prendre en dehors de la vérité et de la nature. Mais cette erreur n'est point une faute de logique, si les prémisses sont bien d'accord avec la conclusion : c'est une faute d'observation et de goût, qui n'enlève rien à la rigueur de la déduction. On sait qu'on peut faire dire très correctement au mécanisme syllogistique des choses absurdes.

Prenons par exemple *Bérénice*, qui est la pièce la plus simple du répertoire classique et qui peut être considérée comme le type le plus parfait de la tragédie sans action. Plaçons-nous au point de vue de l'auteur, et en admettant qu'il lui en coûterait peu de n'être point exactement fidèle à l'histoire, si cette infidélité lui suggérait un dénoûment d'un plus grand effet que le dénoûment authentique, voici comment se pose pour lui la question de son drame: Titus placé entre son amour et sa dignité d'empereur romain qui sont inconciliables, choisira-t-il d'épouser Bérénice pour satisfaire sa passion, ou de la renvoyer pour obéir au vœu de son peuple? — Voilà donc deux dénoûments possibles, et c'est l'auteur qui va choisir entre les deux. Le premier acte de sa pensée sera donc d'éliminer l'une des deux solutions contradictoires et de s'arrêter à l'autre. Pour lui l'alternative n'existe pas; et quand il construit sa pièce, il en enchaîne les parties successives en vue de cette fin dont il est convenu avec lui-même. Il ne va donc pas du connu à l'inconnu, mais bien plutôt du même au même : car c'est sa conclusion, déjà présente, qui décide de ses prémisses ; il les compose et les arrange de telle façon qu'elles renferment bien la conclusion qu'il a adoptée, et non une autre ; en un mot c'est lui qui choisit son moyen, en vue de ce qu'il veut démontrer. Il opère donc comme le logicien qui possède déjà la matière de son raisonnement et qui lui donne la forme syllogistique, non pour lui-même, car il n'en a pas besoin, mais pour le communiquer aux autres. Il est bien dans la situation dont parle Descartes : « Les dialecticiens ne peuvent former aucun syllogisme qui conclue le vrai, sans en avoir en avant la matière, c'est-à-dire sans avoir connu d'avance la vérité que ce syllogisme développe (1). »

Mais si l'auteur dramatique doit connaître cette vérité, c'est-à-dire son dénoûment, il faut que le spectateur l'ignore, et que l'habileté de l'auteur la lui laisse ignorer le plus longtemps possible. De là pour le spectateur un point de vue tout différent : tandis que l'auteur construit et voit la pièce par déduction, le spectateur, lui, doit la voir et la suivre par induction. En effet son esprit va du connu à l'inconnu ; à chaque pas que fait l'action, il s'efforce de conclure de ce qu'il sait ce qu'il ne sait pas encore ; il prévoit ce qui pourra suivre, mais sans être jamais sûr de prévoir juste, si l'auteur a l'art d'entretenir son attente, et de reculer le moment de sa certitude. Faire durer la mineure, voilà le suprême talent de l'artiste. Se complaire à cette durée, et n'être ni déconcerté par un dénoûment inattendu, ni distrait de l'action par un dénoûment prématurément visible, voilà le plaisir du

---

(1) *Règles pour la direct. de l'esprit*, T. XI, p. 256.

spectateur. On pourrait dire que pour celui-ci, le drame se présente sous la forme d'un dilemme inverse. Le dilemme régulier est un argument tel que, étant données deux prémisses contradictoires, elles n'admettent néanmoins qu'une seule conclusion. Par exemple, que Titus épouse ou non Bérénice, Antiochus sera également malheureux. Au contraire le dilemme dramatique qui se présente à l'esprit du spectateur est tel que, étant donnée au début une situation unique, cette situation admet deux conclusions contradictoires : *prémisses :* Titus aime Bérénice ; *conclusion double et contradictoire :* ou bien il l'épousera, ou bien il ne l'épousera pas. Au courant de l'action, il faut que le spectateur sente l'auteur libre jusqu'au bout de choisir entre ces deux conclusions, quand dès les premiers vers l'auteur a déjà choisi.

Puis, quand le spectateur est arrivé au dénoûment et qu'il est en possession de la vérité finale, il peut, et c'est ce que fait d'ordinaire le critique, laisser là l'induction, qui ne lui sert plus de rien, et se placer à son tour au point de vue de l'auteur. C'est alors seulement que la pièce lui apparaît comme un syllogisme, et que la marche de l'action et l'enchaînement des scènes prennent cet aspect déductif qu'ils ne pouvaient pas avoir tant que la conclusion lui demeurait cachée. C'est alors que le lecteur se demandera par exemple si, à tel moment, Titus n'est pas trop amoureux pour en arriver si vite à dominer son amour, et si ces prémisses de passion si forte et si sincère admettent bien, pour conclusion, cet empire de la volonté et cette impassibilité politique que Racine en fait sortir.

Ainsi, l'esprit du spectateur parcourt la tragédie pour ainsi dire en deux sens, dans le *sens inductif* d'abord, puis une seconde fois dans le *sens déductif* : avec l'un, il fait la vérification de l'autre : une fois la pièce entendue jusqu'au bout et sa curiosité satisfaite par le dénoûment, il construit à son tour son syllogisme avec la matière du drame qu'il possède à présent tout entière, et il juge si, de ces deux dénoûments contradictoires mais également possibles que le dilemme dramatique lui présentait tout à l'heure, l'auteur n'a rendu définitivement possible que celui qu'il a adopté. Si, étant donné la construction de la pièce, le dénoûment écarté par l'auteur ne semble au spectateur ni invraisemblable ni impossible ; si, en gardant les prémisses de Racine et la marche de son drame, nous pouvons arriver logiquement à une autre conclusion que la sienne, c'est que la pièce est mal faite parce que la déduction en est inexacte : la tragédie est un paralogisme.

L'analyse qui précède répond d'avance à l'objection suivante. On pourrait prétendre, en effet, que la logique dramatique est inductive et non déductive. Car aller de l'exposition, qui est tout d'abord expliquée, au dénoûment qui se fait attendre, c'est aller du présent à l'avenir, du connu à l'inconnu. Or, c'est là précisément la marche propre de l'induction. Mais nous venons de montrer que ce développement inductif de l'action dramatique n'est vrai que quand on se place au point de vue du spectateur ; et encore la pièce n'a-t-elle pour lui cet aspect que pendant le temps où elle se déroule devant lui ; dès qu'il la possède tout entière et que l'inconnu de tout à l'heure est devenu pour lui le connu, il lui rend sa forme syllogistique et la juge avec les règles de la déduction.

Quant à l'auteur, qu'il ait trouvé son sujet par induction, ou par invention, ou qu'il l'ait emprunté à l'histoire, peu importe : l'ordre suivant lequel il enchaine les événements et lie les scènes est un ordre exclusivement déductif. Boileau, d'ailleurs, dans son *Art poétique*, se place bien plus au point de vue de l'auteur qu'à celui du spectateur : c'est au poète qu'il s'adresse pour lui enseigner l'art de la composition et lui en fixer les règles : comme toujours il se désintéresse de l'origine du poème : il ne dit point s'il faut tirer la fable dramatique ou du théâtre ancien par imitation, ou de l'histoire, ou de l'expérience psychologique, ou enfin la concevoir comme une œuvre de pure imagination. Sans doute ce choix d'un sujet impliquerait l'emploi de facultés autres que la raison ; l'observation et l'esprit créateur y joueraient un rôle considérable. Mais Boileau n'a pas à déterminer ce rôle, puisqu'il suppose une matière donnée, et qu'il borne son enseignement esthétique à rechercher suivant quelles lois cette matière sera mise en œuvre par la raison. De même donc qu'en logique, le syllogisme présuppose une matière qui a pu être antérieurement acquise par les facultés intellectuelles autres que la déduction, de même Boileau n'étudie pas, comme a pu faire Aristote, par exemple, les conditions intrinsèques du beau tragique, mais seulement la forme rationnelle que les lois de l'esprit imposent à un sujet quelconque de l'ordre dramatique, pour qu'il devienne une bonne tragédie. Il admet une matière donnée, bien choisie sans doute, mais dont il s'occupe peu de régler le choix : ce qu'il règle, au contraire, avec une précision rigoureuse, c'est la forme parfaite que cette matière revêtira.

Une autre objection consisterait à faire remarquer que le drame déductif n'est pas exclusivement classique. Les romantiques, eux aussi, ont prétendu assimiler leurs drames à des syllogismes et démontrer la vérité logique de leurs dénoûments (1). Souvent même ils ont exagéré la soi-disant rigueur scientifique du développement dramatique, en s'inspirant des théories positivistes pour déterminer les caractères et expliquer les actes de leurs personnages par des influences de milieu, d'éducation, d'hérédité (2).

Sans rechercher ici si ces prétentions sont justifiées par les œuvres, il suffira de répondre que les romantiques ont été les premiers à ruiner la conception de l'unité de perfection, si chère aux classiques, et qu'un de leurs dogmes auquel ils tiennent le plus, c'est la substitution de l'ordre personnel dans les œuvres d'art à l'ordre universel. Tandis que les classiques s'efforçent de faire prévaloir et dominer dans leurs productions la raison commune, les romantiques développent à outrance l'expression de la *personnalité*. Ceux-ci revendiquent pour ainsi dire la liberté de la déduction, tandis que les premiers pensaient que la déduction parfaite n'admet qu'une seule forme nécessaire. C'est qu'à vrai dire les romantiques appellent déduction ce qui n'est que la simple association des idées ; ils prétendent donner une valeur rationnelle à l'enchaînement individuel, suivant lequel l'imagination de chacun lie ses conceptions ; et voilà comment chacun réclame pour soi le droit d'avoir une déduction à soi, avec des règles originales.

Ils entendent donc par déduction tout autre chose que les classiques, puisque, pour eux, déduire c'est exprimer

---

(1) « C'est une grande et belle chose que de voir se déployer avec cette largeur un drame où l'art développe puissamment la nature, un drame où l'action marche à la conclusion d'un pas ferme et facile. » V. Hugo. (Préface de *Cromwell*.)

(2) « .. Si le poète doit *choisir* dans les choses (et il le doit), ce n'est pas le *beau*, mais le *caractéristique*. » *Ibid*.

sa personnalité par un ordre particulier, tandis que pour les écrivains du XVIIe siècle, déduire c'est se rencontrer dans un ordre commun, qui est le meilleur, avec tous les esprits qui pensent bien.

LIVRE IV.

Conséquences indirectes de l'influence cartésienne sur la littérature classique.

Nous sommes arrivés au terme de cette étude comparée des règles de la méthode cartésienne et des principes ou des lois de l'esthétique classique. Sur les principes comme sur les lois, nous avons trouvé Boileau toujours d'accord avec Descartes.

Si nous sortons du détail, que nous croyons avoir épuisé, nous verrons que cet accord se poursuit dans quelques grands traits qui sont communs au cartésianisme et à l'art du XVIIe siècle. Quoiqu'ici l'influence de Descartes sur la littérature classique soit plus lointaine, il faut néanmoins signaler dans cette littérature quatre caractères qu'elle semble devoir à cette influence :

1° *L'élimination du burlesque.*

2° *L'élimination de la nature.*

3° *La tendance à l'optimisme.*

4° *L'absence du point de vue moral.*

I.

L'ÉLIMINATION DU BURLESQUE.

Nous avons remarqué plus haut que Boileau n'a point discuté la valeur des différents genres dont il a donné les règles. Il n'a pas eu par conséquent à condamner les uns et à justifier les autres, au nom d'un principe esthétique. Tandis que les haines romantiques, qui ont éclaté au commencement de ce siècle, ont visé surtout un système d'art, et se sont soulevées, non contre des personnalités, mais contre un régime tout entier, — le régime classique représenté par ses bons comme par ses mauvais écrivains, — Boileau n'a fait porter ses rancunes littéraires que sur des personnes, et non sur des théories. Quand il s'en prend à Brébeuf, par exemple, c'est Brébeuf lui-même et non le genre épique qu'il rend responsable ; il ne lui reproche pas d'avoir fait une épopée, mais de l'avoir faite détestable. Pour Boileau il semble qu'il n'y ait pas de mauvaises formes de poésie, parmi les formes connues, mais seulement de mauvais poètes.

Il faut cependant constater une exception qui est d'autant plus importante qu'elle est unique. Il y a un genre que Boileau a condamné avec une rigueur inexorable et auquel il a formellement refusé le droit de vivre : c'est le *burlesque*. Voici la sentence bien connue :

> Quoi que vous écriviez évitez la bassesse :
> Le style le moins noble a pourtant sa noblesse.
> Au mépris du bon sens le burlesque effronté
> Trompa les yeux d'abord, plut par sa nouveauté.

> On ne vit plus en vers que pointes triviales ;
> Le Parnasse parla le langage des halles.....
> ....
> Que ce style jamais ne souille votre ouvrage :
> Imitons de Marot l'élégant badinage
> Et laissons le burlesque aux plaisants du Pont-Neuf (1).

Voilà donc le burlesque chassé du Parnasse et relégué dans l'humiliant exil du Pont-Neuf « avec les vendeurs de mithridate et les joueurs de marionnettes. » Ainsi tout l'esprit de Scarron, toute la verve endiablée de d'Assouci, toute l'imagination généreuse et téméraire de Bergerac ne suffisent pas à créer un genre durable et digne de compter. Leur invention, ou tout au moins leur imitation originale de l'italien, doit être regardée comme un moment d'égarement, une sorte de fronde littéraire, oubliée et reniée comme l'autre par le régime noblement raisonnable qui suivit.

Nous n'avons pas à faire ici l'histoire du burlesque, ni à rechercher s'il mérite d'être défendu (2). Voyons seulement s'il était compatible avec l'esthétique de Boileau.

Il est presque superflu de se faire une question du sentiment que Descartes pouvait bien avoir sur le burlesque. Quand bien même nous n'aurions pas l'allusion dédaigneuse qu'il y fait dans une lettre à Balzac, il nous suffirait de la dignité de pensée et de cette passion de bon sens et de raison qui caractérise le cartésianisme, pour être convaincus que le burlesque n'aurait pas trouvé de place dans son esthétique.

Mais pourtant il est peut-être un côté par lequel le

---

(1) *Art poét.* (Chant I.)
(2) Voir sur le burlesque une spirituelle défense de FONTENELLE, *Dialogue de Scarron et de Sénèque dans les enfers.*
Voir aussi : P. ALBERT, *La Littérature Française au XVIIᵉ siècle : Les Représentants du burlesque.*

burlesque aurait pu se faire goûter de quelques cartésiens. En effet, il s'est volontiers diverti à faire la charge de l'antiquité. Scarron rend ridicules les héros de l'*Énéide* et diminue par là plus ou moins le respect et l'admiration traditionnels que les lettrés entretenaient pour la grande épopée latine. De fait Scarron ne combat-il pas dans les rangs des *modernes*, non pas sans doute avec la gravité de Perrault, mais avec une légèreté peut-être plus habilement aggressive et plus sûre de ses coups ? Ne se rencontre-t-il pas alors avec Malebranche qui, dans le cours de son beau livre sur la *Recherche de la vérité*, s'est distrait un instant de sa sérénité philosophique pour se moquer durement du vieil Homère et parodier Aristote ? Pourquoi cette hostilité commune contre les anciens n'aurait-elle pas rapproché en un point les philosophes de la raison et les poètes de l'extrême fantaisie ? Le burlesque aidant à sa manière à ruiner le prestige de l'antiquité aurait pu, à ce titre, trouver grâce devant les rationalistes du temps.

Mais rien n'autorise cette hypothèse ; aucun document ne nous révèle la moindre avance faite au burlesque par quelque cartésien. Nous savons seulement au contraire que Cyrano de Bergerac était l'élève de Gassendi, qu'il avait néanmoins de l'admiration pour Descartes, mais qu'il ne lui pardonnait pas sa théorie de *l'Animal-Machine*.

Si maintenant nous cherchons les raisons qui ont dirigé Boileau dans sa guerre au burlesque, nous allons constater qu'elles dérivent toutes de ces principes esthétiques, qui eux-mêmes dérivent de la méthode cartésienne.

1º Le burlesque, comme nous l'avons indiqué plus

haut, n'est pas susceptible d'être soumis à des règles. Un genre qui exclut la raison, et ne se soutient que par l'imagination, ne peut pas recevoir de lois générales. La fantaisie est essentiellement personnelle. Avec elle, on ne peut point discuter ; elle a toujours raison de faire ce qu'elle fait, puisqu'elle fait ce qui lui plaît, et n'a point d'autre loi. Or Descartes et Boileau cherchent avant tout, l'un pour le goût, l'autre pour l'entendement, des préceptes universels, et ils n'estiment que les facultés dignes et capables d'en recevoir. Un art sans règles ne vaut pas mieux qu'une science sans lois.

2° Le burlesque, malgré l'élément de fantaisie qu'il renferme et qui semblerait devoir le développer dans un sens idéaliste, tend au contraire, avec Scarron surtout, au réalisme le plus cru.

Il est donc encore antipathique par là à l'idéalisme classique.

3° En se moquant des héros anciens, et par contre-coup des poètes qui les ont chantés, et aussi des modernes qui admiraient leurs chants, il se met en contradiction avec cette théorie de la perfection unique, qui veut que le beau soit toujours vrai, et que les changements de goûts et de mœurs soient impuissants à le diminuer. En effet, ce que le burlesque reproche aux anciens c'est de n'être point des hommes du XVIIe siècle. Ce par quoi il les rend ridicules, c'est cet élément contingent qui se compose du costume, des usages, des formules de langage, du cérémonial de la vie, dont Boileau et son école faisaient abstraction pour ne tenir compte que de l'élément universel, les passions, les sentiments humains, l'éternelle nature sur lesquels l'ironie de la mode changeante ne peut pas mordre, parce que la mode passe et que la nature, qui lui survit, a toujours le dernier.

Si donc le burlesque avait un sens esthétique et s'il impliquait quelque théorie littéraire, ce serait celle-ci : « Il faut rire des vieilles choses qui ont le tort de ne plus satisfaire le goût du jour : que la littérature vive d'actualité ! rien ne vaut que ce qui est réel, vivant, et présent. » Or Boileau professe justement la doctrine tout opposée : de là sa haine et son mépris pour ce genre frondeur et sceptique qui s'ingénie à souligner la contingence des choses humaines, comme si l'art véritable ne consistait pas au contraire à s'affranchir de cette contingence, à la cacher, à la nier et à donner à la raison la noble illusion de son inaltérable identité.

4° Le burlesque est en révolte aussi contre la loi de l'unité, et surtout de l'unité de ton, la plus chère à l'école classique. En faisant parler les « héros comme des crocheteurs, » il institue une contradiction permanente entre la condition des personnages et leur langage. Or cette contradiction est d'autant plus insupportable à Boileau, qu'au lieu d'élever les sujets bas, elle rabaisse les sujets élevés. Le burlesque tend donc à chasser la noblesse de la littérature, au moment même où la littérature s'impose pour première loi de communiquer la noblesse à tout ce qu'elle touche :

Le style le moins noble a pourtant sa noblesse.

Cela est si vrai que Boileau lui-même, en un jour de bonne humeur et pour répondre à un défi, s'est avisé, comme il nous le raconte, d'un autre burlesque, qui aurait précisément pour objet d'augmenter le domaine de cette noblesse littéraire en l'attribuant, par une fiction de l'art, à des êtres et à des choses qui ne l'ont pas naturellement. Voici comment il s'en explique dans la préface de son *Lutrin* : « C'est un burlesque nouveau dont je me suis avisé en notre langue; car, au lieu que dans l'autre burlesque, Didon et Énée parlaient comme des harengères et des crocheteurs, dans celui-ci un horloger et une horlogère parlent comme Didon et Énée (1). » Ainsi tandis que le burlesque enlève la noblesse a ce qui l'a, l'art classique s'efforce de la donner à ce qui ne l'a pas.

5º Le burlesque pèche encore autrement contre l'unité. Il fait prêcher la sagesse par la folie, et prétend être philosophe par humeur et non par raisonnement. Il reprend la métaphysique au « bon sens, » pour la livrer à la verve de l'imagination. C'est ce que Fontenelle a bien marqué dans son *Dialogue de Scarron avec Sénèque:*

SCARRON: ... Oui, j'ai même été l'inventeur d'un genre de poésie qu'on appelle le burlesque. C'est tout ce qu'il y a de plus outré en fait de plaisanterie.

SÉNÈQUE: Mais vous n'étiez donc pas un philosophe?

SCARRON: Pourquoi non?

SÉNÈQUE: Ce n'est pas l'occupation d'un stoïcien que de faire des ouvrages de plaisanterie et de songer à faire rire.

SCARRON: Oh! je vois bien que vous n'avez pas compris les perfections de la plaisanterie. TOUTE SAGESSE Y EST RENFERMÉE. On peut tirer du ridicule de tout. J'en tirerais de vos ouvrages même, si je voulais et fort aisément : mais tout ne produit pas du sérieux, et je vous défie de tourner jamais mes ouvrages de manière qu'ils en produisent. Cela ne veut-il pas dire que le RIDICULE DOMINE PARTOUT, et que les choses du monde ne sont pas faites pour être traitées sérieusement? J'ai mis en vers burlesques la divine *Énéide* de votre Virgile, et l'on ne

---

(1) *Le Lutrin*: Avis au lecteur.

saurait mieux faire voir que le magnifique et le ridicule sont si voisins qu'ils se touchent. Tout ressemble à ces ouvrages de perspective où des figures dispersées çà et là vous forment, par exemple, un empereur, si vous le regardez d'un certain point ; changez ce point de vue, ces mêmes figures vous représentent un gueux (1). »

L'art classique ne veut voir et montrer que les empereurs, jamais les gueux. Sénèque répond à Scarron, ce que Boileau lui-même lui eût répondu : « Je suis certain que votre prétendue sagesse n'était pas un effet de votre RAISON, mais de votre TEMPÉRAMENT. » Et nous savons que Boileau, qui avait moins de tempérament que de raison, prescrit à l'artiste de suivre la raison plutôt que son tempérament.

A y regarder de près, le burlesque (qu'on appelait aussi le grotesque) a été une échappée d'esprit romantique au XVII° siècle (2). C'est ce qui explique que, d'instinct, Boileau l'ait combattu comme le véritable ennemi.

Il faut noter aussi que l'esprit réaliste s'est également manifesté au XVII° siècle et qu'il a fait sa tentative, arrêtée par l'école classique, comme celle du burlesque. Les romans (en prenant pour types ceux de Mlle de Scudéri) tendent incontestablement au réalisme, par la description à outrance. Sans être aussi dur pour les romans que pour le burlesque, Boileau s'est néanmoins prononcé catégoriquement contre cette tendance réaliste, dont le genre lui-même semble avoir porté la peine :

---

(1) FONTENELLE. *Dialogues des morts anciens avec les modernes*. Dial. I.
(2) « Le réel résulte de la combinaison toute naturelle de deux types, le *sublime* et le *grotesque*. » V. HUGO. Préface de *Cromwell*.

> S'il rencontre (l'auteur) un palais, il m'en dépeint la face,
> Il me promène après de terrasse en terrasse.
> Ici s'offre un perron ; là règne un corridor ;
> Là ce balcon s'enferme en un balustre d'or.
> Il compte les plafonds, les ronds et les ovales.
> « Ce ne sont que festons, ce ne sont qu'astragales. »
> Je saute vingt feuillets pour en trouver la fin,
> Et je me sauve à peine au travers du jardin (1).

On sait que Boileau n'a pas fait de place au roman, ce genre déjà si français et qui l'est devenu de plus en plus. Il n'avait pas à le condamner comme le burlesque, puisqu'il n'est pas un genre poétique ; mais sans y être obligé par son sujet, il y a fait pourtant quelques allusions peu aimables comme celle qui précède et comme cette autre encore :

> Des héros de romans fuyez les petitesses...

La raison de ce mépris pour le roman nous semble être cet abus de description qui sacrifie l'homme aux choses inanimées et l'analyse psychologique des passions à l'inventaire fastidieux des objets matériels. Et la preuve c'est la transformation que le goût classique, une fois fixé, fit subir au roman. De réaliste qu'il était avec Mlle de Scudéri, le roman devint idéaliste avec Mme de La Fayette. Il se modifia donc dans le sens même de l'esthétique de Boileau et, sous les mêmes influences, suivit la même loi d'évolution que les autres genres littéraires.

(1) *Art. poét*, Chant I.

II.

L'ÉLIMINATION DE LA NATURE.

Autant l'art classique s'est appliqué à l'étude de l'homme, autant il a négligé celle de la nature. Par là encore il a manifesté son goût pour l'abstraction. Dans la réalité, la personne humaine est inséparable de la terre qui la porte, de l'air qui l'anime, du ciel qui l'éclaire. Elle entretient des relations incessantes avec cet univers qui lui impose des sensations et lui suggère des idées. L'émotion devant les grands spectacles naturels est la principale source de la poésie antique : il n'est guère de tragédie grecque où l'auteur n'ait donné un rôle au soleil, à la mer, ou aux arbres des forêts (1).

Au contraire l'art classique détache l'homme de ce fond naturel ; il l'isole, et ne le présente que seul, ou entouré d'autres hommes comme lui. Où trouver dans la tragédie française l'équivalent du bois de Colone et du cimetière d'Elseneur ? Ni les rossignols de Sophocle, ni l'alouette de Skakespeare ne chantent dans le drame classique. Une seule fois Racine a nommé par leurs noms les boucs et les génisses ; une seule fois il a parlé, en deux vers, des petits des oiseaux et de toute cette nature sur laquelle s'étend la bonté de Dieu. Et c'en a été assez pour que la critique, étonnée de cette audacieuse exception, citât à perpétuité cet insignifiant exemple. Elle cite encore de même l'attendrissement de Mme de Sévigné sur ses vieux arbres abattus, et la page indifférente ou indignée, on ne sait trop lequel, où La Bruyère dépeint

---

(1) Voir surtout *Philoctète*, où l'île de Lemnos est un personnage presqu'aussi important que le héros lui-même.

comme des bêtes des paysans véritables qu'il a vus un jour, par la portière d'un carrosse, entre Versailles et Marly, sans doute. Boileau, le poète d'Auteuil, chante les légumes plutôt que les fleurs. Si une muse l'inspire, c'est la muse du propriétaire. Quant à La Fontaine, ses plantes et ses animaux, son chêne et son roseau aussi bien que ses renards et ses lions, ne sont que des hommes ; et c'est leur humanité même qui les rend dignes de la curiosité et de la faveur de ce siècle de psychologues : l'histoire naturelle du bonhomme n'est que de la psychologie, et c'est ce qui a fait son succès au XVIIe siècle.

Et voilà à peu près toute la part de la nature dans la littérature du grand siècle. Elle y apparaît si rarement, que quand par hasard elle s'y montre, on se récrie à cette apparition et on en exagère le sens et la valeur.

Pourtant il serait inexact et injuste de croire que le XVIIe siècle n'ait pas eu le goût de la nature ; il a eu au contraire la sincère intention de la connaître et de l'aimer : il en parle bien souvent, tout autant du moins qu'on en a pu parler au temps de Rousseau et de Bernardin de Saint-Pierre ; et Boileau ne répète-t-il pas dans bien des vers de son *Art poétique* :

> Aimez donc la nature.

Sans doute il faut surtout entendre par là, comme nous l'avons vu, la nature humaine. Mais il y a aussi chez les classiques un vague sentiment d'amour pour la campagne, qu'ils aiment à tout le moins dans les *Géorgiques* de Virgile. Pour que les classiques aient pris tant de plaisir à la lecture des anciens, il faut bien qu'ils se soient intéressés aux choses qui intéressaient les anciens et aient appris d'eux à goûter celles qu'ils goûtaient. Or la nature est au premier rang.

Comment donc expliquer cette étrangeté des modernes, qui tout en professant l'amour de la nature, l'ont éliminée presque complètement de la littérature et de l'art, et qui, dans leur imitation des anciens, ont oublié de leur emprunter ce culte de l'univers visible qui donne la vie poétique à leurs chefs-d'œuvre.

Laissons de côté les raisons complexes qui peuvent venir de la religion, du gouvernement, de la condition sociale (1). Demandons-nous seulement si cette exclusion de la nature a été inspirée à l'art par la philosophie cartésienne, dans quelle mesure et de quel côté du système est venue cette influence?

L'explication qui se présente d'abord c'est que le mécanisme cartésien, en dépréciant la nature, l'a rendue indigne de figurer dans la poésie à côté de l'homme et de Dieu. Telle est l'opinion de M. Francisque Bouillier : « On a souvent reproché aux poètes du siècle de Louis XIV de n'avoir pas le sentiment de la nature ; et il faut avouer qu'en général ils semblent assez médiocrement émus par les beautés de la nature, quoique ni la sensibilité, ni l'imagination n'aient assurément manqué à Corneille et à Racine. Ne serait-ce pas l'influence du cartésianisme qui affaiblissait en eux ce sentiment, en ôtant à la nature l'âme et la vie, pour n'en faire qu'une grande *mécanique*? Les poètes du siècle de Louis XIV n'ont vu la nature, à ce qu'il semble, qu'au travers du mécanisme de Descartes. De là le peu de place qu'elle tient dans leurs conceptions. De là enfin cette sécheresse avec laquelle ils la décrivent, quand il y a nécessité de la faire intervenir (2). »

---

(1) V. H. Taine. *L'Ancien régime*. Chap. L'Esprit et la Doctrine.
(2) F. Bouillier. *Histoire du cartésianisme*. T. I, chap. XXIII.
Voir aussi la même pensée développée dans l'article Descartes de la *Littérature française au XVIIe siècle*, par Paul Albert.

Cette ingénieuse explication a de quoi séduire et nous l'accepterions d'autant plus volontiers, qu'elle est dans le sens de notre thèse, si quelques faits de l'histoire littéraire ne nous semblaient la contredire.

Tout d'abord il ne peut pas être question de l'influence de Descartes sur Corneille, puisque *le Cid* est antérieur au *Discours de la Méthode* et que Corneille n'a pas modifié dans un sens cartésien le caractère des tragédies qu'il a données ensuite : au contraire (1).

De plus, cette curiosité exclusivement concentrée sur l'homme, au détriment de la nature, ne date pas du XVIIe siècle, mais du XVIe. Nous avons eu l'occasion de remarquer déjà que Rabelais, Marot, Régnier, Montaigne qui ont tous fait, et quelques-uns plusieurs fois, le voyage d'Italie sont restés insensibles devant les beautés pittoresques. Si l'on excepte Racan, qui a eu quelques accents naïfs et sincères en présence d'une nature plutôt jolie que belle, ce n'est guère dans Ronsard, et encore bien moins dans Malherbe qu'on peut trouver l'amour et l'intelligence du monde inanimé.

Par conséquent le XVIIe siècle n'a fait que suivre la tradition du XVIe. Descartes n'a donc pas eu à chasser la nature de la littérature ; il n'a pu, et c'est notre avis, que retarder le moment où elle y devait entrer.

Mais est-ce bien à son *mécanisme* qu'il faut imputer ce retard ? Ce serait, à notre jugement, une erreur.

Il semble, en effet, que les écrivains classiques qui avaient tout accepté de Descartes, sa méthode analytique, sa théorie des idées innées et de la raison universelle, son critérium de la clarté et de l'évidence, ne se soient refusés à admettre qu'un seul point de son

---

(1) Voir plus haut l'analyse de la préface de *Don Sanche*.

système ; et ce point est justement le mécanisme. La forme accessible, populaire, pittoresque même du mécanisme cartésien c'est certainement la théorie de l'*Animal-Machine*. C'est donc celle-là qui a dû frapper le plus les littérateurs, et qui les eût convaincus, s'ils avaient voulu se laisser convaincre. Or, nous les trouvons tous d'une incrédulité unanime sur ce chapitre : La Fontaine, Mme de Sévigné, le cardinal de Retz, Boileau, Bossuet se rencontrent dans la résistance et réclament, chacun à sa manière, une âme pour les animaux (1).

Mais la théorie de l'*Animal-Machine* n'est qu'un cas particulier du mécanisme, quand il est poussé jusqu'à ses conséquences dernières par une rigueur de logique bien faite pour exaspérer le sens commun. Dans son ensemble, et comme explication générale de l'univers, le mécanisme est plus acceptable, et de fait il est plus ou moins le fond de tout système de métaphysique qui n'est point panthéiste. Du moment que Dieu n'est pas cause immanente, mais qu'il est distinct de la nature, il apparaît nécessairement comme un artiste dont la nature est la matière et l'ouvrage. Si la nature n'est pas elle-même l'artiste de sa propre beauté, il reste qu'elle soit l'œuvre d'un *démiurge* extérieur à elle, démiurge clairvoyant, qui est une providence, ou démiurge aveugle, qui est le hasard. C'est sous cette forme simple d'un dilemme élémentaire que la conception métaphysique de l'univers se présente à l'art : ou bien un Dieu personnel, créateur de la nature, et toujours plus ou moins mé-

---

(1) Mme de Sévigné écrivait à sa fille : « Parlez un peu au cardinal (de Retz) de vos machines, des machines qui aiment, qui ont une élection pour quelqu'un, des machines qui sont jalouses, des machines qui craignent ! Allez, allez, vous vous moquez de nous. Jamais Descartes n'a prétendu nous le faire croire. »

canicien du monde ; ou un Dieu universel, qui s'identifie avec la nature elle-même et qui se manifeste dans les choses et dans les êtres par le mouvement, la vie, et la pensée. Sans doute la philosophie ne s'en tient pas à cette double conception, trop simple pour elle, et elle engendre des variétés presque indéfinies de mécanisme et de panthéisme, et quelquefois même des combinaisons de l'un et de l'autre, dont l'éclectisme Leibnisien est un exemple. Mais l'art n'entre point dans ces raffinements de la spéculation ; et il s'arrête aux deux larges points de vue indiqués plus haut. Ce qu'il lui faut, c'est l'inspiration et non l'explication : il s'inspire donc, sans subtiliser, ou du Dieu personnel ou du Dieu universel.

Or si le mécanisme cartésien était incompatible avec l'amour de la nature, comme toute métaphysique qui admet un Dieu personnel est à un certain degré mécaniste, il en faudrait conclure que l'amour de la nature serait exclusivement réservé aux philosophies et aux littératures panthéistes. Ce serait logique, mais historiquement cela est inexact. Où trouver un mécanisme plus dénudé d'éléments poétiques, plus déserté par une âme quelconque, que l'atomisme d'Épicure ? Et pourtant Lucrèce a chanté la nature avec plus d'accent que Virgile. Rien de moins panthéiste que le tempérament philosophique des Anglais ; et la nature cependant tient une grande place dans leur poésie et même dans leur théâtre. Les Français du XVIIIe siècle qui réhabilitent la nature, méconnue par les psychologues rationalistes de la génération précédente, Rousseau et Bernardin de Saint-Pierre ne sont nullement panthéistes ; enfin certains poètes romantiques du XIXe siècle, comme Lamartine et le plus souvent V. Hugo, ne le sont pas davantage. La nature considérée comme l'ouvrage de Dieu, c'est-à-dire en fin de compte comme une merveilleuse machine dont il est le créateur et le régulateur, peut donc encore exciter l'admiration et l'amour des artistes. Or le mécanisme de Descartes est si loin d'empêcher qu'on la considère ainsi, qu'au contraire il y oblige par des raisons philosophiques.

Voici les points de la doctrine cartésienne qui ont dû contribuer, ce nous semble, plutôt que le mécanisme, à détourner l'art classique de l'intelligence et de la représentation de la nature.

C'est d'abord ce subjectivisme excessif, qui réduit la vie humaine à la vie psychologique de la conscience, et dont nous avons déjà constaté les effets quand nous avons étudié le portrait littéraire au XVIIe siècle. L'esprit cartésien préfère le sujet à l'objet ; et même il ne veut connaître l'objet que par les traces qu'il laisse dans le sujet. La nature extérieure n'est donc rien par elle-même ; elle ne peut intéresser que par les impressions qu'elle donne, et ce sont ces impressions-là, et non leur cause, qui intéressent ces analystes dont les regards sont toujours tournés en dedans.

Une autre raison qui déprécie la nature c'est l'importance que Descartes accorde à l'idée de Dieu et la façon dont il prouve l'existence de l'infini. La philosophie cartésienne a gardé de la scholastique le caractère d'être surtout une théologie : théologie laïque sans doute, et n'empruntant ses preuves qu'aux lumières naturelles, mais qui subordonne nettement la philosophie tout entière à l'étude de Dieu. On ne peut pas s'empêcher d'être frappé de l'empressement que met Descartes, dans le *Discours de la Méthode*, à démontrer Dieu ; le critérium de la certitude par la conscience n'est que provisoire ; c'est le point de départ, mais non le vrai fondement de la métaphysique cartésienne ; car le critérium de ce critérium, c'est l'existence de cet être parfait qui explique la conscience à elle-même comme cause seconde et dont la véracité nous autorise à croire à nos perceptions et par suite à la réalité du monde extérieur.

Dans la philosophie cartésienne, le monde (c'est-à-dire pour les artistes, la nature), est donc sacrifié à l'homme et à Dieu. Il n'est même pas le moyen terme qui les relie l'un à l'autre ; il n'est point une merveilleuse manifestation, éclatante d'intelligence et de finalité, qui révèle à l'homme un artiste suprême ; au contraire : dans l'ordre cartésien, c'est Dieu qui prouve la nature et non la nature qui prouve Dieu. Elle le cacherait bien plutôt, puisqu'elle est matérielle et qu'elle s'oppose aux pures intuitions de la raison. Pour voir Dieu il faut écarter la nature, comme pour bien voir l'âme il faut écarter le corps.

De même donc que Descartes, pour saisir pleinement son essence pensante, supprime par un effort d'abstraction ses organes, de même pour apercevoir l'infini sans obstacle, il s'élève du premier coup au-dessus du monde matériel et va droit à Dieu. Alors de ce point de vue au-delà duquel il n'y a plus rien, la nature n'apparaît que comme petite et misérable ; elle est logiquement inutile puisqu'elle ne sert à nous faire connaître ni l'âme ni l'infini ; elle est sans intérêt pour l'esprit, puisqu'elle n'est pas de l'esprit, mais seulement une combinaison sans valeur métaphysique d'étendue et de mouvement. Le véritable cartésianisme se passe donc de la preuve de l'existence de Dieu par l'ordre et la beauté du monde ; il ne s'arrête pas un seul instant à contempler la nature pour y chercher la marque de la main divine, et lorsque Fénelon, longtemps après

Descartes, se complaît dans cette contemplation et développe la démonstration de l'Artiste par l'œuvre d'art, avec l'abondance que l'on sait, il s'écarte de la pure doctrine et pèche contre le vrai esprit cartésien.

Ce n'est donc pas parce que la nature est une *mécanique* que l'art classique l'oublie ou la dédaigne ; c'est parce que la philosophie cartésienne lui fait connaître trop tôt et trop exclusivement le mécanicien. La machine, quoique machine, pourrait encore être curieuse et belle ; mais les artistes n'en savent rien, puisque Descartes ne la leur laisse pas regarder.

Enfin ce qui nous semble expliquer pourquoi les écrivains du XVIIe siècle, tout en négligeant ou en méconnaissant la vraie nature, ont tout de même professé un vif amour pour elle, et de fait en ont aimé sincèrement de pitoyables contrefaçons littéraires, c'est l'exagération d'idéalisme qui leur vient de Descartes.

L'idéalisme, dans l'art aussi bien que dans la recherche philosophique, tend à préférer et, par suite, à substituer les idées aux choses. Au lieu que l'esprit tire ses idées de la vue des choses, il conçoit au contraire les choses comme nécessairement conformes aux idées qu'il s'en est faites a priori en lui-même. L'artiste idéaliste refait la nature à l'image de sa conception, comme le philosophe idéaliste explique l'univers par les lois de sa pensée et conclut l'ordre réel de l'ordre logique suivant lequel il a organisé le monde dans son esprit. Pour l'idéaliste, qu'il soit artiste ou philosophe, les choses deviennent peu à peu lointaines, inutiles, gênantes même ; le réel perd sa réalité au profit de l'idéal qui l'absorbe, et finalement c'est l'idéal qui semble plus réel, et par suite, plus vrai et plus beau que la réalité.

Or les littérateurs classiques, retenus par l'étude de

l'homme, n'allaient pas voir la nature ; ils se contentaient de l'idée qu'ils s'en étaient une fois faite, en lisant quelque poëte grec ou latin, sans vérifier jamais et sans renouveler cette idée à la source unique des idées sensibles, c'est-à-dire à la réalité. Par là, ils se sont habitués à considérer comme la vraie nature, une sorte de type abstrait, qu'ils estimaient idéal et qui n'était qu'artificiel. Au lieu de pousser jusqu'à la campagne elle-même, ils se sont laissé charmer par l'idée qu'ils en prenaient dans les belles descriptions des anciens ; et ils se sont arrêtés à admirer et à aimer l'art de ces descriptions, sans aller jusqu'à la chose décrite. Ce qui les a intéressés, émus et séduits, ce n'est pas le soleil lui-même, ou la mer ou les forêts véritables, mais les beaux vers qu'Homère ou Virgile nous ont laissés sur le soleil, la mer et les forêts. Et ils ont accepté des anciens une nature toute faite, purement « livresque », une nature de seconde main, qui a été pour eux ce qu'était pour les parfaits amants des cours d'amour la *Dame de leurs pensées*, une dame qu'ils n'ont jamais vue, qu'ils ne sauraient dépeindre, dont ils parlent avec une passion aussi vague que son objet, et dont tout ce qu'ils peuvent dire c'est qu'elle est plus belle que toutes les autres.

De même la nature est restée pour l'art classique à l'état d'idéal ; ç'a été la *nature de ses pensées*, et s'il l'a aimée sans la connaître (contradiction qui nous choque aujourd'hui) c'est qu'il avait justement pour elle cette tendresse qu'on a pour les enfants de son esprit et dont Montaigne a si bien senti et expliqué la force secrète.

Cette nature si fausse du XVIIe siècle, qui nous afflige et nous indigne quand nous la rencontrons parfois sous la forme des fades floraisons du *Télémaque*, le XVIIe siècle la trouvait vivante, riante et touchante parce que c'était lui qui l'avait créée, et créée pour lui. Comment aurait-il pu accepter telle quelle la vraie nature, sans la retoucher à son goût, lui qui faisait son choix même parmi les choses purement humaines, et qui ne prenait de l'homme que l'âme, et de l'âme que les facultés nobles ?

Aussi fait-il passer par les mains de l'homme cette nature qui ne lui semble pas sortir de la main de Dieu, et que Dieu lui parait au contraire avoir livrée à l'homme grossière et inachevée, pour que l'homme, roi de la création, la transformât et l'embellît. De là cet envahissement universel de l'idéalisme, qui sort des livres pour se répandre jusque dans les jardins, et qui opprime le monde végétal avec les lois de la plus idéaliste des sciences, la géométrie. La figure régulière d'un dôme de verdure « gouverné » (1) par le ciseau d'un architecte en charmilles, plaisait plus aux contemporains de Le Nôtre que le caprice des pousses inégales, lancées par un arbre en liberté ; de même leur nature de cabinet semblait plus belle aux classiques que la véritable, parce que celle-là portait leur marque, et qu'ils aimaient en elle tout l'art qu'ils y avaient mis.

(1) Expression de BOILEAU.

III.

LA TENDANCE A L'OPTIMISME.

Un lien de plus entre la philosophie cartésienne et l'art classique, c'est une tendance commune à l'optimisme : nous entendons par là l'estime et la poursuite de ce qui peut donner à l'âme humaine la sérénité et la gaîté.

Boileau veut que l'œuvre d'art soit aimable, « plaisante » comme on disait alors, et il en fait un précepte de son *Art poétique*:

> De figures sans nombre égayez votre ouvrage :
> Que tout y fasse aux yeux une riante image :
> On peut être à la fois et pompeux et plaisant :
> Et je hais un sublime ennuyeux et pesant.
> J'aime mieux Arioste et ses fables comiques
> Que ces auteurs toujours froids et mélancoliques,
> Qui dans leur sombre humeur se croiraient faire affront
> Si les Grâces jamais leur déridaient le front.

Ainsi la fonction du poète est de mettre le lecteur en belle humeur, d'éloigner de ses yeux les images tristes, et de son esprit les pensées troublantes ; ou du moins s'il les leur présente, de faire que la tristesse et le trouble même aient un charme et une douceur.

L'art classique a été docile au conseil de Boileau : les Élégiaques sont rares de son temps ; et quand le grand siècle s'est départi de son impassibilité solennelle, ç'a été plutôt pour rire que pour pleurer. Il a ri de lui-même, c'est vrai, avec les satiriques et les comiques, avec Boileau, avec Molière, avec La Bruyère; mais il a ri franchement, d'un rire presque encore gaulois, malgré les apparences de retenue guindée, et sans ces arrière-pensées amères que les romantiques ont prêtées depuis à quelques grands classiques pour en faire leurs aïeux directs.

La mâle gaîté si triste et si profonde (1) de Molière est certes aussi profonde, mais bien moins triste qu'ils ne l'ont faite. Les romantiques qui sont des affligés ou par tempérament ou par système, et qui donnent volontiers dans le pessimisme le plus sombre, avaient intérêt à prétendre que les meilleurs d'entre les classiques, ceux dont la glorieuse popularité survivait à leur révolution, leur ressemblaient par avance et n'avaient du génie que parce qu'au fond ils étaient mélancoliques et pessimistes comme eux.

On pourrait se demander pourtant s'il n'est pas contradictoire que le siècle de la tragédie ait été en même temps le siècle de la gaîté raisonnable. Mais qu'on songe combien ces tragédies sont peu tragiques auprès de celles de l'antiquité et du drame romantique ! Comme elles adoucissent la douleur par la noblesse qu'elles lui prêtent ! Comme elles dissimulent sous l'élégance de la forme, comme elles enveloppent dans des périphrases savamment atténuantes la vivacité naturelle des sentiments et des passions ! Quelle précaution pour écarter les spectacles trop frappants, les blessures, le sang, la mort ! Saint-Évremond, qui connaissait le théâtre antique et qui voyait tous les jours le théâtre anglais, a senti mieux que personne quelle douceur délicieuse la tragédie française avait su donner à l'émotion dramatique. Après avoir remarqué que la terreur et la pitié excitées par la représentation des fables grecques devaient être profondes et vraiment douloureuses, il ajoute : « On ne trouve pas les mêmes

(1) A. de Musset.

inconvénients dans nos représentations que dans celles de l'antiquité, puisque notre crainte ne va jamais à cette superstitieuse terreur qui produisait de si méchants effets sur le courage.

» Notre crainte n'est le plus souvent qu'une *agréable inquiétude* qui subsiste dans la suspension des esprits : c'est un cher intérêt que prend notre âme aux sujets qui attirent son attention. » Du reste l'amour a achevé de donner à la tragédie ce « plaisant » aspect. « Il nous restait, continue Saint-Évremond, à mêler un peu d'amour dans la nouvelle tragédie, pour nous ôter mieux ces noires idées que nous laissait l'ancienne, par la superstition et par la terreur (1). »

Ainsi l'art classique est l'ennemi des idées noires. Descartes ne l'est pas moins, lui qui n'admet dans son esprit que des idées claires ; car pour la raison, la clarté c'est la gaîté. Cette sérénité optimiste que Boileau conseille au poète, Descartes l'avait, avant lui, prescrite au philosophe comme l'état le plus sage et la meilleure condition morale pour philosopher. Pour son compte, il s'est fait une loi de viser à cette paix de l'esprit qui le délivre pour toujours et de l'agitation incessante du scepticisme et des accès troublants du mysticisme. N'être ni Montaigne ni Pascal, c'est-à-dire ne douter ni par tempérament ni par système, mais seulement par méthode, et pour s'affermir le plus tôt possible dans la sécurité durable d'un dogmatisme invincible, voilà le régime cartésien, qui assure la santé de l'âme et comme la béatitude de l'intelligence.

Descartes conseille donc à l'homme de prendre les choses par leurs bons côtés, et il donne l'exemple. Ainsi

(1) SAINT-ÉVREMOND. *Sur la tragédie antique.* T. II, p. 329.

il estime fort la médecine et en attend les plus grands bienfaits, parce qu'en la perfectionnant on obtiendra « la parfaite santé laquelle est le fondement de tous les autres biens qu'on peut avoir en cette vie (1). »

Il pense aussi que la bonne humeur volontaire n'est pas un remède sans vertu contre la maladie, et il nous raconte que son optimisme l'a beaucoup aidé lui-même contre la phtisie dont il était menacé. « Étant né d'une mère qui mourut peu de jours après ma naissance d'un mal de poumon causé par quelques déplaisirs, j'avais hérité d'elle une toux sèche et une couleur pâle que j'ai gardées jusqu'à l'âge de vingt ans, et qui faisaient que tous les médecins qui m'ont vu avant ce temps-là me condamnaient à mourir jeune ; mais je crois que l'inclination que j'ai toujours eue à regarder les choses qui se présentaient du biais qui me les pouvait rendre le plus agréables, et à faire que mon principal contentement ne dépendît que de moi seul, est cause que cette indisposition qui m'était comme naturelle s'est peu à peu entièrement passée (2). » Enfin il écrit à la princesse Élisabeth : « Il n'y a point d'événements si funestes ni si absolument mauvais au jugement du peuple, qu'une personne d'esprit ne les puisse regarder de quelque biais qui fera qu'ils lui paraîtront favorables...... Il n'y a aucun bien au monde, excepté le bon sens, qu'on puisse absolument nommer bien, il n'y a aussi aucun mal dont on ne puisse tirer quelqu'avantage, ayant le bon sens (3). »

Sans doute Descartes n'a pas cherché à donner à sa philosophie l'agrément et la grâce littéraires, et nous lui

(1) *Lettre à la princesse Elisabeth*. T. IX, p. 202.
(2) T. XI, p. 203.
(3) Id. p. 205.

en savons gré comme d'une marque de goût et d'élévation ; mais il les a estimés dans Balzac (1). Lui-même, quand il se sert par hasard de comparaisons et de figures, les choisit agréables et piquantes. Quand dans un grave sujet comme l'étude des passions de l'âme, il rencontre la plaisanterie, il se garde bien de la fuir, témoin ce spirituel passage de l'article 147ᵉ sur *les émotions intérieures de l'âme* : « Par exemple lorsqu'un mari pleure sa femme morte, laquelle (ainsi qu'il arrive quelquefois) il serait fâché de voir ressuscitée, il se peut faire que son cœur est serré par la tristesse que l'appareil des funérailles et l'absence d'une personne à la conversation de laquelle il était accoutumé excitent en lui ; et il se peut faire que quelques restes d'amour ou de pitié qui se présentent à son imagination tirent de vraies larmes de ses yeux, nonobstant qu'il sente cependant une joie secrète dans le plus intérieur de son âme, etc. (2). »

Enfin nous trouvons dans Descartes l'explication et la formule philosophiques de cette « agréable inquiétude » que se propose d'exciter la tragédie classique. Tandis que le pessimisme épicurien cherche l'élément de tristesse caché au fond de toute joie et prononce son fameux « *surgit amari quidquam* », Descartes au contraire fait ressortir l'élément de joie qui est contenu dans toute tristesse : « Et lorsque nous lisons des aventures étranges dans un livre, ou que nous les voyons représenter sur un théâtre, cela excite quelquefois en nous la tristesse, quelquefois la joie, ou l'amour, ou la haine et généralement toutes les passions, selon la diversité des objets qui s'offrent à notre imagination : mais avec cela nous

---

(1) Voir plus haut : Livre II, 2.
(2) *Des Passions de l'âme*. T. IV, p. 160.

avons du plaisir de les sentir exciter en nous, et ce plaisir est une joie intellectuelle qui peut aussi bien naitre de la tristesse que de toutes les autres passions (1). »

Aussi tandis que pour les pessimistes, la conscience psychologique est une cause d'irrémédiable douleur morale, pour Descartes elle est une fierté et une joie intellectuelle. Connaitre sa tristesse la diminue, et c'est un allégement à la souffrance que se regarder souffrir. C'est là une extension ingénieuse et profonde de la maxime populaire:

A raconter ses maux souvent on les soulage.

Or, l'analyse par la conscience est une conversation intérieure; prendre conscience de ses maux c'est se les raconter à soi-même dans la langue muette de la pensée, et ce récit solitaire est un soulagement. De même quand les poètes se mettent à chanter leurs peines c'est qu'ils sont à demi consolés.

L'optimisme cartésien a donc cette originalité qu'il vient de la conscience et de la volonté : il s'est communiqué à l'art classique par l'usage que celui-ci a fait de l'analyse psychologique. Le XVIIe siècle s'est complu à s'étudier, à se regarder vivre, à se décrire et à se peindre ; même quand le spectacle était triste ou laid, le plaisir de l'observer n'en a pas moins procuré aux observateurs cette « joie intellectuelle qui peut aussi bien naitre de la tristesse que de toutes les autres passions. » La conscience cartésienne et l'art classique se rencontrent pour rendre aimable « le monstre odieux. »

(1) *Des passions de l'âme.* T. IV, p. 161.

IV.

L'ABSENCE DU POINT DE VUE MORAL.

Nous entendons par là que la philosophie cartésienne et l'art classique se sont dégagés des intérêts actuels et particuliers pour se renfermer dans l'explication la plus générale de l'homme, sans porter aucun jugement sur sa condition présente et sans chercher à la rendre meilleure.

De même que Descartes se retire dans la philosophie contemplative, la métaphysique, et se refuse à traiter les questions de morale pour mille raisons plus ingénieuses que convaincantes (1), de même la littérature classique se réfugie dans la convention mythologique et s'installe dans la Fable pour y trouver la sécurité et la liberté. «Corneille, Racine, Pascal, La Rochefoucauld, La Bruyère, Bourdaloue, Bossuet, Mme de la Fayette, tous ces écrivains procèdent plus ou moins directement de Descartes.

» Je retrouve encore son influence dans cette espèce de silence universel sur les questions qui ordinairement passionnent le plus les hommes, je veux dire la politique et la religion. Descartes en avait ajourné la solution, se bornant à admettre provisoirement ce qu'il trouvait établi. Le provisoire devint définitif. Les esprits ne s'in-

---

(1) Descartes allègue « sa vie si retirée » et son éloignement des affaires qui le rendent incompétent (t. IX, p. 384) puis le « dégoût qu'il a de voir combien il y a peu de personnes au monde qui daignent lire ses écrits » (*Ibid.* p. 413) puis « l'animosité des régents et des théologiens. » (*Ibid.*) Enfin dans une lettre à Chanut (t. X, p. 75) il déclare qu'il craint la méchante interprétation « des malins » et qu'il laisse la morale « aux souverains et à leurs représentants autorisés. »

génièrent que pour fonder sur des démonstrations irréfutables la légitimité absolue et l'immutabilité de ce qui était. On ne cherche plus alors, on a trouvé; on ne hasarde plus des doutes, on prononce des axiomes (1). »

Cette remarque de M. Paul Albert nous semble d'une parfaite justesse, à la condition toutefois qu'on ôte des noms qu'il cite, Corneille, et surtout Pascal qui a tranché sur l'indifférence générale par son attitude militante, qui a osé toucher à la théologie pour en soumettre les questions à la décision de l'opinion publique, et qui enfin a tiré de sa sérénité voulue le dogmatisme cartésien pour le forcer à s'intéresser au terrible problème de la destinée humaine.

Il est inutile d'insister sur cette abstention caractéristique du XVIIe siècle; elle n'est pas à prouver pour les littérateurs; car ceux mêmes qu'on a appelés les moralistes, comme La Rochefoucauld et La Bruyère, ne sont à vrai dire que des psychologues : ils étudient l'homme, l'expliquent et le décrivent, mais ils ne se mêlent point de le diriger. Ils le prennent tel qu'il est, et l'observent ainsi avec une curiosité merveilleusement pénétrante; mais ils ne cherchent point à se le représenter tel qu'il devrait ou voudrait être. Il n'y a pas dans leurs livres un idéal humain vers lequel ils se piquent de conduire leur génération : ils ne proposent rien de nouveau à l'homme que son propre portrait, qui au fond est éternellement le même, mais qu'ils rendent nouveau par l'art de la forme.

Aussi ce sont bien des artistes, comme Descartes, en ce sens qu'ils vivent dans une sphère supérieure à la vie pratique : ils ne prêchent aucune doctrine politique

---

(1) Paul Albert, *La litt. franç. au XVIIe siècle*. Article Descartes.

ou sociale ; ils ne font point de leur théâtre une tribune ni de leur philosophie un instrument de révolution. Ils s'enchantent par de belles formes qu'ils ont le plaisir esthétique de concevoir et la gloire de créer. Quant à leur matière, ils se préoccupent si peu d'elle et ils sont si persuadés qu'il n'y a pas lieu d'en chercher une neuve, qu'ils empruntent sans scrupule celle des anciens et inventent de bonne foi la théorie de l'originalité par l'imitation.

Si l'on trouvait plus de nouveauté du côté de Descartes, si, parce qu'on date de lui la philosophie moderne, on voulait voir en lui l'auteur d'une grande révolution dans la pensée humaine, on se méprendrait, à notre avis, sur son véritable rôle, et l'on diminuerait à son profit et l'héritage de l'Antiquité et les conquêtes de la Renaissance. Il ne faut pas accorder à Descartes plus d'originalité qu'il n'en a voulu lui-même ; et nous savons qu'il l'a mise dans sa méthode plutôt que dans ses solutions qui sont toutes empruntées plus ou moins à l'Antiquité, à la Scholastique et au Christianisme.

LIVRE V.

Confirmation de la théorie esthétique de Boileau par les témoignages de quelques grands écrivains classiques.

Pour la commodité de notre étude, nous avons jusqu'ici considéré l'*Art poétique* comme l'expression fidèle et complète de l'esthétique classique. Mais en avions-nous le droit?

Il n'est pas à prouver, ce nous semble, que Boileau n'a rien inventé ni en fait de genres littéraires, ni en fait de lois pour les genres existants. On est d'accord pour reconnaître qu'il a mis seulement en vers exacts les goûts et les opinions littéraires de son temps. A ce compte, il représente bien l'esprit classique, sans le dépasser : et la preuve c'est que ses partisans lui en ont fait une gloire, et ses détracteurs un crime.

Pourtant on pourrait se refuser à admettre ainsi, sans autre démonstration que l'accord des critiques, que Boileau soit un écrivain assez large pour suffire à personnifier une chose aussi considérable que le système littéraire du XVIIe siècle. Et de fait, nous sommes loin de prétendre qu'en tant qu'œuvre d'art son *Art poétique* soit un type achevé de perfection classique. Aussi est-ce comme critique et non comme auteur que nous avons étudié et invoqué Boileau. Nous avons cherché le sens de ses préceptes, et non jugé leur valeur littéraire ; nous en avons extrait une théorie de l'art, dont nous avons cherché le fondement philosophique ; mais nous n'avons pas eu à apprécier avec quel talent et quel succès Boileau a mis lui-même en pratique sa théorie.

C'est donc à titre de critique seulement, et si le terme n'était pas exagéré, à titre d'esthéticien, que nous avons accordé à Boileau une telle compréhension. Il nous faut maintenant montrer par quelques témoignages que cette compréhension n'est pas excessive, et que *l'Art poétique* représente bien exactement le vrai esprit et la pure doctrine classiques. Mais le choix est immense : pour le limiter, nous nous bornerons aux documents les plus significatifs, et nous les emprunterons à Racine, à La Bruyère, à Voltaire et à Buffon. Enfin nous arriverons au premier essai d'esthétique tenté en français, c'est-à-dire aux *Discours sur le beau* du Père André, et nous verrons que ces discours sont la première forme systématique donnée à la beauté classique par un philosophe éminemment cartésien. Ce sera notre dernier terme. L'essai du Père André est comme le point d'intersection de la littérature et de la philosophie, qui après s'être développées solidairement mais séparément, en arrivent à se rencontrer et à former une combinaison qui est une nouveauté — l'esthétique. C'est la première manifestation de la Philosophie du Beau en France. Nous verrons qu'elle est à la fois très cartésienne et très classique, ce qui sera un dernier argument en faveur de notre thèse (1).

(1) Pour suivre l'ordre chronologique, nous placerons *l'Essai sur le beau* avant *le Discours sur le style*. Le premier est de 1745. — Le second de 1753.

I.

RACINE.

I.

Les préfaces. — La théorie du *minimum* de temps et de matière.

Ce chapitre consacré à Racine n'a pas pour objet de chercher dans les tragédies de Racine la confirmation des vues de Boileau, ni des exemples de clarté, d'unité, de simplicité et d'analyse. Une telle recherche est inutile et ferait ici double emploi. De plus, elle exigerait une série de citations qui chargeraient outre mesure ce travail, et le transformeraient dès maintenant en une étude purement littéraire dont les traits principaux risqueraient fort de n'être que des lieux communs.

Il serait facile, en effet, sans même sortir de *Bérénice*, que nous avons adoptée comme type et comme exemple, d'y faire voir réunies toutes les conditions de la perfection classique dont Boileau nous a donné les définitions et les raisons.

Pour montrer l'extrême simplicité du sujet qui est bien conforme au goût classique, il suffirait de rappeler le jugement de Voltaire : « Jamais on n'a mieux senti quel est le mérite de la difficulté surmontée : cette difficulté était extrême, le fond ne semblait fournir que deux ou trois scènes et il fallait cinq actes. » Faire cinq actes (parce qu'il *en faut* cinq) avec la matière de deux ou trois scènes, voilà bien, dans un cas particulier, la tendance et la manière caractéristique du genre.

Quant à l'esprit d'analyse psychologique, il domine tellement dans la pièce qu'il serait malaisé de trouver un endroit où il ne parût pas. Cette analyse, qui suspend l'action ou la tourne toute à l'intérieur des personnages, est même si minutieuse dans *Bérénice*, elle y prend tellement son temps et s'y développe avec tant de complaisance et de ressource, qu'elle s'accuse même dans la forme par une tournure de langage qui est le propre du dédoublement par la conscience, à savoir la parenthèse.

La parenthèse est en effet comme une halte volontaire de la pensée qui tient à se ravoir, à se reposer, à se rajuster avant d'aller plus loin. Quelquefois même elle est plus qu'une station, elle est un véritable retour en arrière, pour s'expliquer le chemin parcouru et ne pas s'engager plus avant, sans se rendre un compte exact de ce qu'elle laisse derrière elle. Rien n'exprime donc plus, dans le langage, la conscience psychologique avec ses précautions, ses scrupules, ses curiosités rétrospectives et ses délicates lenteurs, que cette espèce de refuge, ouvert dans le courant de la phrase à la réflexion par la parenthèse.

Or, *Bérénice* offre l'exemple d'un curieux abus des parenthèses. Ainsi :

> Tout cela *(qu'un amant sait mal ce qu'il désire !)*
> Dans l'espoir d'élever Bérénice à l'Empire...
> (Acte II. 2.)

> Je l'aimai, je lui plus ; depuis cette journée...
> *(Dois-je dire funeste, hélas ! ou fortunée ?)*
> Sans avoir, en aimant, d'objet que son amour...
> (II. 2.)

> ...Ah ! Titus ! *(Car l'amour fuit la contrainte*
> *De tous les noms que suit le respect et la crainte)*
> De quel soin votre amour va-t-il s'importuner ?
> (II. 4.)

> Mais *(quand je m'examine)*
> Je crois de ce désordre entrevoir l'origine.
> (II. 5.)

Et ce ne sont pas seulement les personnages principaux qui s'examinent eux-mêmes ; les confidents et les confidentes s'offrent à leur aide et leur suggèrent encore des raisons et des remarques qui s'ajoutent à celles qui leur sont venues directement. Témoin Arsace :

>Ouvrez les yeux, seigneur, et songeons entre nous,
>Par combien de raisons Bérénice est à vous.
>
>(III. 2.)

Enfin on trouverait encore dans *Bérénice* de nombreux exemples de monologues où les héros s'interpellent eux-mêmes, s'interrogent en dilemmes ou se persuadent en syllogismes :

>....Hé bien ! Titus, que viens-tu faire ?
>Bérénice t'attend. Où viens-tu téméraire ?
>Tes adieux sont-ils prêts ? t'es-tu bien consulté ?
>
>(IV. 4.)
>
>Ah ! Rome, Ah ! Bérénice, Ah ! Prince malheureux !
>Pourquoi suis-je empereur ? Pourquoi suis-je amoureux ?
>
>(IV. 6.)

Mais on en pourrait faire autant de toutes les pièces de Racine (1). Nous préférons nous en tenir aux préfaces, où Racine en se montrant critique et en prenant conscience des procédés et des règles de son art, se rapproche de cette philosophie de la littérature que nous essayons de constituer pour le XVIIe siècle.

Dans la préface d'*Alexandre* (1666) Racine en répondant aux objections et aux reproches de ses détracteurs, est amené à bien déterminer en quelques lignes les principaux caractères de la tragédie classique : « La plus importante objection qu'on me fasse, dit-il, c'est que mon sujet est *trop simple* et *trop stérile*. Je ne représente point à ces critiques le goût de l'antiquité. Je vois bien qu'ils le con-

---

(1) Voir comme modèle du genre, l'intéressante et originale étude de M. P. Janet, *La psychologie de Racine*. (*Revue des Deux-Mondes*.)

naissent médiocrement. Mais de quoi se plaignent-ils, si toutes *mes scènes sont bien remplies,* si elles sont *liées nécessairement les unes aux autres,* si tous mes acteurs ne viennent point sur le théâtre qu'on ne sache *la raison* qui les y fait venir, si avec *peu d'incidents et peu de matière,* j'ai été assez heureux pour faire une pièce qui les a peut-être attachés malgré eux depuis le commencement jusqu'à la fin (1). »

Nous trouvons dans cette préface les principales règles de Boileau sur le théâtre et presque dans les mêmes termes que les siens :

1º Que les scènes soient remplies ;

2º Qu'elles soient nécessairement liées les unes aux autres ;

3º Que « l'action marche où la raison la guide, » c'est-à-dire que les « acteurs ne viennent point sur le théâtre sans qu'on sache la raison qui les y fait venir ; »

4º Enfin que le sujet admette « peu d'incidents et peu de matière. »

Lors de la réception de Thomas Corneille à l'Académie française (2 janvier 1685), Racine ayant à faire l'éloge du grand Corneille, le loue surtout d'avoir soumis l'art dramatique aux lois de la raison : « Inspiré d'un génie extraordinaire, et aidé de la lecture des anciens, il fit *voir sur la scène la raison,* mais la raison accompagnée de toute la pompe, de tous les ornements dont notre langue est capable (2). »

Dans la deuxième préface d'*Andromaque* (1676), Racine revendique la liberté du poète, le droit d'inventer et un affranchissement relatif à l'égard de l'histoire. S'appuyant

(1) *Édition Régnier.* T. I, p. 549.
(2) T. IV, p. 358.

de l'autorité d'un commentateur de Sophocle, il dit : « qu'il ne faut point s'amuser à chicaner les poëtes pour quelques changements qu'ils ont pu faire dans la fable ; mais qu'il faut s'attacher à considérer l'excellent usage qu'ils ont fait de ces changements, et la manière ingénieuse dont ils ont su accommoder la fable à leur sujet (1). »

Il semblerait d'après cette préface et encore d'après celle de *Britannicus*, que les critiques des contemporains aient porté surtout sur l'infidélité à l'histoire et aient contesté au poète le droit de modifier les faits et la liberté d'inventer. Racine représente donc ce droit et cette liberté contre les tyrannies de la tradition. Il s'affranchit dans une certaine mesure, et comme Descartes, des faits, de l'expérience, de l'enchaînement fatal des choses passées, pour y substituer les volontés de son génie et une conception personnelle de son sujet. Sans doute Racine se défend d'en prendre à son aise avec l'authenticité antique, mais comme Descartes se défend de contredire Aristote. Ils y mettent l'un et l'autre une condescendance subtile qui sauvegarde leur liberté. Nous retrouvons chez l'artiste ce même *mépris du fait* qui nous a frappés chez le philosophe.

Racine expose lui-même dans sa préface de *Britannicus* ce reproche qu'on lui faisait de cette indépendance à l'égard de l'histoire, et qui marque la tendance idéaliste de son génie :

« Junie ne manque pas non plus de censeurs. Ils disent que d'une vieille coquette, nommée Julia Silana, j'en ai fait une jeune fille très sage, etc........ Mais, disent-ils, ce prince (Britannicus) n'entrait que dans sa

(1) T. II, p. 40.

quinzième année quand il mourut. — On le fait vivre lui et Narcisse, dix ans plus qu'ils n'ont vécu, etc. — Enfin... la pièce est finie au récit de la mort de Britannicus et l'on ne devrait point écouter le reste. On l'écoute pourtant, ajoute Racine, et même avec autant d'attention qu'aucune fin de tragédie (1). »

Voici comment Racine répond à ces critiques. Il estime d'abord que la tragédie est une action complète, fermée, qui conduit ses personnages jusqu'à une situation bien déterminée et qui ne laisse point le spectateur dans l'incertitude de leur sort : « Pour moi, dit-il, j'ai toujours compris que la tragédie étant l'imitation d'une action complète où plusieurs personnes concourent, cette action n'est point finie qu'on ne sache en quelle situation elle laisse ces mêmes personnes. » Cette règle que Racine s'impose est bien d'accord avec la forme syllogistique de la tragédie classique. Il faut une *conclusion* à la pièce comme au raisonnement. Il faut que l'esprit du spectateur, mis en éveil par une série de questions que l'action lui pose à propos de chaque personnage, soit à un moment donné informé et tranquillisé ; il faut, en un mot, une proposition finale au syllogisme dramatique, et la déduction tragique n'arrive véritablement à son dernier terme, que quand l'esprit du spectateur a épuisé les questions et que la précaution savante de l'auteur y a répondu.

Racine poursuit par une profession de fidélité au bon sens et à la nature : « Que faudrait-il pour contenter des juges si difficiles ? La chose serait aisée pour peu qu'on voulût trahir *le bon sens*. Il ne faudrait que *s'écarter du naturel* pour se jeter dans l'extraordinaire. Au lieu d'une

---

(1) Préface de *Britannicus*.

action simple, chargée de peu de matière, telle que doit être une action qui se passe en un seul jour et qui, s'avançant par degrés vers sa fin, n'est soutenue que par les intérêts, les sentiments et les passions des personnages; il faudrait remplir cette même action de quantité d'incidents qui ne se pourraient passer qu'en un mois, d'un grand nombre de jeux de théâtre, d'autant plus surprenants qu'ils seraient moins vraisemblables, où l'on ferait dire aux acteurs tout le contraire de ce qu'ils devraient dire. »

Ce passage est encore fort instructif. Nous y rencontrons d'abord une critique indirecte de Corneille, du Corneille des derniers jours, qui après avoir laissé partir « quarante mille vers de ses mains (1) » cherchait des combinaisons dramatiques nouvelles et des ressorts originaux. Corneille est un peu ici le romantique de Racine. Il veut abandonner la belle simplicité classique pour chercher la variété, la complexité et des effets par l'antithèse et les jeux de scène. Racine au contraire tend de plus en plus à ce *minimum* de personnages et d'incidents qui attire la tragédie comme un idéal de perfection. Cette expression significative « chargée de peu de matière » revient sans cesse sous sa plume. Nous l'avons rencontrée déjà dans la préface d'*Alexandre*; elle reviendra encore dans plusieurs autres après celle-ci. Boileau lui-même l'emploie dans l'avertissement de son *Lutrin* (2); c'est par excellence la formule de l'art classique, et celle qui en caractérise le mieux l'esprit.

Il faut encore remarquer dans cette préface un culte

---

(1) Préface de *Nicomède*.

(2) « Je soutins ce que j'ai avancé dans ma poétique : qu'un poème héroïque, pour être excellent, devait être *chargé de peu de matière*, et que c'était à l'invention à la soutenir et à l'étendre. »

vraiment cartésien pour la logique. Les passions elles-mêmes doivent être raisonnables au théâtre, ou plutôt la raison doit pouvoir se rendre compte de la relation nécessaire qu'il y a entre la cause des passions et les passions, et entre ces mêmes passions et leurs effets. Aussi, un peu plus loin dans la même préface, Racine reproche à Corneille d'avoir mis sur la scène « quelque héros ivre qui voudrait se faire haïr de sa maîtresse de *gaîté de cœur.* »

Voilà l'impardonnable défaut: c'est que cette haine vienne de *gaîté de cœur.* Alors elle n'aura pas de motif, de raison, d'explication. L'esprit ne la reliera à aucun antécédent intelligible et clair ; cette *gaîté de cœur* ne sera qu'une spontanéité sans cause, sans règle et sans mesure : elle sera le hasard, cet ennemi de l'art rationaliste, introduit par une injustifiable fantaisie de poète dans le bel ordre, déductif et nécessaire, de l'enchaînement dramatique.

Pour Racine la passion a sa logique ; elle obéit à une raison jusque dans ses extravagances et ses fureurs. Rien de plus étrange tout d'abord que de l'entendre parler ainsi de sa *Phèdre* : « Quand je ne lui devrais (à Euripide) que la seule idée du caractère de Phèdre, je pourrais dire que je lui dois peut-être ce que j'ai mis de *plus raisonnable* sur le théâtre (1). » Voilà certes une surprenante expression quand elle s'applique à Phèdre, à cette païenne martyre en proie aux feux vengeurs de Vénus et brûlant d'un amour à la fois fatal et coupable pour le fils de son époux. N'est-elle pas pour nous le type de la passion dans ce qu'elle a de plus déréglé et comment Racine a-t-il pu qualifier ce délire douloureux de *raisonnable* ?

(1) Préface de *Phèdre.*

C'est que justement ce délire est *conscient*, malgré ses éclats furieux ; c'est qu'il connaît sa cause et prévoit ses effets ; c'est qu'il se saisit, qu'il se mesure lui-même, qu'il s'aime et qu'il se condamne, qu'il veut finir et qu'il redoute de s'apaiser.

Dans la *Phèdre* de Racine la passion se développe suivant une loi raisonnable ; elle a un sens, une suite, une conclusion ; la nécessité de son progrès est telle que l'esprit pourrait prévoir les moments successifs de ce progrès, et déduire le terme final par un véritable raisonnement. Le *déraisonnable* lui-même doit avoir sa *raison* sur un théâtre aussi philosophique que le théâtre classique ; et c'est cette *raison* qui explique tout, que Racine oppose à cette *gaité de cœur* de Corneille qui n'explique rien.

Mais la loi classique sur laquelle Racine revient et insiste le plus volontiers dans ses préfaces, c'est cette loi du *minimum de temps et de matière*, sur laquelle nous nous sommes expliqués déjà, et qui est exprimée avec sa rigueur suprême dans l'avant-propos de *Bérénice*. Il faut citer ici les passages concluants : « Qui doute que ce qui a pu fournir assez de matière pour tout un chant d'un poème épique (séparation de Didon et d'Énée) où l'action dure plusieurs jours, ne puisse suffire pour le sujet d'une tragédie, dont la durée ne doit être que de quelques heures ?.... Ce qui me plut de mon sujet c'est que je le trouvai *extrêmement simple* : il y avait longtemps que je voulais essayer si je pourrais faire une tragédie avec cette simplicité d'action qui a été si fort du goût des anciens. »

Ainsi la tendance à une simplicité suprême est ici manifeste. Voici maintenant l'explication et la justification rationnelle de cette tendance voulue à la simplicité.

« Et il ne faut pas croire que cette règle ne soit fondée que sur la fantaisie de ceux qui l'ont faite. Il n'y a que le vraisemblable qui touche dans la tragédie. Et quelle vraisemblance y a-t-il qu'il arrive en un jour une multitude de choses qui pourraient à peine arriver en plusieurs semaines ? *Il y en a qui pensent que cette simplicité est une marque de peu d'invention.* Ils ne songent pas au contraire que toute *l'invention consiste à faire quelque chose de rien*, et que tout ce grand nombre d'incidents a toujours été le refuge des poètes qui ne sentaient dans leur génie ni assez d'abondance, ni assez de force pour attacher durant cinq actes leurs spectateurs par une action simple, soutenue de la violence des passions, de la beauté des sentiments et de l'élégance de l'expression (1). »

Cette remarquable expression « faire quelque chose de rien » détermine mieux encore que les préceptes de Boileau le caractère de l'art et le rôle de l'artiste. Le poète est un créateur, qui ne doit point s'embarrasser de la matière des faits, mais qui doit au contraire tirer toute son œuvre de sa propre raison. L'art n'est point une imitation subordonnée à la nécessité extérieure de la réalité ou de l'histoire, s'imposant à lui avec leur immuable et impérieuse authenticité. Il est au contraire la liberté de choisir et l'effort personnel pour exprimer l'idéal raisonnable. La ressemblance est ici frappante entre Descartes et Racine ; car Descartes, lui aussi, a bien l'ambition de réduire les ressources du philosophe à un minimum. Comme l'artiste qui veut faire quelque chose de rien, il se prive volontairement et de l'expérience, et du monde extérieur, et de sa sensibilité individuelle et

(1) Préface de *Bérénice*.

de son propre corps ; il se concentre dans la seule chose qui lui reste, après cette totale abstraction de tout, son existence, son moi spirituel ; et c'est de ce *rien*, ou pour être plus exact de ce *presque rien*, qu'en véritable artiste de la déduction il va tirer tout son poème métaphysique, l'univers, la raison éternelle, les lois mathématiques, l'infiniment parfait.

Ainsi la philosophie cartésienne et l'art classique procèdent tous deux comme le dieu cartésien ; avec un minimum de matière et par les voies les plus simples et les plus directes, ils s'efforcent d'obtenir, la première *le maximum du vrai*, le second *le maximum du beau*. Quant aux données qui viennent, à la philosophie, d'Aristote et de la scholastique, et à la littérature, d'Euripide et de Sophocle, elles sont si peu de chose au prix de l'effort de raison et d'art qui leur imprime la forme personnelle, que ni Descartes ni Racine n'ont pu croire que leurs emprunts aux anciens fussent capables de diminuer leur originalité. Ces premières données sont communes, universelles, éternelles ; elles sont le domaine public de l'esprit humain. Tout homme qui pense y prend nécessairement la matière première de sa pensée. On n'invente pas la vérité, on n'en invente que les formes logiques ou esthétiques, et c'est dans cette invention de la forme seulement que réside la nouveauté de l'œuvre et que se manifeste la personnalité de l'ouvrier.

De même le dieu cartésien n'a besoin que de deux éléments pour créer l'harmonie de l'univers : l'étendue et le mouvement. Mais quelle infinie variété d'objets va sortir de la combinaison de ces deux seuls éléments ! Quelle merveilleuse diversité de formes, de couleurs, de proportions, d'aspects ! Quelle multiplicité et quelle richesse !

Le philosophe cartésien et l'artiste classique ressemblent à leur dieu : donnez seulement à l'un l'éternelle raison humaine, à l'autre l'éternel cœur humain, et de ce cœur et de cette raison qui sont à tout le monde, leur génie propre tirera une série indéfinie de conceptions métaphysiques et de combinaisons esthétiques : plus est commun ce que le cœur et la raison leur fournissent, plus la matière est vieille, connue, empruntée, et plus il leur faudra tirer d'eux-mêmes la nouveauté de la forme et de l'arrangement ; plus alors ils auront mis de leur personne, de leur âme dans leurs créations, et plus ils auront fait quelque chose de rien ; ou plutôt, mieux ils auront montré que ce qui n'est *rien* pour eux, c'est une matière extérieure à eux, et que ce qui est *tout*, dans leur doctrine si fièrement idéaliste, c'est l'idée pure, l'idéal qui réside en eux, qui est eux-mêmes.

Aussi, quand Racine invoque l'autorité des anciens, quand il prend pour juges Homère et Sophocle et qu'il imagine en lui-même leur sentence pour la révérer et s'y soumettre, il ne commet point de contradiction et ne se sépare point de Descartes. Il peut dire sans rien rabattre de son indépendance personnelle : « De quel front oserai-je, pour ainsi dire, me présenter aux yeux de ces grands hommes de l'antiquité que j'ai choisis pour modèles ? Car, pour me servir de la pensée d'un ancien, voilà les véritables spectateurs que nous devons nous proposer, et nous devons sans cesse nous demander : Que diraient Homère et Virgile, s'ils lisaient ces vers ? Que dirait Sophocle, s'il voyait représenter cette scène ? »

C'est qu'en effet Homère, Sophocle et Virgile ne sont pas pour Racine des autorités particulières auxquelles il se soumet aveuglément sans critique et sans contrôle. Ils sont, au contraire, l'expression la plus parfaite de la raison elle-même. Et Racine les choisit pour spectateurs et les prend pour arbitres, non parce qu'ils sont les anciens, mais parce qu'ils lui semblent avoir les premiers connu et appliqué le mieux les lois de la raison. Et la preuve de cette interprétation nous est fournie par Racine lui-même dans le curieux passage qui suit : « Ils ont cru (ses critiques) qu'une tragédie qui était si peu chargée d'intrigue ne pouvait être selon les règles du théâtre. Je m'informai s'ils se plaignaient qu'elle les eût ennuyés. On me dit qu'ils avouaient tous qu'elle ne les ennuyait point, qu'elle les touchait même en plusieurs endroits, et qu'ils la verraient encore avec plaisir. Que veulent-ils davantage ? Je les conjure d'avoir assez bonne opinion d'eux-mêmes pour ne pas croire *qu'une pièce qui les touche et qui leur donne du plaisir puisse être absolument contre les règles. La principale règle est de plaire et de toucher. Toutes les autres ne sont faites que pour parvenir à cette première.* Mais toutes ces règles sont d'un long détail, dont je ne leur conseille pas de s'embarrasser. Ils ont des occupations plus importantes. Qu'ils se reposent sur nous de la fatigue d'éclaircir les difficultés de la poétique d'Aristote ; qu'ils se réservent le plaisir d'être attendris... (1). »

A première vue, on pourrait trouver que cette profession de foi ressemble singulièrement à celle de la *Critique de l'École des femmes*, où Molière dit que la suprême loi de l'art dramatique et la seule règle véritable est de faire plaisir. Mais à y regarder de près, la théorie de Racine est beaucoup plus savante. Il ne dit pas comme Molière, qu'on peut plaire en dépit des règles ;

(1) Préface de *Bérénice*.

mais au contraire que quand on a plu c'est qu'on a obéi aux règles, même inconsciemment ; la source du plaisir est donc pour lui rationnelle : et c'est toujours la force cachée des règles de la raison qui décide du succès d'une œuvre dramatique. Là où le spectateur ne voit d'autre critérium que son agrément ou son ennui, l'artiste, lui, cherche pour critérium plus haut et plus philosophique la cause de cet agrément ou de cet ennui ; et il découvre en fin de compte qu'elle consiste toujours dans l'obéissance ou la désobéissance aux règles de la raison. Aristote n'est donc encore pour Racine que la raison elle-même, et le plaisir esthétique n'est un critérium acceptable et n'a de valeur que parce qu'il est la forme vulgaire d'un critérium supérieur, connu de l'artiste et trouvé par lui dans les lois mêmes de sa raison. Aussi tandis que Molière, en véritable sensualiste, explique et justifie le plaisir par le plaisir — comme Stuart Mill explique et justifie l'expérience par l'expérience dans sa théorie de l'induction — Racine, au contraire, en cartésien rationaliste qu'il est, cherche au plaisir esthétique une explication plus haute et extérieure à lui : il le justifie par la conformité de l'œuvre dramatique à des règles de raison, qui échappent au spectateur dans ce qu'elles ont de métaphysique, mais qui se traduisent pour lui en agrément et qui lui sont accessibles par la forme sensible que l'artiste sait leur donner.

L'artiste est donc l'intermédiaire initié entre la raison et le spectateur. C'est lui qui fait de l'agréable avec du raisonnable, et cette raison qui plaît, c'est la beauté.

Il n'en faudrait pas davantage pour nous autoriser à affirmer que Racine a cru à la raison immuable et universelle de Descartes, et que son esthétique s'en est sans cesse inspirée. Mais nous avons mieux que cette interprétation légitime : nous avons un texte de Racine lui-même, dans la préface d'*Iphigénie*. « J'avoue que je lui dois (à Euripide) un bon nombre des endroits qui ont été les plus approuvés dans ma tragédie. Et je l'avoue d'autant plus volontiers que ces approbations m'ont confirmé dans l'estime et dans la vénération que j'ai toujours eues pour les ouvrages qui nous restent de l'antiquité. J'ai reconnu avec plaisir par l'effet qu'a produit sur notre théâtre tout ce que j'ai imité ou d'Homère ou d'Euripide, que *la raison et le bon sens étaient les mêmes dans tous les siècles. Le goût de Paris s'est trouvé conforme à celui d'Athènes* (1). »

(1) T. III, p. 142.

II.

L'amour cartésien, d'après le Discours des passions de l'amour, *et l'amour classique dans Racine.*

Forcés de nous borner pour sauvegarder l'unité de ce travail, nous indiquerons seulement ici un chapitre qui pourrait être beaucoup plus long, et qui aurait pour objet d'étudier la relation qu'il y a entre les passions de l'âme, comme le cartésianisme les a comprises et expliquées, et les mêmes passions comme le théâtre classique, et particulièrement Racine, les a dépeintes et mises en action. Celle qui nous attirerait le plus serait évidemment *l'amour*, la passion tragique par excellence. C'est de celle-là que nous allons dire deux mots, en regrettant qu'une analyse plus complète n'entre pas dans le cadre de ce livre.

Il serait exagéré de prétendre que Descartes en expliquant l'origine, le développement et les effets des principales passions, ait voulu les soumettre aux lois de la raison et les rendre pour ainsi dire raisonnables. Mais pourtant sa morale a un caractère si nettement stoïcien, qu'on peut affirmer sans se tromper, qu'en s'efforçant de rendre les passions intelligibles et en leur ôtant leur apparence de hasard, de caprice et d'indiscipline, Descartes s'est surtout préoccupé de leur donner pour lois, les lois mêmes de l'esprit, et qu'en montrant la part d'esprit qu'elles renferment il a voulu prouver qu'elles sont susceptibles d'être absolument réglées comme lui, et par lui. Dans Descartes la passion tend donc à devenir quelque chose de raisonnable ; au lieu que les stoïciens la supprimaient de l'âme par un anéantissement volontaire, Descartes conserve la passion, mais pour la rationaliser, si l'on nous passe l'expression. Elle est un mouvement précieux, une cause et une forme d'activité estimables dont l'homme ne doit pas se priver, mais dont au contraire il doit raisonner l'emploi. Voilà pourquoi l'on trouve à chaque instant dans Descartes ce titre significatif : *usage* de l'admiration, *usage* de la peur, etc., etc. Mais le *Traité des passions* est une étude plus physiologique encore que psychologique, dont Descartes a reconnu lui-même, dès le premier article, toute la nouveauté. « C'est pourquoi, dit-il, je serai obligé d'écrire ici en même façon que si je traitais d'une matière que personne avant moi n'eût touchée (1). »

Aussi le paragraphe qu'il consacre à l'amour n'offre-t-il rien de particulier, et n'est-ce point dans Descartes lui-même, qu'il faut chercher ce type d'amour cartésien que nous voudrions rapprocher de la forme que Racine a donnée à l'amour dans ses tragédies.

Mais si ce type d'amour cartésien n'est pas suffisamment caractérisé dans l'étude générale de Descartes, on peut dire qu'il apparaît dans le *Discours sur les passions de l'amour* de Pascal avec une originalité bien décidée. Nous avons opposé plus haut Pascal à Descartes, et nous maintenons cette opposition, qui est à la fois philosophique et littéraire : mais si Pascal n'est pas demeuré cartésien, du moins l'a-t-il été pendant une courte phase de sa vie. Le *Discours des passions de l'amour* date évidemment de ce temps-là. Le sujet, le ton, la sérénité relative de Pascal, cette psychologie tout humaine qui va parfois jusqu'à être mondaine, cette métaphysique de

---

(1) *Traité des passions*, article I. T. IV, p. 38.

l'amour d'un dogmatisme si vaillant et si convaincu, tout dans ce curieux écrit révèle un Pascal bien portant, tourné vers le monde, animé d'espérances humaines et confiant encore dans cette philosophie de la raison et du « bon sens » que plus tard il reniera et maudira.

L'aspect de ce discours surprend d'abord : on y trouve en effet :

1º Une partie générale où Pascal fait l'analyse du cœur humain et donne, en formules presque scientifiques, une métaphysique impersonnelle de l'amour.

2º Une partie tout individuelle, où l'homme même, et non plus l'auteur, se montre par échappées, mais franchement et brusquement ; où il parle de lui en se nommant à la première personne, en disant *je* et *moi* ; où l'on sent bien que la vie de passion qu'il conçoit, n'est pas une vie anonyme, mais sa propre vie, ou plutôt celle qu'il choisirait s'il pouvait choisir.

Voilà le contraste qui frappe et déconcerte à la première lecture de ce discours. Mais en pénétrant le sens de ces pages un peu mystérieuses, ou en leur donnant celui qui est le plus vraisemblable, on découvre bientôt un lien entre cette philosophie si générale et ces accents si personnels, si l'on prend garde que ce discours n'était point écrit par l'auteur comme une page désintéressée de psychologie, ni pour être la consolation secrète d'un amour ignoré et malheureux, mais au contraire pour faire savoir et faire partager à une personne du monde un amour qui prétendait alors au succès.

Se faire connaître à une personne qui fondera sur cette connaissance une estime et une tendresse qu'on ambitionne d'inspirer, est pour un esprit délicat une entreprise qui exige un tact et des précautions infinies.

Il y a d'abord peindre l'homme et mettre tout ce qu'on

en dit sur le compte de la nature humaine, en faire un portrait abstrait, universel, et laisser à la finesse comme à la bonté prévenante de la personne qui vous écoute le soin de vous appliquer à vous seul ce que vous aurez dit en général, et de reconnaître en vous l'original du portrait. Mais c'est là un art un peu tendu, un peu détourné, un peu froid, auquel la passion ne saurait toujours se contraindre et dont elle ne voudrait pas non plus se contenter.

Puis il y a, tout à l'opposé, la déclaration directe de soi-même ; il y a la profession de foi faite à la première personne. Mais ce ton personnel, qui éclate naturellement par intervalles, ne peut se prolonger ni être continu : car le « moi est haïssable » et un « esprit de finesse » ne parlera pas longtemps de soi, même à qui il souhaite ou sait être agréable en en parlant longtemps.

Entre ces deux extrêmes, il y a comme un tempérament qui consiste justement dans leur rapprochement et dans leur mélange, et qui ôte à la généralité ce qu'elle a de froid, quand elle se prolonge, et à la personnalité ce qu'elle a d'indiscret quand elle paraît trop. C'est cette harmonie, sinon des contraires, du moins des extrêmes, qui donne au *Discours sur les Passions de l'Amour* une sorte de grâce philosophique. C'est la pudeur charmante d'une personnalité qui s'enveloppe d'une forme impersonnelle.

« L'homme est né pour penser, » dit Pascal ; c'est le début même du discours. Son essence est de penser, son état de penser sans cesse, son bonheur serait de n'être jamais qu'une pensée pure.

Mais cette vie unie le fatigue et l'abat ; « il lui faut de l'action, » c'est-à-dire « qu'il est nécessaire qu'il soit quelquefois agité des passions dont il sent dans son cœur des sources si vives et si profondes. »

Voilà donc l'âme humaine divisée entre deux facultés qui s'opposent : la *pensée* et l'*activité*. Et cette activité dont parle Pascal n'est pas la volonté libre, mais la passion, nécessaire et fatale, dont le développement apparaît d'abord comme une imperfection et une faiblesse, mais qu'il faut pourtant développer quelquefois pour acheter à ce prix le contentement et l'apaisement.

Parmi les passions, il en est deux qui conviennent à l'homme plus que toutes les autres et qui d'ailleurs les renferment presque toutes : ce sont l'*Ambition* et l'*Amour*. Mais le caractère de la passion est d'être exclusive ; une seule passion tend à envahir l'âme tout entière : « On n'a que l'une ou l'autre ; ou si on les a toutes deux ensemble, elles ne sont grandes que de la moitié de ce qu'elles seraient, s'il n'y en avait qu'une. » Pascal laisse de côté l'ambition, non sans lui accorder une grande valeur par ce cri du cœur : « Qu'une vie est heureuse quand elle commence par l'amour et qu'elle finit par l'ambition ! Si j'avais à en choisir une, je prendrais celle-là ! »

Puis Pascal en vient à l'amour. On peut trouver dans son étude quatre points de vue ; 1° Il recherche d'abord l'origine de l'amour ; 2° Ensuite son essence, sa nature métaphysique ; 3° En troisième lieu, il définit son objet et par là esquisse une théorie du beau humain ; 4° Enfin il en dépeint les manifestations, il en analyse le langage, il en règle l'expression ; et c'est dans cette quatrième partie que le ton de Pascal se ressent surtout de l'influence de la mode et porte, avec beaucoup d'agrément littéraire, la marque de l'époque.

Ce n'est pas la volonté qui fait naître l'amour : c'est

la nature : « Nous naissons avec un caractère d'amour dans nos cœurs qui se développe à mesure que l'esprit se perfectionne et qui nous porte à aimer ce qui nous paraît beau, sans que l'on nous ait jamais dit ce que c'est. Qui doute, après cela, si nous sommes au monde pour autre chose que pour aimer ? — La nature a si bien imprimé cette vérité dans nos âmes que nous trouvons cela tout disposé : il ne faut point d'art ni d'étude. »

Ainsi la nature nous dit d'aimer : mais faut-il lui obéir ? L'amour est-il un mouvement inné à encourager ou à réprimer ? Pascal répond : « L'homme est né pour le plaisir ; il le sent ; il n'en faut point d'autre preuve. *Il suit donc sa raison en se donnant au plaisir.* » Nous retrouvons ici cette identification de la raison et de la nature qui est si cartésienne et si classique. Voilà, sans contredit, une maxime étrange dans la bouche de Pascal : « L'homme suit sa raison en se donnant au plaisir. » Comment aussi concilier la pensée du commencement : « L'homme est né pour penser, » et celle-ci qui semble empruntée à Épicure : « L'homme est né pour le plaisir ? »

La définition de l'amour va tout éclaircir : il est « un attachement de pensée. » La passion est donc la pensée active. Aussi ne naît-elle dans l'âme, suivant Pascal, que quand la pensée a déjà acquis un certain développement : la vraie passion correspond à l'entier épanouissement de l'esprit. Ils sont donc solidaires et varient en raison, non pas inverse, mais directe l'un de l'autre : « A mesure qu'on a plus d'esprit les passions sont plus grandes, parce que les passions n'étant que des sentiments et des pensées qui appartiennent à l'esprit, quoiqu'elles soient occasionnées par le corps (doctrine pure de Descartes), il est visible qu'elles ne sont plus que l'esprit même, et qu'ainsi elles remplissent sa capacité. » Par suite, et pour tirer toutes les conséquences de cette solidarité de la passion et de l'esprit : « Il n'y a que les grands esprits qui soient capables de grandes passions : bien plus, ils sont seuls capables d'avoir des passions, parce que le mouvement, la vie tumultueuse leur est agréable ; que leurs pensées sont toujours tournées vers le remuement et vers l'action. Les esprits médiocres au contraire sont incapables d'avoir des passions, parce qu'ils aiment le repos, parce qu'en un mot, ils sont machines partout. »

Mais l'esprit de l'homme étant borné, la passion le sera dans la même mesure que lui : « L'esprit n'est pas assez large pour comprendre plusieurs passions à la fois, sans quoi elles sont faibles ; de même qu'il ne peut soutenir deux raisonnements à la fois, sans quoi ils sont pleins de confusion. » Ainsi la passion se rapproche de plus en plus de la raison ; Pascal nous la montre soumise aux mêmes lois et étant, comme elle, quelque chose de l'esprit.

Prenons garde qu'il a en vue seulement une ou deux passions, l'ambition et surtout l'amour ; c'est donc de celles-là qu'il parle, quand il dit qu'on a tort de donner le nom de passion à tous les mouvements de notre nature et qu'il faut réserver ce nom à ceux qui viennent de l'esprit et non du corps (1) : « Les autres passions qui ne sont pas des *passions de feu* ne sont jamais dans ceux qui ont de l'esprit. » L'amour est donc une sorte d'idée innée. « *Nous naissons avec un caractère d'amour.* »

Nous pouvons nous expliquer maintenant cette parole tout à l'heure étrange de Pascal : « L'homme suit sa

---

(1) V. Descartes, *Les passions de l'âme*. Articles II et III.

raison en se donnant au plaisir. » Elle a un sens tout cartésien, et signifie que l'amour est un mouvement inné que nous développons, en nous livrant au plaisir intellectuel d'aimer, comme nous développons notre idée rationnelle du cercle ou du triangle, en étudiant par la géométrie les propriétés du triangle et du cercle; c'est ce qui fait « que ce caractère d'amour se développe à mesure que l'esprit se perfectionne. »

L'amour étant de l'esprit, il aura toutes les qualités et prendra toutes les formes de l'esprit. L'amour est le même partout parce que partout la raison est la même : « Si l'esprit est délicat l'amour sera délicat — *Aimer à droite et à gauche sans se fixer à un même objet, c'est comme avoir l'esprit faux et ne pouvoir arrêter son attention sur aucune idée.* — L'égarement à aimer en divers endroits est aussi monstrueux que l'injustice dans l'esprit. — L'amour donne de l'esprit et se soutient par l'esprit. » Enfin, et voici la suprême conséquence de cette théorie spiritualiste de l'amour : « *On a eu tort d'ôter le nom de raison à l'amour;* on les a opposés sans un bon fondement : car *l'amour et la raison n'est qu'une même chose.* C'est une précipitation de pensées qui se porte d'un côté sans bien examiner tout, mais c'est toujours *une raison*, et l'on ne doit et on ne peut pas souhaiter que ce soit autrement; car nous serions des machines très désagréables : n'excluons donc point *la raison de l'amour puisqu'elle en est inséparable.* Les poètes n'ont donc pas eu raison de nous dépeindre l'amour comme un aveugle : il faut lui ôter son bandeau et lui rendre désormais la jouissance de ses yeux. »

Telle est cette théorie de l'amour qui nous semble être le type même de l'amour cartésien, et à cause de l'époque et de l'état d'esprit où Pascal l'a conçue, et à cause des éléments si cartésiens dont elle se compose, l'innéité, la spiritualité de la passion, son développement rationnel, sa clairvoyance logique et son épanouissement idéaliste.

Or cet amour raisonnable et *sans bandeau* n'est-il pas justement celui de Bérénice et de Monime, de Phèdre aussi et même d'Hermione ? Aucune des héroïnes de Racine, pas même la plus exaltée, n'est en proie à une passion absolument inconsciente et aveugle. Écoutez Phèdre quand elle explique à la nourrice l'origine de sa tendresse pour Hippolyte, ses causes, son développement et la fin qu'elle prévoit. Comme cette histoire de son cœur est précise, régulière, presque méthodique ! Quelle clarté et quelle suite dans cette psychologie personnelle ! Quant à Hermione, malgré tout ce qu'on a dit de ses fureurs, elle se connaît si bien, qu'elle avoue cette connaissance et la redoute comme une douleur de plus :

> Je crains de me connaître en l'état où je suis (1) !

Dans le moment même où elle semble être le plus en délire, elle interroge son cœur éperdu ; c'est le monologue fameux qui commence le cinquième acte :

> Où suis-je ? Qu'ai-je fait ? que dois-je faire encore ?
> Quel transport me saisit ? quel chagrin me dévore ?
> Errante et sans dessein, je cours dans ce palais ;
> Ah ! ne puis-je savoir si j'aime ou si je hais ?

Là encore Hermione s'analyse, cherche à démêler le vrai sentiment de son âme parmi tous ceux qui la traversent en se contredisant, et termine par cette alternative très raisonnable : Si l'évènement qu'on va m'apprendre me prouve que Pyrrhus est encore capable de m'aimer, je l'aimerai ; s'il m'atteste que Pyrrhus ne ressent plus

(1) Acte II, scène I.

rien pour moi, alors je le haïrai et le tuerai. Et quand Oreste vient annoncer que Pyrrhus est mort, Hermione alors ne pouvant pas faire l'expérience de sa puissance sur Pyrrhus, et n'ayant plus ni la perspective ni l'incertitude du triomphe ou de la défaite, Hermione n'a plus de raison pour hésiter entre la haine et l'amour ; maintenant que Pyrrhus n'est plus là pour démentir, refuser, humilier son amour (ce qui eût été la seule cause et la seule justification de sa haine), cette vraisemblance de sa haine s'évanouit ; l'amour reste seul ; Hermione ne peut plus même admettre qu'elle ait cessé un seul instant d'aimer, et le reproche amer et ironique dont elle accable Oreste n'est autre que l'expression de son mépris pour un homme sans clairvoyance, un faible psychologue qui n'a pas su la connaître comme elle se connaissait elle-même :

> Ah ! fallait-il en croire une amante insensée ?
> Ne devais-tu pas lire au fond de ma pensée ?
> Et ne voyais-tu pas dans mes emportements
> Que mon cœur démentait ma bouche à tous moments (1) ?

Ce qui veut dire : le cœur a ses raisons que la raison connaît, quand elle n'a pas d'intérêt à les méconnaître. Si Oreste eût raisonné sur la nature même de l'amour, au lieu de se laisser volontiers tromper par le jeu des apparences, il eût compris que les malédictions et les cris de vengeance d'Hermione étaient encore une forme de son invincible passion pour Pyrrhus. Hermione connaît donc mieux l'amour qu'Oreste, parce qu'elle l'éprouve davantage ; elle confirme la loi de Pascal : l'amour qu'on ressent est proportionnel à l'esprit qu'on a : « L'amour donne de l'esprit et se soutient par l'esprit. » Il est cer-

---

(1) Acte V, scène III.

tain qu'Oreste, qui est dupe d'Hermione, et Antiochus, qui l'est de Bérénice, ne sont moins intelligents de leurs propres affaires qu'Hermione et Bérénice, que parce qu'ils sont moins amoureux.

En poursuivant l'analyse du *Discours* de Pascal, on accuserait de plus en plus, dans le détail, l'identité de l'amour cartésien et de l'amour classique.

Une fois le bandeau enlevé et la vue rendue à l'amour, sur quel *objet* Pascal lui fait-il fixer les yeux ? — Sur la beauté. — L'homme ne peut pas s'aimer soi-même, n'aimant pas la solitude égoïste : il lui faut chercher au dehors un objet digne de son amour. Mais comme il est la plus belle créature de Dieu, c'est en lui-même qu'il trouve le premier type de la beauté. Ce type tout personnel et intime, il le transporte aux choses extérieures et leur prête des traits de sa beauté propre pour les pouvoir trouver belles. Or les plus belles seront nécessairement celles qui lui ressembleront le plus : « C'est pourquoi la beauté, qui peut contenter l'homme, consiste non seulement dans la convenance, mais aussi dans la ressemblance : elle la retient et elle l'enferme dans la différence du sexe. »

Notons en passant que Pascal nous donne une raison esthétique de la préférence du XVIIe siècle pour l'homme et de son éloignement pour la nature. C'est que l'homme est plus beau que la nature, et que les artistes classiques aspirant à ce qu'il y a de plus beau parmi les choses belles ont nécessairement choisi la beauté humaine qui est la plus proche de la divine.

Pascal explique ensuite comment cet idéal commun prend des aspects variés et revêt des formes particulières :

« Mais cette idée générale de la beauté gravée dans

nos âmes avec des caractères ineffaçables, ne laisse pas que de recevoir de très grandes différences dans l'application particulière. Car l'on ne souhaite pas nûment une beauté, mais l'on y désire mille circonstances qui dépendent de la disposition où l'on se trouve : et c'est en ce sens qu'on peut dire que *chacun a l'original de sa beauté dont il cherche la copie dans le grand monde.* »

Voilà donc la beauté décomposée en deux éléments : l'un inné, fixe, universel qui est proprement la beauté ; l'autre variant avec la mode et les goûts, et qui est l'agrément : « C'est pourquoi, dit Pascal, il y a un siècle pour les blondes, un autre pour les brunes. La mode même et le pays règlent souvent ce qu'on appelle la beauté. » Et quand plus loin il ajoute : « L'agréable et le beau ne sont que la même chose, » il ne tourne point, comme on pourrait le croire, à une interprétation voisine du sensualisme et ne confond pas ce qui provoque l'*admiration* avec ce qui provoque seulement le *plaisir*. C'est de la beauté morale qu'il parle, et ce qu'il entend par agréable, c'est la grâce, c'est-à-dire la force attractive de la beauté. Il définit en effet l'agréable comme on définirait la grâce : « Disons que ce n'est que le naturel avec une facilité et une vivacité d'esprit qui surprennent. — Dans l'amour ces deux qualités sont nécessaires : il ne faut rien de force et il ne faut rien de lenteur. »

Enfin Pascal et Racine se rencontrent encore dans cette appréciation peu janséniste des effets du théâtre : « La comédie est une représentation si naturelle et si délicate des passions, qu'elle les émeut et les fait naître dans notre cœur et surtout celle de l'amour, principalement lorsqu'on le représente fort chaste et fort honnête.

Ainsi l'on s'en va de la comédie le cœur si rempli de toutes les beautés et de toutes les douceurs de l'amour, l'âme et l'esprit si persuadés de son innocence qu'on est tout préparé à recevoir ses premières impressions ou plutôt à chercher l'occasion de les faire naître dans le cœur de quelqu'un pour recevoir les mêmes plaisirs et les mêmes sacrifices que l'on a vus si bien dépeints. »

Plus tard, sans doute, Pascal et Racine changeront singulièrement d'avis : mais malgré le démenti postérieur de leur conversion et de leur fin mystique, ils auront eu tous deux une belle phase rationaliste, cartésienne et classique, où leurs génies si différents, mais inspirés un instant par la même doctrine, ont exprimé sur le même objet des idées semblables et presque dans le même ton. D'où viendrait cet accord momentané de deux tempéraments si contraires, sinon de l'influence commune qu'ils ont subie tous deux, puisque Pascal a été classique pour le temps où il a été cartésien, et que Racine, le classique par excellence, a mis à la beauté classique de ses personnages l'âme que cette beauté devait exprimer le mieux, une âme cartésienne ?

II.

LA BRUYÈRE.

Le chapitre des *Ouvrages de l'Esprit*. — Théorie de l'imitation originale.

Nous avons étudié déjà, dans Descartes, et sous sa forme philosophique, la théorie de l'imitation originale. Elle est, en littérature, le grand principe des classiques ; tous s'y soumettent ; mais La Bruyère lui a donné sa formule la plus frappante dans un paragraphe des *Ouvrages de l'Esprit* : « On a dû faire du style ce qu'on a fait de l'architecture ; on a entièrement abandonné l'ordre gothique, que la barbarie avait introduit pour les palais et pour les temples ; on a rappelé le dorique, l'ionique et le corinthien : ce qu'on ne voyait plus que dans les ruines de l'ancienne Rome et de la vieille Grèce, devenu moderne, éclate dans nos portiques et dans nos péristyles. De même on ne saurait, en écrivant, rencontrer le parfait, et, s'il se peut, surpasser les anciens que par leur imitation. »

Voilà la théorie de l'*imitation ;* elle est bien, comme nous l'avons dit, solidaire de la conception d'une perfection unique, d'un type de beauté universel et éternel. En effet, si La Bruyère, comme les autres classiques, prescrit d'imiter les anciens, ce n'est pas pour s'éviter le labeur de l'invention ou par une superstition étroite pour des autorités aveuglément reconnues ; c'est parce que les anciens ont rencontré les premiers la perfection et que, comme il n'y en a qu'une, il n'y a aussi qu'un moyen d'être artiste après eux : c'est de suivre fidèlement les règles de leur art, d'adopter leur méthode et même, à l'occasion, de reprendre leurs sujets.

Mais cette imitation, nécessaire et raisonnable, comment sera-t-elle originale ? Le XVIIe siècle, en effet, ne se fait point de l'art une si petite idée qu'il consente à le réduire à une simple reproduction. Au contraire : il revendique fièrement, aussi bien en littérature qu'en philosophie, les droits de la personnalité ; il veut que l'œuvre porte la marque propre de l'ouvrier.

Rien ne nous semble plus capable d'éclairer cette conception classique de la liberté et de la personnalité, sauvegardées même dans l'imitation, que le rapprochement instructif que nous allons faire de deux pensées des *Ouvrages de l'Esprit,* la première et la dernière.

La Bruyère commence, comme l'on sait, son chapitre par une sorte d'aveu de découragement : de quelque côté que l'écrivain se tourne, il lui apparaît que tous les sujets ont été pris et toutes les pensées exprimées. « Tout est dit : et l'on vient trop tard, depuis sept mille ans qu'il y a des hommes et qui pensent. Sur ce qui concerne les mœurs, le plus beau et le meilleur est enlevé ; l'on ne fait que glaner après les anciens et les habiles d'entre les modernes. » Et le même chapitre, qui n'est pas long, finit par une pensée toute différente, et au premier abord contradictoire : c'est une affirmation fière et catégorique de la possibilité d'être encore et à son tour original, même après sept mille ans ; cette perspective de banalité et de répétition fatales qui attristait le début s'est évanouie au courant du chapitre, et il se termine par ce trait d'humeur tout allègrement moderne : « Horace ou Despréaux l'a dit avant vous. Je le crois sur votre parole, mais je l'ai dit comme mien. Ne puis-je pas penser après eux une chose vraie, et que d'autres encore penseront après moi? »

Comment concilier ces deux pensées? Si « tout est dit », si La Bruyère « vient trop tard », pourquoi ne reconnaît-il pas qu'il n'a fait que répéter Horace et Despréaux, et quelle est donc cette liberté de dire les choses « comme siennes » qui fait que ce qu'il dit, même après Horace et Despréaux, garde néanmoins une valeur d'invention et de personnalité? Tout s'explique et les deux pensées s'accordent et se confirment, si l'on en tire la doctrine qu'elles renferment et que nous avons trop souvent rencontrée au courant de ce travail pour y insister de nouveau. La Bruyère entend que les bons esprits de tous les temps, quand ils pensent bien, pensent les mêmes choses. La matière de l'intelligence humaine est dans la raison universelle, et chacun peut l'y trouver à son tour sans rien emprunter ni dérober à personne de ses prédécesseurs, sans rien fermer non plus à ses successeurs du domaine du vrai. Quelle que soit la banalité d'une pensée, l'écrivain pourra toujours la faire sienne, d'abord par un libre effort d'esprit pour la penser lui-même, ensuite par l'invention d'une forme nouvelle et propre par laquelle il l'exprimera. Rien de plus conforme à la doctrine et à la méthode cartésiennes. Descartes a fait *siennes*, par un ordre logique à lui, des doctrines métaphysiques d'une haute antiquité comme l'immortalité et la spiritualité de l'âme, l'existence de l'être infini, la certitude, l'objectivité des idées de la raison, etc.

Ce chapitre des ouvrages de l'esprit renferme du reste beaucoup d'autres vues cartésiennes. Ainsi, sur l'unité de l'œuvre d'art, La Bruyère est tout à fait de l'avis de Descartes :

« L'on n'a guère vu, jusqu'à présent, un chef-d'œuvre d'esprit qui soit l'ouvrage de plusieurs. » Il pense aussi qu'il y a une vérité esthétique, comme il y a une vérité métaphysique, et que le goût qui y atteint est absolu, comme la raison même :

« Il y a dans l'art un point de perfection, comme de bonté ou de maturité dans la nature. Celui qui le sent et qui l'aime a le goût parfait : celui qui ne le sent pas, et qui aime en deçà ou au delà a le goût défectueux. Il y a donc un bon et un mauvais goût et l'on dispute des goûts avec fondement. » On ne saurait répondre avec un rationalisme plus rigoureux à la maxime si connue de l'empirisme : « On ne dispute pas des goûts. »

La Bruyère pousse l'estime de l'ordre et de la méthode jusqu'à leur attribuer le pouvoir de faire naître les pensées elles-mêmes : « L'on a mis enfin dans le discours tout l'*ordre* et toute la *netteté* dont il est capable : cela conduit insensiblement à y mettre de l'*esprit*. » Enfin la vraie beauté est universelle et non actuelle : « Celui qui n'a égard en écrivant qu'au goût de son siècle songe plus à sa personne qu'à ses écrits : il faut toujours tendre à la *perfection :* et alors cette justice qui nous est quelquefois refusée par les contemporains, la postérité sait nous la rendre. »

III.

VOLTAIRE.

(LE SIÈCLE DE LOUIS XIV.)

Théorie des grands siècles. — Limitation de l'art : il n'y a qu'un nombre déterminé de sujets. — Impossibilité d'*inventer* et nécessité d'*imiter :* limites de l'*imitation*. — Une fois la *perfection* atteinte, l'*imitation* devient à son tour *impossible*, et l'art, empêché de se renouveler par sa propre nature et ses conditions, s'arrête fatalement.

Ce n'est pas, on le pense bien, à travers l'œuvre entière de Voltaire que nous prétendons chercher ses opinions en littérature et en esthétique. Outre que la recherche serait immense, elle n'aboutirait encore qu'à une collection de jugements très divers, le plus souvent contradictoires dont il serait délicat de tirer une conclusion unique et fixe. Avec des textes bien choisis, et à condition d'écarter ceux qui gêneraient, on pourrait démontrer également que Voltaire a été classique et qu'il a été romantique ; qu'il a été rationaliste avec Descartes et tout au contraire empirique avec Locke. On alléguerait d'une part qu'il a révélé Shakespeare aux Français avec un enthousiasme qui promettait une révolution littéraire ; et d'autre part on opposerait que peu après il a appelé « barbare » le même Shakespeare et qualifié ses chefs-d'œuvre de « farces monstrueuses (1). » Il a écrit des drames suivant la formule de Diderot, mais aussi des tragédies suivant la formule de Racine ; il a réclamé le droit de se servir au théâtre d'un grand appareil pour

(1) Préface de l'*Orphelin de la Chine*.

frapper les sens (1), d'y mettre la nature, le réel, « l'horreur (2) », comme il dit ; et il a aussi reproché aux Anglais de frapper les sens plus que l'esprit, et de montrer sur leur scène des choses naturelles, réelles et horribles (3).

Même alternative de sympathie mobile pour Descartes et pour Locke, et même facilité pour la critique de ranger Voltaire, soit parmi les philosophes de la raison, soit

---

(1) « J'ose être sûr que le sublime et le touchant portent un coup plus sensible, quand ils sont soutenus d'un *appareil* convenable et qu'il faut frapper l'âme et les yeux à la fois. Ce sera le partage des génies qui viendront après nous. J'aurai du moins encouragé ceux qui me feront oublier. » (*Épître à M*me *de Pompadour*; Préface de *Tancrède*.)

Et Voltaire ajoute un peu plus loin : « Ces grands tableaux, que les anciens regardaient comme la partie essentielle de la tragédie, peuvent aisément nuire au théâtre de France, en le réduisant à n'être presque qu'une vaine décoration. » *(Ibid.)*

(2) « J'avoue que c'est mettre *l'horreur* sur le théâtre, et Votre Majesté est bien persuadée qu'il ne faut pas que la tragédie consiste uniquement dans une déclaration d'amour, une jalousie et un mariage. » (Lettre au roi de Prusse sur *Mahomet*.)

(3) Sans citer les injures que Voltaire adresse à Shakespeare et qui sont bien connues, nous trouvons dans l'épitre dédicatoire de *Zaïre*, adressée à M. Falkener, négociant anglais, quelques vers écrits de sang-froid et qui sont l'éloge de la simplicité classique opposée à la complexité du drame anglais :

>Cette heureuse simplicité
>Fut un des plus dignes partages
>De la savante antiquité.
>Anglais, que cette nouveauté
>S'introduise dans vos usages.
>Sur votre théâtre infecté
>D'horreurs, de gibets, de carnages,
>Mettez donc plus de vérité,
>Avec de plus nobles images.
>........................
>Travaillez pour les connaisseurs
>De tous les temps, de tous les âges !

parmi les philosophes de l'expérience (1). Laissons donc de côté ces variations d'un tempérament essentiellement éclectique, et sans suivre l'histoire de ses changements, qui ne prouvent rien, arrêtons-nous à la phase où il a été incontestablement rationaliste et classique, et qui est marquée par la publication du *Siècle de Louis XIV*. C'est un monument d'admiration intelligente et convaincue, élevé au génie classique par l'esprit le plus capable de le comprendre et de le célébrer. Voltaire est entré dans les secrets de la perfection littéraire au XVIIe siècle avec une pénétration et une sûreté qui n'ont pas été dépassées même par les plus compétents et les mieux renseignés des critiques postérieurs. Aussi ce qu'il a écrit sur les beaux arts dans son *Siècle de Louis XIV* est-il l'explication, la confirmation et l'approbation de la doctrine esthétique de Boileau.

« Quiconque pense, dit Voltaire au début de son livre, et, ce qui est encore plus rare, quiconque a du goût, ne compte que quatre siècles dans l'Histoire. Ces quatre âges heureux sont ceux où les arts ont été perfectionnés et qui, servant d'époque à la grandeur de l'esprit humain, sont l'exemple de la postérité. » Cette théorie des grands siècles est la conséquence logique de la conception d'une *perfection unique* et elle a pour conséquence

---

(1) Voir sur Descartes le *Siècle de Louis XIV*, Liste des écrivains. Sur Locke, ch. XXXIV.

« Descartes parut alors : il fit le contraire de ce qu'on devait faire ; au lieu d'étudier la nature, il voulut la deviner. Il était le plus grand géomètre de son siècle ; mais la géométrie laisse l'esprit comme elle le trouve. Celui de Descartes était trop porté à l'invention. Le premier des mathématiciens ne fit guère que des romans en philosophie. Un homme qui dédaigna les expériences, qui ne cita jamais Galilée, qui voulait bâtir sans matériaux, ne pouvait élever qu'un édifice imaginaire. » (*Siècle de Louis XIV*, chapitre XXXI.)

à son tour la *nécessité de l'imitation*, qui sont, comme nous l'avons vu, les deux maximes capitales de la doctrine classique.

Pourquoi, en effet, réduire ainsi l'histoire de l'esprit humain à quatre époques et jeter un oubli volontaire sur le reste des temps ? Pourquoi le goût ne compte-t-il que quatre siècles, et que fait-il des autres ? — Les autres n'étant point des apogées comme ces quatre âges privilégiés, et n'étant au contraire que la préparation obscure de ceux-là, ne méritent pas qu'un homme délicat s'occupe d'eux. Ainsi Boileau datait de Malherbe l'histoire de la littérature française, et négligeait tout ce qui est au delà, sans faire la différence entre le « médiocre et le pire » parce que, pour son esprit absolu, la beauté réalisée en perfection et suivant le seul type possible, devait seule compter. Pour Voltaire, historien de l'art, ce sont les seules époques où cette beauté unique a été réalisée par les grands artistes, qui méritent d'être étudiées et consacrées par l'histoire. Ces époques rares et heureuses viennent au moment marqué et donnent la vie à un idéal de perfection absolue, avant laquelle il n'y a que tâtonnements, après laquelle il n'y a que décadence. Tout l'intervalle qui sépare ces âges illustres est rempli par un travail inconscient et tumultueux de l'esprit humain, qui n'offre aucun intérêt puisqu'il n'offre aucune beauté. « Tous les siècles se ressemblent par la méchanceté des hommes : mais je ne connais que ces quatre âges distingués par les grands talents. »

Heureux donc les écrivains et les artistes qui vivront sous un Périclès, un Auguste, un Léon X, un Louis XIV. C'est pour préparer une matière à leur talent que des devanciers, demeurés légitimement inconnus, auront obscurément travaillé ! Malheur aussi à ceux qui les suivront, car ces grands privilégiés « auront tout dit » et on « viendra trop tard après eux. »

Ces vues qui concordent si bien avec celles de Boileau et de La Bruyère, et qui apparaissent à la première page du livre de Voltaire comme un solennel frontispice classique, sont reprises avec plus de détail dans le chapitre XXXII, sur les beaux arts.

Dans la lettre à Mme du Chastelet qui sert de préface à la tragédie d'*Alzire*, Voltaire dit : « Dans le commencement du dernier siècle, les Français apprirent à arranger des mots : le siècle des choses est arrivé. » Mais Voltaire n'avait pas été toujours de cet avis et cette pensée qui laisse un beau rôle au XVIIIe siècle, malgré l'éclat du XVIIe, est singulièrement contredite par celle-ci : « Les grands hommes du siècle passé ont enseigné à penser et à parler ; ils ont dit ce qu'on ne savait pas. Ceux qui leur succèdent ne peuvent guère dire que ce qu'on sait. » Voilà posée en deux lignes la doctrine de l'imitation rendue nécessaire par le nombre des chefs-d'œuvre. Il n'y a qu'un moment favorable pour le libre épanouissement du génie ; c'est quand les devanciers ont déjà préparé les voies et quand la foule des imitateurs ne les a pas encore encombrées et obstruées. « La route était difficile au commencement du siècle, parce que personne n'y avait marché ; elle l'est aujourd'hui parce qu'elle a été battue. »

Mais pourquoi l'imitation devient-elle, à un moment, nécessaire ? Qui empêche les derniers venus d'abandonner cette voie battue par les aînés et de chercher ailleurs des formes nouvelles de la beauté ? L'art n'est-il pas libre par essence et son privilège inaliénable ne consiste-t-il pas à varier à l'infini les expressions des mêmes choses ?

Sans doute l'art se manifeste tout d'abord avec cette liberté et cette puissance de création indéfinie. Avec Descartes, avec Corneille, avec Boileau même il s'attribue la faculté de rajeunir et de renouveler par des formes originales le fond commun. Mais bientôt, à force de se soumettre à des lois invariables, il est obligé de reconnaître que le nombre de ces formes, qu'il avait cru d'abord indéfini, est au contraire très limité : il constate, par l'impuissance où il tombe de produire du nouveau, que la forme parvenue à un « point de perfection » devient à son tour universelle et commune, qu'elle s'impose par sa beauté même, et qu'elle force à l'imitation par l'impossibilité pour l'artiste de trouver mieux. De là alors un découragement fatal dont la raison prend son parti en en faisant une théorie : celle *de l'imitation*.

« Quand les premiers pas sont faits, dit Voltaire, alors les génies se développent ; l'émulation, la faveur publique prodiguée à ces nouveaux efforts, excitent tous les talents. Chaque artiste saisit en son genre les beautés naturelles que ce genre comporte. Quiconque approfondit la théorie des arts purement de génie doit, s'il a quelque génie lui-même, savoir que ces premières beautés, ces grands traits naturels qui appartiennent à ces arts, et qui conviennent à la nation pour laquelle on travaille, sont en petit nombre. Les sujets et les embellissements propres aux sujets ont des bornes bien plus resserrées qu'on ne pense.....

« Si donc il se trouve jamais quelque artiste qui s'empare des seuls ornements convenables au temps, au sujet, à la nation, et qui exécute ce qu'on a tenté, ceux qui viendront après lui trouveront la carrière remplie. »

Et Voltaire, après cette exposition générale, prend en particulier quelques-uns des genres littéraires les plus réputés et en montre les limites. Ainsi la tragédie, dont le domaine semble tout d'abord immense et en bien des points inexploré, est pour ainsi dire épuisée : « Il ne faut pas croire que les grandes passions tragiques et les grands sentiments puissent se varier à l'infini d'une manière neuve et frappante. Tout a des bornes. » Il en va de même pour la haute comédie : « Il n'y a dans la nature humaine qu'une douzaine, tout au plus, de caractères vraiment comiques et marqués de grands traits. L'abbé Dubos, faute de génie, croit que les hommes de génie peuvent encore trouver une foule de nouveaux caractères : mais il faudrait que la nature en fît. » Si nous nous tournons vers l'éloquence de la chaire, mêmes conditions et mêmes restrictions. Une fois que la peinture de la mort « a été faite par des mains habiles, tout cela devient lieu commun : on est *réduit à imiter ou à s'égarer*. » On voudrait croire enfin que l'imagination peut combiner à l'infini les personnages, l'intrigue et l'action des fables ; il semble qu'elle soit à son aise pour inventer toujours dans un genre où il y a plus de fantaisie que de règle : erreur : « Un nombre suffisant de fables étant composé par un La Fontaine, tout ce qu'on y ajoute rentre dans la même morale, et presque dans les mêmes aventures. Ainsi donc *le génie n'a qu'un siècle*, après quoi il dégénère. »

Nous voilà loin déjà de La Bruyère et l'on sent bien que de lui à Voltaire l'art classique s'est appauvri en se prolongeant. Du moins dans La Bruyère le « tout est dit » est relevé et atténué par la confiance de pouvoir dire encore ce qui a été dit, mais autrement. Au jugement de Voltaire il ne reste plus à l'artiste que la perspective de dire les mêmes choses, et, s'il veut les bien dire, de la même façon que ses prédécesseurs. La généralité du fond, acceptée par les classiques, gagne donc peu à peu la forme, comme par une inévitable contagion que les grands écrivains de la première heure n'avaient ni à prévoir ni à redouter, mais que ceux qui sont venus après et qui ne les valaient pas, comme Voltaire, par exemple, ont pleinement subie et quelquefois tristement ressentie. Tant que la théorie de l'imitation était appliquée par des Français modernes à des anciens, grecs ou latins, l'imitation se dissimulait derrière la distance et derrière la langue ; Molière transfigurait Térence et Racine Euripide. Les modèles étaient si loin et les copies si nouvelles, et si libres, et si belles qu'on oubliait volontiers un lien si mince de ressemblance entre les unes et les autres : bien plus, rapprocher le modèle de la copie, loin de nuire à celle-ci et de la diminuer, la faisait au contraire valoir en accentuant sa supériorité. On « imitait » les anciens, mais en les « surpassant. »

Mais quand la seconde génération des artistes classiques se mit à imiter la première, au lieu d'aller jusqu'aux modèles de l'antiquité ; quand des Français copièrent des Français, quand Voltaire prit à Racine tout ce qu'il lui pouvait prendre, en restant bien loin de lui, alors la part et l'illusion de l'originalité disparurent ; l'imitation, qui avait fécondé le génie des aînés, fut une cause de gêne, de servitude et de découragement pour leurs successeurs. On excuse l'imitation quand elle surpasse ; on la condamne et on la méprise quand elle n'arrive pas à égaler. Ce sentiment qui commence à poindre déjà dans La Bruyère, mais qui est bien vite réprimé, éclate au contraire dans ce chapitre sur les arts et suggère à Voltaire cette décourageante conclusion, contredite heureusement par l'histoire de l'esprit humain et les révolutions littéraires postérieures : « que le génie n'a qu'un siècle, après quoi il faut qu'il dégénère. »

« Il faut qu'il change » aurait dû dire Voltaire pour avoir raison. Mais sa théorie esthétique ne lui permettait pas d'établir une différence entre les deux. Pour un classique qui admet l'unité de perfection et qui ne reconnaît qu'une seule forme et, en critique, qu'une seule formule de la beauté, *changer* c'est nécessairement *dégénérer*. Si l'œuvre n'est pas construite d'après les lois que la raison a déclarées les seules bonnes, et si elle ne répond pas au type parfait que la même raison a reconnu le meilleur, elle est nécessairement inférieure à ce qu'elle serait si elle avait obéi à ces lois et réalisé cet idéal.

C'est toujours à Descartes qu'il faut remonter pour expliquer logiquement cette condition faite à l'œuvre d'art par l'esprit classique. En admettant que Descartes ait mis dans un ordre personnel des vérités qui sont à tous, il faut admettre aussi que, du jour où cet ordre a été reconnu le meilleur, il est devenu de droit l'ordre commun : de même le genre, la composition, l'expression qui ont été d'abord les créations originales et la propriété des grands écrivains, sont devenus communs et nécessaires le jour où le goût érigé en loi a déclaré qu'en dehors d'eux il n'y avait point de perfection.

Mais qui donc empêchait Voltaire, ainsi découragé par d'inimitables devanciers, de chercher d'autres expressions de la beauté? — C'était la conviction qu'il n'y en avait pas. Descartes avait dit: « Il n'y a qu'un ordre vrai. » Boileau : « La raison n'a qu'une voie. » La Bruyère : « Il y a un point de perfection qui est le goût », et « entre toutes les différentes expressions, il n'y en a qu'une qui soit la bonne. »

Voltaire à son tour ajoute: « La perfection n'a qu'une

forme » et il tire toutes les conséquences de cette maxime, dissimulées aux beaux jours du XVIIe siècle par le nombre et l'éclat des chefs-d'œuvre, mais déjà bien sensibles et menaçantes de son temps, à cause de la pauvreté littéraire qui se manifeste de toutes parts.

Ces conséquences les voici : Puisque la perfection n'a qu'une forme, l'expression du beau par l'art est limitée. Il n'y a dans les arts « purement de génie » qu'un petit nombre de sujets, et il n'y a qu'une seule manière parfaite de traiter chacun d'eux ; — quand tous ces sujets, ont été traités, et en perfection, « on vient trop tard et l'on trouve la carrière remplie ». — Alors reste l'imitation : mais l'imitation elle-même a des limites et elle les sent bientôt.

L'imitation qui ne fait que reproduire son modèle, sans le surpasser, n'a pas de raison d'être ; elle est une décadence. Alors l'art, qui ne peut plus s'élever à la création et qui cesserait d'être l'art s'il s'abaissait indéfiniment dans l'imitation, l'art empêché de se renouveler et par sa propre nature et par les conditions d'existence que le temps lui a faites, s'arrête fatalement. La critique lui succède. L'esprit ne pouvant plus produire se réfugie dans l'admiration de ce qui est produit. Mais cette admiration elle-même n'est pas indépendante, et pas même par elle, l'esprit ne reconquiert sa liberté. Car la critique au lieu de dominer l'art est dominée par lui. Elle est forcée de le juger d'après ses propres principes, et de le gouverner avec les lois qu'il a faites et les règles qu'il s'est données. De là une critique classique engendrée par l'art classique, pour l'honorer, l'entretenir et, à tort et à faux, le prolonger quand il se sent épuisé et près de finir.

Cette critique inaugurée par Voltaire dans le *Siècle de*

Louis XIV, mais avec un certain degré d'aisance et de largeur, revêt dans le *Lycée*, une forme étroite et systématique. La Harpe, le premier qui ait tenté d'écrire une histoire complète de la littérature, ne donne à cette histoire aucun caractère historique. Autorisé par Voltaire et par le goût, il ne s'arrête qu'aux grandes époques, et c'est lui qui décide quelles sont les grandes. Encore a-t-on pu lui reprocher justement d'avoir sacrifié l'antiquité pour se hâter vers le siècle par excellence, le siècle de Louis XIV. Parmi les auteurs du siècle il fait un choix et, parmi les œuvres de ces auteurs, un autre choix qui réduit les œuvres étudiées à un très petit nombre, à une sorte de minimum. Une fois cette double sélection accomplie, le critique étudie les œuvres en elles-mêmes, les compare à un idéal absolu qu'on n'atteint que par le moyen des règles, et les juge, au nom de la raison, dignes de l'admiration ou de l'oubli, suivant qu'elles répondent ou non à cet idéal, et se soumettent ou se dérobent à ces règles universelles. La Harpe n'admet pas que le beau se réalise en dehors des lois classiques : « On a cité, dit-il, des écrivains qui ont réussi, dit-on, sans connaître ou sans observer les règles de l'art, tels que le Dante, Shakespeare, Milton et autres. C'est s'exprimer d'une manière très fausse. Le Dante et Milton connaissaient les anciens, et s'ils se sont fait un nom avec des ouvrages *monstrueux*, c'est parce qu'il y a dans ces monstres quelques belles parties exécutées avec les principes (1). »

Cette critique a priori, qui est dominée par l'esprit de choix et qui soumet les œuvres littéraires à un critérium rationnel et absolu, dérive à la fois de Descartes et de Boi-

---

(1) LA HARPE, *Introduction au cours de littérature*.

leau. Elle applique à l'art la méthode déductive des cartésiens, et accepte comme universels et éternels les principes esthétiques des classiques. Ainsi la philosophie cartésienne a formé l'art classique à son image, et celui-ci, à son tour, a créé à sa ressemblance un genre particulier de critique dont Voltaire a donné le premier modèle dans son *Siècle de Louis XIV* : La Harpe a étendu et accentué ce genre dans son *Lycée* : de nos jours l'*Histoire de la littérature française* de M. D. Nisard en est le dernier monument, du plus pur style et du plus grand caractère.

IV.

LE PÈRE ANDRÉ.

Première forme philosophique de l'esthétique classique : *L'essai sur le beau*. — Analyse et critique.

L'*Essai sur le beau* est un opuscule peu connu et qui pourtant mérite de l'être à plus d'un titre. C'est d'abord le premier traité d'esthétique écrit en français. Jusque-là les philosophes, et quelques-uns seulement, n'avaient touché qu'en passant la question du beau. Ou plutôt ce n'avait été une question philosophique pour personne.

Bossuet et Fénelon en développant la philosophie cartésienne, plus pour l'amplifier que pour l'agrandir, avaient fait du beau un attribut de Dieu (1). Comme le bien, comme le vrai, le beau, dans leur doctrine, est une manière d'être de l'infini. Il y a un beau absolu qui réside en Dieu et qui est la source de toutes les belles choses créées par la nature ou produites par l'art (2).

Cette assimilation très simple du beau aux autres attributs de Dieu une fois posée a priori, il allait de soi que tout ce qu'on avait dit du bien et du vrai convenait également au beau. On ne voyait à cette identification ni inconvénient ni obscurité, et Victor Cousin qui a repris la théorie en la développant dans son livre *Du Vrai, du Beau et du Bien* donne à ces trois attributs de l'infini une égale valeur et, pour l'esprit, une égale clarté.

(1) C'est à peine même si le mot *beau* paraît dans leurs écrits philosophiques, et ce n'est qu'indirectement qu'ils s'occupent de la beauté.
(2) Bossuet ne dit pas explicitement que la beauté est un attribut de Dieu. Il ne se sert même pas une seule fois du mot beau dans son quatrième chapitre, « De Dieu créateur de l'âme et du corps, et auteur

Il lui a même semblé inutile d'entrer dans le détail et de chercher à expliquer les diverses formes de l'art par cette définition métaphysique du beau.

de leur vie. » Mais il y donne à Dieu la qualité d'être *l'artiste suprême* et *l'auteur de l'ordre des choses*. Or on sait que pour les cartésiens l'ordre et la beauté sont identiques. Il se sert du reste ici d'une comparaison qui ne laisse aucun doute sur l'exactitude de notre interprétation :

« C'est une cause intelligente qui fait tout par raison et par *art* : qui par conséquent a en elle, ou plutôt qui est elle-même la raison primitive de tout ce qui est. Et les choses qui sont hors de lui n'ont leur être et leur vérité parfaite, que par le rapport qu'ils ont avec l'idée de l'artisan. L'architecte a dessiné dans son esprit un palais ou un temple, avant que d'en avoir mis le plan sur le papier ; et cette idée intérieure de l'architecte est le vrai plan et le seul vrai modèle de ce palais ou de ce temple.

» Ce palais ou ce temple seront le vrai palais ou le vrai temple que l'architecte a voulu faire, quand ils répondront parfaitement à cette idée intérieure qu'il en a formée. Ainsi tout est vrai dans les créatures de Dieu, parce que tout répond à l'idée de cet architecte éternel, qui fait tout ce qu'il veut et comme il veut. » (*De la Conn. de Dieu et de soi-même*, Chap. IV.)

On sait que Bossuet, analysant la vérité éternelle, dit qu'elle est en Dieu ou plutôt qu'elle est Dieu lui-même. Pour l'infini il n'y a pas un sujet connaissant et un objet connu distincts l'un de l'autre : le sujet et l'objet ne font qu'un : c'est la pensée de la pensée. Dieu est *la raison logique* des choses. On peut donc dire de même en poursuivant la pensée de Bossuet, que quand on le considère comme un artiste, il en est la *raison esthétique*. Mais ici comme tout à l'heure il n'y a pas un sujet et un objet distincts ; il y a un créateur de la beauté qui est en même temps la beauté même. « La vérité et l'intelligence ne font qu'un : et il se trouve une intelligence, c'est-à-dire Dieu, qui, étant aussi la vérité même, est elle-même son unique objet. Il n'en est pas ainsi des autres choses qui entendent ; car quand j'entends cette vérité, *Dieu est*, cette vérité n'est pas mon intelligence. Ainsi l'intelligence et l'objet en moi peuvent être deux ; en Dieu, ce n'est *jamais qu'un*. Car il n'entend que lui-même, et il entend tout en lui-même, parce que tout ce qui est, et n'est pas lui, est en lui comme dans sa cause. » (*Conn. de Dieu et de soi-même*, Chap. IV.)

Au lieu de laisser de côté, comme l'avaient fait Bossuet et Fénelon, le beau pour s'occuper exclusivement du vrai et du bien, Victor Cousin lui consacre une place égale, et il donne à l'esthétique, entre la morale et la logique, une importance que les écoles françaises ne lui

Pourtant, le lien n'est pas visible tout d'abord entre un attribut de Dieu et ce qui fait la valeur esthétique avaient pas encore accordée. On connait assez ces chapitres éloquents sur le beau pour qu'il soit superflu de les résumer ici. Le beau, comme le bien et le vrai, n'est autre chose qu'un attribut de Dieu, une forme de l'infini. C'est ce beau absolu et divin qui est le principe de l'art et qui explique les chefs-d'œuvre humains, comme la bonté divine, ou bien suprême, est la source de toute moralité et explique la possibilité du devoir et du désintéressement parmi les hommes :

« Le même esprit transporté dans l'esthétique nous a fait saisir le beau à côté de l'agréable, et au-dessus des beautés diverses et imparfaites que la nature nous offre, une beauté idéale, une et parfaite, sans modèle dans la nature et seul modèle digne du génie. »

Et encore : « Si toute perfection appartient à l'être parfait, Dieu possédera la beauté dans sa plénitude. Père du monde, de ses lois, de ses ravissantes harmonies, auteur des formes, des couleurs et des sons, il est le principe de la beauté dans la nature. C'est lui que nous adorons, sans le savoir, sous le nom d'idéal, quand notre imagination, entraînée de beautés en beautés, appelle une beauté dernière où elle puisse se reposer. C'est à lui que l'artiste, mécontent des beautés imparfaites de la nature et de celles qu'il crée lui-même, vient demander des inspirations supérieures. C'est enfin en lui que se résument les deux grandes formes de la beauté en tout genre, le beau et le sublime, puisqu'il satisfait toutes nos facultés par ses perfections et les accable de son infinitude. »

« .... Ainsi de toutes parts, de la métaphysique, de l'esthétique, surtout de la morale, nous nous élevons au même principe, centre commun, fondement dernier de toute vérité, de toute beauté, de tout bien. » (*Du vrai, du beau et du bien.* XVIIe leçon.)

Cette doctrine n'est autre que la pure théorie cartésienne, mais complétée par l'esthétique. Descartes n'a guère spéculé que sur le *vrai* : Malebranche y a ajouté le *bien*, et il a écrit un traité de morale : Le Père André a essayé d'y ajouter le *beau* ; mais ce n'est qu'avec V. Cousin que les trois idées ont acquis la même importance, et qu'elles ont constitué trois parties dans la philosophie, qui sont devenues égales : la morale, la logique et l'esthétique, tandis qu'au temps de Descartes c'était pour ainsi dire la métaphysique seule et la logique qui composaient toute la philosophie. On peut donc considérer la doctrine de V. Cousin, du moins dans cette forme et sur cette question, comme l'épanouissement du cartésianisme, puisqu'elle n'est pas autre chose que l'extension au beau et au bien de ce que Descartes avait dit du vrai.

d'une symphonie ou d'une peinture. Pour peu qu'on se demande comment une qualité spirituelle et idéale peut se réaliser dans des éléments sensibles, s'exprimer par des lignes, des couleurs, des surfaces ou des sons, on s'aperçoit que l'explication est pour le moins laborieuse. On peut comprendre en effet, ou plutôt concevoir que le bien soit une idée, et que la morale pratique consiste dans l'application de cette idée à la matière de la vie, comme les figures matérielles de l'architecture sont une expression approximative des figures idéales de la géométrie, conçues par l'imagination.

On conçoit encore, et mieux peut-être que le vrai soit d'essence intellectuelle puisqu'il est le rapport de la réalité à la pensée et la vue adéquate des relations des choses entre elles. Donc, étant donné un être suprême, absolument parfait, rien ne s'oppose à ce que l'esprit de l'homme lui attribue une moralité et une intelligence parfaites dont la moralité et l'intelligence humaines ne sont que des réductions imparfaites et extrêmement petites. Dans ce sens, il y a de Dieu à l'homme, réduction sans doute, mais pourtant ressemblance; il y a infinie distance, mais il y a au moins un trait commun.

Mais pour ce qui est de l'attribut de la beauté, on ne comprend ni la réduction, ni la ressemblance. Il y a entre le beau, attribut de Dieu, et le beau, réalisé par les arts, toute la distance qu'il y a entre l'esprit et la matière. Et on sait quelle est cette distance dans le cartésianisme, puisqu'elle va jusqu'à l'incompatibilité et la contradiction.

Or comment la matière peut-elle ressembler à l'esprit, pour le traduire et l'exprimer? Quelle idée nous ferions-nous d'une beauté purement spirituelle? Que nous représenterait un beau non-sensible, puisque nous ne pourrions ni le percevoir ni l'imaginer?

Une telle conception nous semble impossible. On peut bien prononcer les mots *beau non-sensible*: mais ils ne répondent à rien dans la pensée, ne suscitent rien de saisissable à l'esprit, puisqu'il manquera toujours, par la définition même, le φάντασμα indispensable à la notion. En effet le beau non-sensible serait précisément une notion sans φάντασμα. Ou bien pourtant si quelques esprits particulièrement doués se sentent le privilège de voir l'abstrait au point que le beau purement spirituel leur apparaisse comme quelque chose de saisissable et de distinct, du moins cette représentation supra-sensible n'a rien de commun avec le beau de l'art.

Donc définir le beau un attribut de Dieu c'est en donner une idée aussi peu claire que possible, et s'en tenir à cette définition sans la justifier, en expliquant par elle les caractères du beau sensible (1), le seul que nous atteignions, c'est laisser de côté toute la difficulté de l'esthétique.

Il faut donc savoir gré au Père André d'avoir vu une question là où ses prédécesseurs français avaient posé une solution, et d'avoir tenté l'explication difficile des rapports du beau idéal et spirituel avec le beau sensible réalisé par les arts. Car la difficulté n'est pas de déterminer un beau idéal à qui l'on donne la même nature infinie et parfaite qu'au bien, au vrai et à l'immense. Elle consiste à montrer comment la beauté sensible procède de cette beauté infinie. C'est comme quand Platon définit les idées-types : Aristote remarque que

---

(1) Il est inutile sans doute de noter que par beau sensible nous entendons non-seulement le beau réalisé par la nature, mais encore le beau idéal, c'est-à-dire le beau composé par l'esprit avec les éléments imaginés des choses sensibles. La conception de la *Minerve* dans le cerveau de Phidias s'appelle l'idéal : c'est néanmoins une beauté sensible.

cette définition lui est facile puisqu'elle est arbitraire, poétique, et qu'enfin les idées-types sont les créations originales de sa pensée. Mais où la difficulté commence et où Aristote n'est pas satisfait, c'est lorsqu'il s'agit d'expliquer la communication de ces êtres parfaits avec les choses contingentes, c'est-à-dire la *participation*. Ici la question est à peu près la même et la difficulté réside au même point. Ce qu'il faut en effet expliquer c'est le passage de la beauté spirituelle à la beauté sensible, la relation de l'idéal avec l'art, enfin la participation des belles œuvres naturelles ou humaines avec l'attribut divin de la beauté. Célébrer d'un côté, comme fait Fénelon, l'architecte suprême, et de l'autre, décrire les merveilles de son œuvre matérielle, l'univers, sans établir un lien entre les deux, sans chercher à montrer comment la beauté sensible et contingente procède de la beauté infinie et l'exprime à l'âme humaine, c'est éviter précisément la question de la participation, ou du moins l'équivalent, c'est-à-dire la partie la plus philosophique et la plus laborieuse du problème esthétique.

C'est ce que n'a pas fait le P. André, et la valeur de son travail vient d'un effort continu pour établir une sorte de génération du beau spirituel et absolu jusqu'au beau inférieur réalisé par l'industrie, en passant par les différents degrés de beauté créés par les arts.

Toutefois son *Essai sur le beau* est plus philosophique par l'intention que par la forme et le ton. C'est un mélange singulier de divisions et de symétries, qui sont la marque du mathématicien, et de grâces littéraires, parfois surabondantes et inopportunes, qui attestent trop la destination académique du travail. Les fleurs dérobent la profondeur des vues, et les lieux communs enjolivés relâchent la suite des idées. L'encyclopédiste qui a fait la critique de l'*Essai sur le Beau* a peut-être exagéré en le qualifiant « plus oratoire encore que philosophique. » Pourtant une certaine complaisance pour les développements faciles, l'abondance du style, la recherche des figures, une inclination aux mouvements d'éloquence donnent à l'œuvre, d'ailleurs bien écrite, l'allure du discours plutôt que celle de la dissertation. Du reste il ne faut point s'en étonner puisque la première forme de l'essai était expressément oratoire. L'œuvre, en effet, n'est autre chose qu'une série de discours, au nombre de dix, prononcés par l'auteur, séparément, en diverses séances de l'Académie de Caen, vers 1731, et réunis par lui dix ans plus tard en un traité d'une seule suite, sous ce titre : *Essai sur le Beau*.

Lors de la publication chaque *discours* devint un *chapitre* : mais la coupe oratoire est restée.

Il nous semble que pour s'en faire une idée exacte, il faut se figurer quelque traité de Cicéron, qui aurait été écrit en français par une plume du XVIIe siècle. Il a le même aspect et produit la même impression d'éloquente amplification métaphysique.

Le commencement surtout ne fait guère espérer de rigueur. L'auteur débute par un développement de rhétorique sur ce thème que les choses dont on parle le plus sont d'ordinaire celles qu'on connaît le moins. Le beau est de celles-là. Après quoi, il pose l'objet de son travail, qu'il emprunte d'ailleurs à Platon (*Le grand Hippias*) : « Je ne vous demande pas ce qui est beau : Je vous demande ce que c'est que le *beau*, le beau qui rend tel tout ce qui est beau, dans le physique, dans le moral, dans les œuvres de la nature, dans les productions de l'art, en quelque genre de beauté que ce puisse être. »

Il faut écarter tout d'abord la solution pyrrhonienne,

qui met le beau au rang des êtres de pure opinion. L'idée du beau, si subjective et impersonnelle qu'on la prétende, exigerait encore, même en tant qu'opinion pure, une analyse et une explication. En admettant même que le beau ne fût qu'une simple forme de l'entendement, encore serait-ce là un fait psychologique dont l'universalité et la persistance à travers les générations réclameraient une théorie.

Procédant comme les géomètres, par voie déductive, le P. André pose d'abord ses conclusions. Il annonce donc qu'il démontrera : 1° Qu'il y a un *beau essentiel*, indépendant de toute institution, même divine ; 2° Un *beau naturel*, indépendant de l'opinion des hommes ; 3° Un *beau d'institution humaine*, et qui est arbitraire jusqu'à un certain point.

Ces trois genres de beauté peuvent se trouver réalisés soit dans la *matière*, soit dans l'*esprit*. De là une division générale : 1° *le beau dans le corps* ou beau sensible ; 2° *le beau dans l'âme* ou beau intelligible.

Mais la connaissance de ces deux catégories de beauté s'opère par la même faculté, la *raison*, qui s'applique, soit aux idées qu'elle reçoit des sens, soit aux idées de l'esprit pur, c'est-à-dire à celles qui font partie de son essence propre.

Le beau sensible est le plus complexe. Il est néanmoins le plus facile à connaître parce que l'attention soutenue par les objets matériels exige moins d'effort que l'attention fixée sur l'abstrait.

Trois de nos sens sont exclus de la connaissance du beau : seules la vue et l'ouïe sont des sens esthétiques. Pourquoi ce privilège ? On n'en saurait trouver d'autre cause que la volonté divine.

Arrêtons-nous d'abord au beau visible et montrons

qu'il y a un beau visible *essentiel*, un beau visible *naturel* et un beau visible *artificiel*.

Comment les pyrrhoniens ont-ils pu douter de l'existence d'un beau essentiel? N'est-il pas évident que les figures régulières sont supérieures aux figures irrégulières? L'essence du beau est donc une géométrie dont le principe est l'ordre et la clarté.

Ici l'auteur abandonne un instant sa discussion pour demander à l'histoire de la philosophie des éclaircissements sur son sujet.

Deux philosophes seulement ont étudié le beau avec profondeur: Platon et saint Augustin. Mais Platon, dit le P. André, n'étudie pas le problème en philosophe. Dans l'*Hippias*, il montre ce que le beau n'est pas, et dans le *Phèdre* il ne parle guère que de l'amour. Venons donc à saint Augustin « qui était un aigle en tout, et qui a traité la question plus en philosophe. »

Il avait composé dans sa jeunesse un livre spécial sur le beau : les principes s'en retrouvent dans le *Traité de la vraie religion*.

C'est un fait que la symétrie nous semble la condition nécessaire de la beauté. Pourquoi ? C'est que la symétrie nous plaît et que l'absence de symétrie nous choque. Mais est-ce le plaisir que nous donne la vue de la symétrie, qui en fait la beauté, ou est-ce la beauté de la symétrie qui fait notre plaisir? En d'autres termes, est-ce la qualité préexistante dans l'objet qui crée l'idée du beau dans l'esprit du sujet, ou bien au contraire est-ce la manière de voir du sujet qui s'impose à l'objet et lui attribue des qualités qu'il tire de lui-même?

C'est poser, comme on le voit, à l'occasion du beau, la question qui divise les sensualistes et les rationalistes et le P. André, avec saint Augustin, la résout dans le sens rationaliste. Ce qui fait la beauté des choses ce n'est pas notre manière de les voir, qui vient de nous pour s'imposer à elles, mais un élément essentiel, qui réside en elles et qui s'impose à nous, — l'unité. Mais la forme la plus haute de l'unité est-elle réalisée par le monde matériel? Évidemment non. L'unité des corps n'est qu'une unité symbolique et de convention. La véritable unité est immatérielle.

Au delà de l'unité matérielle, il y a donc une unité supérieure qui est spirituelle et éternelle : « Omnis porro pulchritudinis forma, unitas est. » Le beau essentiel est donc géométrique, puisqu'il a pour principe l'unité. C'est celui « dont l'idée forme l'art du créateur » et que Dieu applique à l'organisation de l'univers.

On voit que ce beau essentiel n'est pas l'œuvre de Dieu et ne dépend pas de sa volonté ; ce n'est pas un arrangement concerté par sa toute-puissance : il est son essence même. Dieu ne crée pas cette beauté suprême, il l'est : c'est l'unité même qui le constitue.

Cette unité, en s'incarnant dans la nature, constitue le beau naturel, qui dépend au contraire de la *volonté divine*. Mais il est plus différent du beau essentiel que le ciel n'est différent de la terre. Le beau essentiel, tout géométrique, est le fond, le support linéaire du beau naturel qui vient à son tour par-dessus cette structure, comme la peinture par-dessus le dessin. C'est donc la couleur et l'harmonie des couleurs qui constituent la beauté propre de la nature. Elle est, comme on voit, plus complexe que la beauté primitive ; elle exige plus d'éléments et ne présente déjà plus qu'une unité symbolique.

Mais ce beau naturel s'impose-t-il aussi absolument que l'autre à tous les hommes ? Est-il aussi indépendant de l'opinion ?

Si tous les hommes, répond le P. André, étaient de la même couleur, le jugement porté par eux sur la valeur esthétique de la couleur serait uniforme. Mais la diversité des races introduit la variété dans les goûts. Pourtant ne pourrait-on pas trouver une règle, sinon absolue, du moins assez générale pour établir la hiérarchie des couleurs? Les yeux, dit l'auteur, sont juges : ils nous apprennent que la lumière est la reine des couleurs. Dieu qui est la beauté essentielle, s'est défini « Sum lux. » Donc, on peut dire que les couleurs sont d'autant plus belles qu'elles sont plus lumineuses. Le blanc est la couleur la plus voisine de la lumière pure, donc elle est la plus belle ; le noir, qui en est la plus éloignée, est la moins esthétique. Dans l'intervalle les autres couleurs s'ordonnent suivant la même règle (1). Du reste toutes les couleurs sont belles quand elles sont à leur place : le bleu dans le ciel, le vert sur la terre ; le principe de leur beauté réside dans l'ordre suivant lequel elles sont distribuées.

Ici, l'auteur abandonne l'analyse philosophique et la démonstration, pour se livrer à une longue digression optimiste qui rappelle les procédés de développement employés avec tant de complaisance par Fénelon dans les preuves physiques de l'existence de Dieu. Il admire d'abord comment l'artiste suprême a prévenu notre dégoût par la variété des couleurs : une teinte unique répandue sur tous les objets nous eût fatigués par sa

---

(1) Il est inutile de relever cette explication de pure fantaisie. On saisit tout de suite l'erreur qui consiste à faire de la lumière une couleur quand elle est la condition de toutes les couleurs. De plus, on peut bien mettre aux deux extrêmes le noir et le blanc, l'un représentant la nuit et l'autre le jour. Mais comment établir d'après ce principe la hiérarchie des couleurs intermédiaires? Le P. André ne l'a pas même tenté.

monotonie. L'auteur ne prend pas garde que s'il n'y avait eu qu'une seule couleur, nous n'aurions pas eu la notion de la couleur et que, par conséquent, nous n'aurions pas pu regretter qu'il n'y en ait pas une infinie variété. De plus l'unité ne dégoûte pas nécessairement : il n'y a qu'un soleil, toujours le même, et pourtant nous ne nous en lassons pas.

Un autre sujet d'admiration pour le P. André, c'est l'harmonie des couleurs, qui est symétrique à l'harmonie des sons. Il y a des couleurs amies et des couleurs ennemies entre elles : mais si opposées qu'elles puissent être, il est toujours possible de les réconcilier par des moyens termes habilement intercalés.

La démonstration prend ici le ton de l'enthousiasme oratoire : « Oui, s'écrie le P. André, je défierais les yeux les plus pyrrhoniens de ne point reconnaître là un beau indépendant de nos opinions et de nos goûts ! » Quand il en arrive à la beauté humaine, le P. André la célèbre dans une description exclusivement littéraire qui n'est guère autre chose que la paraphrase du fameux « Os homini sublime dedit. »

Comment donc a-t-on pu nier ce beau naturel, si évident qu'il suffit d'ouvrir les yeux pour le saisir ? Comment se trouve-t-il des esprits bornés qui voudraient faire dériver l'idée du beau, de l'éducation, du préjugé, du caprice et de l'imagination des hommes ?

L'erreur des sensualistes vient d'une confusion qu'il est facile de détruire. Outre les deux genres de beauté dont il a été parlé déjà, il en existe un troisième qui n'a pour origine ni Dieu, ni la nature, mais l'imagination humaine. C'est un beau arbitraire, artificiel, qui est par exemple, dans les arts le résultat du système, dans les mœurs celui de la mode. Ce beau tout humain est accidentel et participe en tout de notre mobilité.

Or les sensualistes en ont fait le type primitif et unique du beau : ils s'y sont arrêtés sans voir les autres. En vertu de leur tendance à tout simplifier par des généralisations sans réserve, ils ont réduit la beauté à n'avoir qu'une origine : ils l'ont fait résider, non pas dans les choses, mais dans notre manière de voir les choses, et comme cette manière de voir se modifie et se renouvelle sans cesse, ils en ont conclu que le beau est nécessairement soumis aux mêmes fluctuations.

Il est certain qu'il y a dans les arts un beau artificiel ; mais il faut ajouter qu'il est inséparable d'un beau naturel, qui lui sert de support, et que les sensualistes ont le tort de ne point apercevoir. Ainsi, à considérer l'architecture, on y trouve deux genres de règles qui répondent à ces deux degrés de beauté.

Les unes sont des règles géométriques qui s'imposent à tous les édifices, à quelque style qu'ils appartiennent ; les autres ne sont que des observations particulières que les maîtres de l'art ont faites en divers temps et qui sont aussi diverses et variables que les premières sont constantes et fixes. Ces règles accidentelles ont des valeurs différentes ; les unes sont des coups hardis du génie qui trouve d'heureuses infractions aux règles absolues ; d'autres sont l'expression du goût général d'une époque ; d'autres enfin sont la création éphémère de la fantaisie personnelle. De sorte qu'il y a lieu de subdiviser encore le beau arbitraire en *beau de génie*, *beau de goût* et *beau de pur caprice* ; et cette hiérarchie correspond aux trois degrés du beau en général.

Après avoir ainsi analysé et subdivisé le beau sensible, le P. André consacre un second chapitre à l'étude du beau dans les mœurs. Le beau sensible est fatal et passager : élevons-nous maintenant à « une beauté stable et méritante, la beauté morale. »

Remarquons tout d'abord qu'ici le P. André mêle la question du beau à celle du bien, et qu'il interrompt son esthétique par un chapitre de morale. Il semble que le souci exagéré de la symétrie, manifeste partout dans l'opuscule, ait poussé l'auteur à donner un pendant à son premier chapitre et à mettre le beau moral en face du beau sensible.

Le beau moral a pour principe l'idée d'ordre : l'ordre se présente à nous sous trois formes qui correspondent aux trois divisions indiquées plus haut : l'*ordre absolu*, l'*ordre naturel*, dépendant de la volonté du créateur, l'*ordre artificiel*, qui n'est autre que l'organisation civile et politique de la société par la convention humaine. On reconnaît dans cette conception l'influence de Malebranche. Comme lui, le P. André entend par absolu l'*ordre métaphysique*. Les êtres s'étagent suivant une hiérarchie nécessaire : au sommet l'être d'essence parfaite, Dieu ; au-dessous les esprits créés ; au-dessous encore la matière, qui est suivant la définition cartésienne une substance aveugle, inerte et purement passive.

Cet ordre métaphysique doit régler nos jugements sur les êtres, et institue dans notre entendement comme un ordre psychologique correspondant : l'estime que nous faisons des choses doit être proportionnelle à la valeur de leur essence ; à ce prix seulement notre esprit est dans la vérité.

La hiérarchie métaphysique est nécessaire de toute nécessité, par conséquent indépendante de la volonté divine. Dieu lui-même n'est qu'un terme, le plus élevé, de la gradation. La perfection de son essence lui assigne le rang suprême, et aucune volonté, pas même la sienne qui est toute-puissante, ne pourrait l'en faire descendre. Ce serait absurde. Par cette doctrine le P. André s'éloigne de Descartes et des Scotistes pour se rapprocher de saint Thomas : il fait prédominer l'intelligence sur la volonté et place la véritable infinitude de Dieu dans la nécessité de son essence et non pas, comme Duns Scott et après lui Descartes, dans la toute-puissance de son libre arbitre.

Au-dessous de cet ordre absolu, qui est connu par la *raison*, se place l'ordre naturel qui est déterminé par le *cœur*.

Dans l'état de solitude les hommes sont égaux : mais cet état est impossible, et l'état de société, qui lui succède nécessairement, crée bien vite l'inégalité entre eux. Il est donc indispensable qu'une combinaison naturelle assure l'ordre et la subordination dans la société humaine, sans pourtant porter atteinte à l'égalité et détruire les droits individuels. C'est la famille qui réalise cette double condition, et c'est la loi du sang et du sentiment qui fonde et perpétue la famille. Comme Malebranche, le P. André ne s'en tient pas aux lumières naturelles pour expliquer sa philosophie : il emprunte la plupart de ses preuves à l'Histoire Sainte, et, dans le cas particulier, son étude des lois de la famille présente le caractère d'un mélange curieux d'idées bibliques avec les vues humanitaires et le sentimentalisme philanthropique de l'époque.

Ainsi, il nous montre la paternité comme l'œuvre de Dieu : la naissance successive des enfants institue entre eux une sorte d'ordre chronologique qui est par lui seul une hiérarchie : de là le droit d'aînesse. Puis, quand les enfants se détachent de la famille et se séparent les uns des autres, ils fondent de nouveaux groupes, unis par des liens moins serrés que les premiers, mais rattachés pourtant par un sentiment de sympathie qui s'appelle la fraternité.

Quant à l'inégalité des conditions, elle est elle-même, malgré l'apparence, un ordre dont l'homme ne doit pas même chercher l'explication, bien loin d'avoir le droit d'en demander la justification ou la correction. « L'ordre est établi, nous ne le changerons pas ; et nous aurons plutôt fait de nous y soumettre que de nous en plaindre. Il n'est jamais permis de demander à Dieu raison de ses ordonnances, et il n'est plus temps de le demander aux hommes. »

Quant à l'analyse de l'ordre moral artificiel, elle n'offre aucun intérêt particulier. L'auteur se contente de développer en termes élégants un lieu commun facile sur l'origine de la société et sur les bienfaits de l'ordre civil et politique. C'est dans des passages comme celui-ci qu'on retrouve quelque chose de cette abondance oratoire que Cicéron déploie volontiers dans ses traités philosophiques, ou encore un souvenir des grâces littéraires que Fénelon prodigue dans les siens (1).

Un chapitre qui aurait pu se rapprocher plus que le précédent de la véritable esthétique c'est celui

---

(1) « Tout devient tranquille sous la protection des lois. Sous cette garantie nous pouvons sans crainte voyager dans toutes les parties du monde habitable : dans les pays étrangers, sur la foi du droit des gens, et dans le nôtre, sur la foi des ordonnances royales. Elles sont nos gardes pendant le jour, nos sentinelles pendant la nuit, nos escortes fidèles en tout temps et en tous lieux. En quelqu'endroit du royaume que je me transporte, je vois partout le sceptre de mon Roi qui assure ma route, tout en paix, les laboureurs dans les campagnes, les artisans dans les villes, les marchands sur la mer, les voyageurs dans les forêts, etc.... » (*Essai sur le beau*, Chap. II.)

que le P. André intitule : *Du beau dans les pièces d'esprit.*

Mais l'auteur ne lui a pas donné l'importance ni l'originalité qu'il mérite. Il s'empresse, à propos du beau dans les ouvrages de l'esprit, de se poser les trois mêmes questions qu'il s'est posées déjà à propos du beau en général ou du beau dans les mœurs.

Est-il relatif ou absolu ? — Là encore le P. André se retrouve en face de l'opinion des « modernes pyrrhoniens qui font des raisonnements à la Pascal pour conclure que le beau est relatif. » Mais cette opinion n'est pas plus juste pour le beau dans les ouvrages de l'esprit que pour les autres genres de beau précédemment étudiés. « J'appelle *beau*, dit l'auteur, dans un ouvrage d'esprit, non pas ce qui plaît au premier coup d'œil de l'imagination dans certaines dispositions particulières des facultés de l'âme et des organes du corps ; mais ce qui a droit de plaire à la raison et à la réflexion par son excellence propre, par sa propre lumière ou par sa justesse et si l'on me permet le terme, par son agrément intrinsèque. »

Cette définition est à peu de chose près celle de l'*Art poétique*, sauf la clarté des termes qui est moindre, surtout dans la première partie de la pensée. Ce qui constitue le beau, « *c'est ce qui a droit de plaire à la raison et à la réflexion par son excellence propre.* » C'est ce qui brille d'une clarté naturelle, susceptible d'être saisie également par tous les esprits, c'est enfin cet élément de raison universelle que Boileau exigeait pour faire le fond de toute œuvre d'art, et sans lequel l'esprit ne se trouverait en présence que de la diversité et de la mobilité. Remarquons l'expression du P. André. Il dit « ce qui *a droit* de plaire », c'est-à-dire que, pour lui comme pour Boileau, le critérium n'est pas spontané, mais réfléchi. Il ne faut pas nous laisser aller à ce qui nous plaît du premier coup et ne prendre pour règle de notre jugement que notre plaisir immédiat. Au contraire, comme c'est la raison qui juge, et que ses appréciations sont réfléchies, c'est elle qui décide ce qui a *droit* de nous *plaire*, et ce qui, en nous plaisant a priori, aurait pu surprendre notre adhésion et capter illégitimement notre sensibilité. Il y a donc des choses qui n'ont pas droit de nous plaire, et qui peuvent néanmoins nous plaire tout d'abord ; c'est pourquoi la raison, faculté de discernement, doit prévenir la spontanéité, la corriger et se substituer à elle pour porter un jugement vrai sur la valeur esthétique des choses. Ce n'est pas un mouvement prime-sautier que l'admiration, c'est presque une science, c'est tout au moins un savoir.

Rien de plus cartésien que cet emploi de la réflexion dans l'appréciation de l'art. Nous avons vu également que c'est la seule forme de jugement estimée par Boileau dans l'*Art poétique*. Entre Despréaux et le P. André il y a concordance parfaite pour la détermination de ce que nous avons appelé le critérium du beau.

Avec un esprit de symétrie qui rend l'opuscule monotone et qui force souvent les faits dans des cadres artificiels, le P. André reprend ici sa triple division et montre qu'il y a dans le monde des choses de l'esprit un beau essentiel, un beau naturel, et un beau arbitraire, « ou si l'on veut, un beau artificiel qui plaît à l'esprit par l'observation de certaines règles que les sages de la République des lettres ont établies sur la raison et sur l'expérience pour nous diriger dans nos compositions. »

Le beau essentiel, si on l'analyse, est composé de

l'ordre, de la vérité, de l'honnêteté, du décent. « Le moyen qu'un homme puisse réussir à plaire s'il ignore les bienséances, les égards, ce qu'il doit au temps, aux lieux, à la nature de son sujet, à son état ou à son caractère, à celui des personnes qui l'écoutent, à leur qualité ou à leur rang, surtout à leur raison qui dans le moment va juger de son cœur par ses paroles. » Il faut remarquer que cette définition du beau essentiel est peu satisfaisante : en effet elle introduit dans ce beau essentiel toute une série d'éléments relatifs, de conditions particulières qui évidemment n'en doivent point faire partie sous peine de le faire déchoir de son caractère universel et de donner raison aux sensualistes, ou à ceux que le P. André appelle les modernes pyrrhoniens. Qu'est-ce que les bienséances, l'état et le caractère de l'orateur, la qualité de ceux qui écoutent, la nature du sujet, sinon des choses variables et contingentes qui sont réglées par le beau essentiel sans doute, mais qui sont en dehors de lui et qui ne sauraient constituer son essence ? On se demande même quelle différence le P. André pourra bien établir entre le beau essentiel, ainsi défini, et les deux autres catégories de beau qu'il a annoncées, le beau naturel et le beau arbitraire.

Voici comment il continue à expliquer sa division :

Le beau naturel. — Si nous n'avions affaire qu'à de purs esprits, si nous n'étions que des entendements sans imagination ni sensibilité, il n'y aurait pour nous que du beau essentiel. Il serait constitué par l'ordre et les rapports mathématiques. Mais les hommes sont sensibles en même temps que raisonnables : il faut donc qu'il y ait une certaine beauté faite pour satisfaire leur sensibilité. « L'imagination et le cœur sont des facultés aussi naturelles à l'homme que l'esprit et la raison. Il a même pour elles une prédilection qui n'est que trop marquée. Peut-on espérer de lui plaire sans leur présenter le genre de beau qui leur convient, soit à chacune en particulier, soit au composé qui résulte de leur assemblage ? »

Dans cette analyse l'influence cartésienne est frappante. Le P. André reprend la psychologie même de Descartes qui divise nos facultés en facultés essentielles et facultés accidentelles. Les premières sont celles qui résident dans l'esprit seul et qui sont constituées par l'essence même de la personne raisonnable ; ce sont les seules que nous aurions si nous étions purs esprits. Les secondes sont produites accidentellement en nous par l'union toute fortuite et provisoire de l'âme avec le corps ; ce sont les facultés d'imagination, de perception, de mémoire sensible. Or, aux premières il faut une beauté de même nature qu'elles ; elles sont essentielles, elles ne seront donc satisfaites que par une beauté essentielle. Ce sera la beauté des mathématiques, qui correspond en valeur, en universalité, en durée aux vérités du même ordre.

Les secondes, au contraire, n'ont besoin que d'une beauté qui leur ressemble, c'est-à-dire qui est comme elles variable et contingente. Tandis que la raison pure est égale dans tous les hommes, puisqu'elle fait le fond même de la personne humaine, au contraire mille conditions corporelles font varier à l'infini dans les individus l'acuité des sens et la vivacité de l'imagination ; d'où une variation égale dans ce qui est, pour les sens et l'imagination, la beauté. Et comme la partie affective de l'âme est tantôt active, tantôt passive, il y aura autant de beautés correspondant à ces diverses manières d'être : beau dans les *images*, beau dans les *sentiments*, beau dans les *mouvements*; ainsi, les images seront grandes ou gracieuses; les sentiments nobles ou fins, les mouvements forts ou tendres. On pourrait subdiviser encore ces catégories et on arriverait à des distinctions de plus en plus délicates, à des nuances qui exprimeraient encore des formes propres du beau sensible. Ce sont ces nuances qui sont rendues, dans l'analyse littéraire, par des épithètes entre lesquelles souvent il semble qu'il n'y ait point de différence, mais qui, pour l'artiste, répondent à des qualités lesquelles, quoique très voisines, ne sont pas réellement identiques.

Voilà donc la *beauté naturelle* des ouvrages de l'esprit. C'est, comme on voit, la beauté sensible. Car il n'est point question ici d'une nature qui inspirerait les poètes, et leur imposerait ses propres lois. Il ne s'agit pas de la nature dont parle sans cesse Boileau et qui peut s'identifier avec la raison, c'est-à-dire de cet ensemble de sentiments innés dans l'âme humaine dont l'expression fidèle est le but de l'art. Ce serait plutôt la première division du P. André qui correspondrait à cette conception de Boileau. Car les *convenances, l'appropriation de l'œuvre aux temps, aux lieux, aux caractères, aux mœurs*, en un mot *toutes ces conditions* que le P. André a placées dans le domaine du beau essentiel, ne sont pas autre chose que les exigences mêmes de la *nature* et de la *raison*, telles que l'*Art poétique* les a comprises et définies.

Ainsi, cette première partie de la division du P. André manque d'exactitude : ce qu'il appelle *beau essentiel* dans les œuvres de l'esprit nous semble être ce que nous appellerions avec Boileau, le *beau naturel :* et ce que le P. André appelle *beau naturel* nous semble correspondre exactement à ce que, dans une division précédente, il a nommé *beau sensible*. Or, la division actuelle manque de rigueur. Car le *beau sensible* et le *beau naturel* ne sont pas deux classes équivalentes ni de même ordre. Le beau naturel est plus compréhensif que le beau sensible, puisqu'il peut renfermer le beau sensible d'abord, plus un beau idéal, qui pourrait n'être pas réalisé, qui resterait à l'état de notion dans l'esprit et qui n'en serait pas moins conforme à la nature.

Il peut donc y avoir un beau naturel en dehors du beau sensible ; et d'autre part, tout ce qui est le beau sensible n'est pas nécessairement le beau naturel, puisque nous allons voir qu'il y a un troisième beau qui est sensible et qui est artificiel.

En effet, au-dessous des deux genres de beauté qui précèdent, le P. André place la catégorie du *beau artificiel ou arbitraire*. Il le fait consister dans la *forme* des œuvres d'art. Ainsi pour nous en tenir aux ouvrages de l'esprit, ce qui y constitue la beauté artificielle c'est le tour de la phrase, c'est l'expression, en un mot c'est l'ensemble des éléments qui composent ce qu'on appelle le style. La seule beauté des sciences, c'est la clarté. Mais dans la littérature, quoiqu'elle soit indispensable, elle ne suffit pas ; il faut qu'elle soit relevée par des agréments qui expriment l'originalité de l'auteur. C'est bien ainsi que Descartes et Boileau concevaient les rapports de l'art de penser et de l'art d'écrire, et voici une maxime du P. André qui pourrait servir de formule à leur doctrine esthétique : « La plupart des hommes qui réfléchissent ont à peu près les mêmes pensées sur les mêmes sujets ; il n'y a que le tour qui les distingue. » Nous retrouvons là ces relations de la *forme* et de la *matière* que nous avons déjà analysées soit dans les lettres de Descartes à Balzac, soit dans l'*Art poétique* ou dans certaines lettres de Boileau. Les pensées sont le domaine public ; le bon sens est la chose du monde la mieux partagée ; tous les hommes qui sont dans le bon sens, à propos d'une même question, doivent nécessairement penser de même s'ils pensent juste. Mais ce qui distinguera leur pensée, ce sera l'expression qu'ils lui donneront, c'est-à-dire, pour nous servir du terme heureux du P. André, *le tour* personnel.

Nous verrons plus loin que Buffon, qui donne dans son *Discours sur le style* une formule presque scientifique du genre classique, reprend exactement cette conception cartésienne du P. André. Pourtant il y a une nuance : la définition du P. André est plus compréhensive encore que celle de Buffon : il fait entrer dans la constitution du beau plus d'éléments et donne de la beauté classique une notion plus riche, car il laisse au moins un rôle et une valeur esthétique à l'harmonie des termes, à la musique de la phrase que Buffon appelle avec un dédain de savant « le vain son des mots. »

Voici la définition du style donnée par le P. André :

« J'appelle style une certaine suite d'expressions et de tours tellement soutenue dans le cours d'un ouvrage, que toutes ses parties ne semblent être que les traits d'un même pinceau. Ou si nous considérons le discours comme une espèce de musique naturelle, un certain arrangement de paroles qui forment ensemble des accords d'où il résulte à l'oreille une harmonie agréable. »

Dans le *Discours sur le style*, il ne sera plus question d'harmonie, sinon pour la proscrire comme une ennemie de l'idée. Du P. André à Buffon l'esthétique classique se simplifie encore : elle suit du reste le cours régulier de son évolution dans le sens de l'application de plus en plus rigoureuse de son principe ; elle tend à un spiritualisme de plus en plus strict et exclusif ; et pour cela elle se réduit, à une pure géométrie, en éliminant peu à peu d'elle-même les derniers éléments sensibles et complexes qu'elle avait conservés. Ainsi le style n'est plus ni une *peinture*, ni une *musique*: il se dépouille encore de la couleur et de l'harmonie, qui ne sont pas assez près de l'idée pure. Il n'est plus qu'un dessin, c'est-à-dire un minimum d'éléments matériels, tout juste ce qu'il en faut pour communiquer l'idée, et la laisser dominer uniquement dans l'esprit.

Mais, avec le P. André, nous n'atteignons pas encore à cette excessive nudité spiritualiste du style. Nous en restons à peu près aux limites tracées par Boileau (1): c'est la raison sans doute qui doit être avant tout satisfaite ; mais il y a lieu néanmoins de ne pas blesser la sensibilité et de tenir compte des justes exigences de l'oreille.

Telles sont les notions esthétiques contenues dans l'*Essai sur le beau*. Nous nous en tiendrons à cette analyse et nous laisserons de côté d'autres parties de l'œuvre qui ont leur intérêt, mais dont l'intérêt n'est point philosophique.

Ainsi, nous signalerons seulement une espèce de pamphlet, enclavé dans la dissertation et dirigé contre la littérature contemporaine, particulièrement contre le genre de Rousseau. Cet anathème littéraire, lancé par le P. André contre les nouveautés du romantisme naissant, est un témoignage de plus de sa foi classique.

Nous n'insisterons pas davantage sur un chapitre particulièrement technique intitulé *le beau musical*. Il ren-

(1) Le vers le mieux rempli, la plus noble pensée,
Ne peut plaire à l'esprit quand l'oreille est blessée.
(*Art poét.*, Chant I.)

ferme un développement bizarre sur la musique naturelle. Le P. André s'efforce de démontrer que l'origine de la musique est dans la nature, dans le chant des oiseaux, dans le murmure des ruisseaux, enfin dans les mille bruits plus ou moins rythmés qu'on entend dans la campagne. Il va même jusqu'à donner un rôle harmonique au tonnerre dans le grand concert des voix de la nature. Il l'appelle : « cette belle basse dominante vulgairement nommée tonnerre, si grave, si majestueuse, et qui sans doute nous plairait davantage, si la terreur qu'elle nous imprime, ne nous empêchait quelquefois d'en bien goûter la magnifique expression. »

D'ailleurs le P. André applique au beau musical, comme il l'a fait aux autres genres de beauté, sa division en trois catégories, et il se sert du beau musical artificiel et du beau musical naturel pour démontrer l'existence du beau suprême, un, absolu, universel, qui est le principe unique de tous les arts : « Pendant que tous vos concertants lisaient sur le papier chacun sa tablature, vous lisiez aussi la vôtre écrite en notes éternelles et ineffaçables dans le grand livre de la raison. »

Sans nous arrêter à d'autres détails ingénieux, ni à de jolis hors-d'œuvre plus littéraires que philosophiques, recherchons ce qu'il y a d'essentiellement cartésien dans la doctrine esthétique du P. André.

Tout d'abord on sait que notre auteur professait pour Descartes une admiration si sincère et si ardente qu'elle porta ombrage aux chefs de son ordre, et que son refus courageux et opiniâtre de rien rabattre de son attachement aux doctrines cartésiennes fut la cause des misères continues de sa carrière ecclésiastique. Il fut donc aussi cartésien qu'on puisse l'être, jusqu'au point d'être la victime de sa foi philosophique, comme l'attestent les persécutions qu'il subit de la part de la compagnie, et les brèves protestations qu'il envoyait à ses chefs en réponse à leurs avertissements habilement équivoques ou à leurs injonctions cruellement impérieuses (1).

Les Jésuites, fidèles à la tradition scholastique, enseignaient encore la doctrine d'Aristote : que les sens sont l'origine de toutes nos idées. Le P. André, au contraire, tout pénétré de l'idéalisme de Descartes et de Malebranche, soutenait l'innéité des idées nécessaires ; il professait que ces idées sont conçues, mais non créées par l'entendement : que l'intelligence participe par l'intuition à l'intelligence infinie de l'être dans lequel elles sont situées de toute éternité et dont elles ne sont que le reflet dans la raison humaine.

Cette théorie qui avait été adoptée par Bossuet, par Fénelon, et par tous les cartésiens orthodoxes, semblait au P. André le point capital du système de Descartes ;

(1) On jugera de l'attachement du P. André aux doctrines de Descartes et de son culte pour sa mémoire, par l'analyse et des extraits d'une lettre du 15 juillet 1708, adressée au P. Guymond. « C'est, dit V· Cousin, une apologie complète et régulière du cartésianisme au point de vue religieux et chrétien. » Le P. Guymond avait assimilé Descartes et Malebranche à Calvin. Voici comment le P. André relève cette comparaison :

« Commençons par M. Descartes. Que ce nom, je vous prie, ne vous prévienne point contre mes raisons. Quel attachement ne montre-t-il pas, dans sa méthode, pour la religion de ses pères ? A qui adresse-t-il ses *Méditations,* où l'on prétend trouver tout le venin de sa doctrine ? N'est-ce point à l'Université la plus catholique de l'Europe, et qui le fit bien voir en cette occasion même, n'ayant accepté la dédicace de ce livre qu'après l'avoir fait examiner par ses plus habiles et zélés docteurs ? Pouvez-vous ignorer qu'il a soumis ses *Principes* à la censure de l'Église ? A-t-il fait un livre, a-t-il presque écrit une lettre qui ne porte des marques évidentes de sa religion ? »

Le P. André rappelle ensuite le pélerinage de Descartes à N.-D.-de-Lorette et aussi sa correspondance avec les principaux membres de la Compagnie de Jésus : « Vous savez qu'il aima toujours notre Compagnie, et que jusqu'à la mort il entretint un commerce de lettres avec ce fut ce qui, de toute la doctrine, le frappa davantage, ce à quoi il s'attacha comme à un article de foi, et ce pour quoi il combattit contre les théories officielles de son ordre avec une persistance sereine et invincible qui ressemblait plus à la confession d'un croyant qu'à la conviction d'un philosophe. Il se fit comme le martyr de cette théorie des idées de Descartes. On s'explique du reste qu'il lui ait attribué cette valeur prédominante et excessive, puisqu'elle était la cause principale de la dissidence qui faisait de lui presque un hérétique au jugement de ses supérieurs, et l'origine de la polémique périlleuse qu'il soutint contre eux toute sa vie. Il est naturel que le P. André ait d'autant plus estimé cette partie du système qu'elle était plus particulièrement dénoncée par l'ordre, et qu'il en ait fait la pierre angulaire du cartésianisme parce que ses contradicteurs en faisaient l'erreur la plus condamnable de Descartes.

les plus saints et les plus savants Jésuites de son siècle, qui apparemment l'eussent bientôt abandonné s'ils l'eussent tenu pour un Calvin. » Enfin par qui Descartes a-t-il été persécuté ? Par le ministre Voët et les fanatiques calvinistes d'Utrecht ; il était accusé en Hollande de jésuitisme et d'espionnage pour le compte du pape. N'est-ce pas là un hommage à sa foi catholique et un témoignage probant de sa sincérité religieuse?

A cette défense d'une éloquence pour ainsi dire filiale, et à cette argumentation d'une invincible logique, le P. Guymond envoya pour toute réponse le billet qui suit : « La doctrine de Descartes et de Malebranche est condamnée dans la Compagnie, et on la trouve mauvaise dans ses principes et dans ses conclusions. Si vous me croyez, vous abandonnerez ces deux auteurs et ne vous attacherez qu'à ceux de notre compagnie. Le parti que je vous conseille ne peut vous nuire ni devant Dieu ni devant les hommes : l'autre vous nuira toujours. »

Il est inutile d'ajouter que la conviction désintéressée du P. André accueillit avec indignation ces avis tristement utilitaires; ils prédisaient une persécution qui d'ailleurs ne se fit pas attendre, mais qui n'eut d'autre effet que de renforcer la victime dans sa foi cartésienne.

(V. *OEuvres philosophiques* du P. ANDRÉ, éditées et annotées par V. Cousin. — Paris, 1843. — Partie II de l'Introduction.)

Aussi peut-on remarquer que, dans son *Essai sur le beau*, le cartésianisme tout entier s'est peu à peu concentré pour lui dans cette seule théorie des idées.

Cette division, qui revient sans cesse dans le traité et qui institue trois classes de beauté superposées, correspond avec une exactitude parfaite aux trois catégories d'idées distinguées par Descartes.

Ainsi, le beau absolu est dans l'entendement une idée *innée* : le beau naturel est une idée *adventice*, qui nous est acquise par la perception et dont l'origine objective est la nature sensible ; enfin le beau arbitraire ou artificiel est une idée *factice* que l'imagination compose avec les éléments fournis par la perception. L'esthétique du P. André est calquée sur la psychologie de Descartes. Ce sont nos trois modes de connaissance : *raison, perception, conception*, qui déterminent autant de modes de la beauté ; et chaque faculté saisit un beau qui lui correspond et de même nature qu'elle.

De plus, au point de vue métaphysique, le P. André applique encore à la beauté la hiérarchie instituée par Descartes et il attribue aux divers genres de beau qu'il distingue, une valeur respective qui répond exactement à la valeur que Descartes accorde aux différentes formes du vrai ; de sorte qu'il suffit de transporter au beau ce que Descartes a dit du vrai pour obtenir la théorie esthétique du P. André.

En effet on se souvient que pour celui-ci, le beau suprême est celui que nous connaîtrions si nous étions de purs esprits. C'est un beau essentiellement mathématique qui ne s'exprime pas par des formes sensibles, mais qui s'adresse exclusivement à la raison et qui a pour caractère d'être absolument universel.

Or Descartes avait dit que la vérité parfaite est celle

que nous saisirions si nous étions de purs esprits, ou plutôt celle qui est saisie par la partie de notre âme qui demeure pour ainsi dire pur esprit, malgré l'union avec le corps, c'est-à-dire la raison, laquelle n'a pas besoin, au jugement de Descartes, du secours des sens pour s'exercer. Cette vérité est mathématique, ou du genre des vérités mathématiques, et elle a pour caractère d'être nécessaire et universelle.

On voit que la symétrie est parfaite; et que le beau et le vrai absolus étant si exactement de la même essence, ayant la même valeur devant la connaissance et constituant également l'un et l'autre l'objet de la même faculté supérieure, la philosophie est logiquement amenée à leur attribuer la même origine métaphysique et à en faire les modes de l'être parfait. C'est ce qu'ont fait les spiritualistes cartésiens qui ont développé la doctrine, Bossuet, Fénelon et plus explicitement encore V. Cousin.

Mais ce n'est pas seulement le beau absolu qui répond au vrai absolu; la relation se poursuit entre le beau sensible et le vrai contingent.

Le P. André nous enseigne que le beau sensible n'existe que parce que nous avons un cœur et une imagination.

De même, la vérité contingente n'existe, suivant Descartes, que parce que nous avons une sensibilité et la faculté de percevoir l'étendue. Ces vérités, acquises par l'expérience, sont d'un ordre inférieur aux vérités rationnelles; de même la beauté sensible n'existerait pas si nous n'avions pas de sens, et son existence étant subordonnée et pour ainsi dire provisoire, elle est d'une nature inférieure à la beauté rationnelle.

Enfin la vérité contingente ne s'explique pas par elle-même : l'esprit a besoin de l'appuyer sur la vérité nécessaire. Par exemple, l'existence des corps n'est point assurée et ne peut pas être acceptée par l'esprit comme une certitude, tant qu'un raisonnement ne l'a pas rattachée à une vérité plus haute qui en est la garantie, à savoir l'existence de Dieu et la véracité divine.

De même le beau sensible n'a pas sa raison d'être en lui-même. Il n'existe qu'accidentellement, et par une sorte de participation actuelle au beau essentiel. L'élément de vraie beauté qu'il renferme est tout mathématique et idéal : c'est l'ordre et l'unité, qui ne sont point des choses sensibles.

Le beau sensible dépend donc du beau idéal, comme le vrai sensible dépend du vrai nécessaire. Des deux côtés la relation est identique.

On ne peut rien affirmer sur la solution directe que Descartes eût donnée de la question du beau, s'il s'en fût occupé. Mais ce qu'on peut avancer avec la preuve à l'appui, c'est que, s'il avait fondé son esthétique sur les mêmes principes que sa métaphysique et sa logique, et s'il avait pris garde (ce qui est vraisemblable) de la mettre d'accord avec sa théorie psychologique de l'origine des idées, il semble que sa doctrine n'aurait pas pu différer, dans les parties essentielles, de l'*Essai sur le beau*.

Il eût été amené nécessairement à professer l'identification objective du vrai absolu et du beau absolu, et aussi à une division des divers genres de beauté correspondant à la division même de sa théorie sur l'origine des idées.

Or ce sont là les deux points les plus importants, et presque les seuls, qui soient vraiment philosophiques dans la théorie du P. André. Elle n'est donc bien qu'un développement des deux théories de Descartes d'où nous les avons fait dériver: la théorie de l'objectivité des idées innées, qui correspondent aux attributs de l'infini ; et celle des facultés de l'âme, divisées par Descartes en facultés essentielles et en facultés accidentelles.

Nous avons constaté d'autre part que l'esthétique du Père André s'accorde avec les principes et les préceptes de Boileau. C'est une preuve de plus que l'esthétique de Boileau est essentiellement cartésienne.

V.

BUFFON.

Le Discours sur le style : Théorie de la perfection par l'expression la plus générale. — L'idéalisme cartésien et classique dans l'histoire naturelle. — Suprême exaltation de la forme par le mot fameux : « Le style c'est l'homme. »

Le *Discours sur le style* représente, à notre avis, le développement suprême de la doctrine classique. Avec Buffon, la tendance à *l'universel* se perd dans la poursuite de *la généralité;* et la recherche de la *simplicité* va jusqu'à retirer de l'éloquence tous les éléments sensibles, à lui interdire toutes les ressources qu'elle était l'art de puiser dans la passion, dans l'imagination, dans le cœur, pour la réduire à n'être plus que le « style » c'est-à-dire l'expression pure et simple de la pensée par un minimum de termes impersonnels.

Une rapide analyse va nous montrer la doctrine classique au moment où elle atteint à ce degré final d'abstraction, qu'il lui est impossible de dépasser. Alors sa tendance est allée jusqu'au bout d'elle-même, et le caractère essentiel du genre classique, en s'exagérant par la théorie, appelle non pas une correction, mais une véritable réaction contre ce caractère lui-même. On dirait d'un *ancien régime littéraire*, dont les abus, et les tyrannies, et les faiblesses ne sont que le résultat fatal du développement extrême de sa propre nature, et dont l'insuffisance venue par épuisement, à la suite d'une fidélité trop stricte à ses maximes, provoque le besoin, l'attente et la recherche d'un régime nouveau.

Buffon reconnaît tout d'abord l'influence générale de

l'éloquence : elle produit de l'effet sur les hommes, quelle qu'elle soit ; mais pour bien écrire et pour bien parler, il faut les « lumières d'un siècle poli. » Aussi la « faculté naturelle de parler n'est-elle qu'un talent » tandis que la « vraie éloquence suppose l'exercice du génie et la culture de l'esprit. »

Voilà donc dès le début l'éloquence divisée en deux types bien différents et bien inégaux en valeur ; l'éloquence naturelle et l'éloquence artificielle. C'est la seconde qui est de beaucoup supérieure à la première. Elle naît plus tard ; elle est le produit de la civilisation et de l'art humain ; en un mot, elle est à l'autre ce que l'abstraction, effort de l'esprit, est à la simple perception, exercice spontané d'une faculté intuitive.

Aussi Buffon passe-t-il avec un dédain singulier sur l'éloquence oratoire. Celle-ci est complexe et concrète. Pour frapper, toucher, entraîner un auditoire populaire, l'orateur ne néglige aucun des moyens mis à sa disposition par la nature. Ici tout importe et tout sert : la prestance de celui qui parle, le son de sa voix, ses intonations, ses éclats, la puissance, la grâce ou l'habileté de son geste ; en un mot l'homme physique est employé par l'homme moral comme l'instrument le plus capable d'exciter la curiosité, de retenir l'attention, d'entraîner la volonté. « C'est, dit Buffon, le corps qui parle au corps. »

Au contraire l'éloquence des délicats n'est pas oratoire ; « elle compte pour peu le ton, les gestes et le vain son des mots. » Donc par une abstraction volontaire, elle se prive exprès de toutes les ressources physiques et se rapproche le plus possible, du premier coup, de la pensée pure.

Cette division de Buffon a pour principe une psychologie bien connue ; c'est celle qui distingue dans la personne humaine, d'un côté l'homme essentiel et raisonnable, de l'autre l'homme accidentel et sensible. Il y a une éloquence pour le premier et une autre pour le second ; il y a un art de parler à la raison et un art de parler à la passion. Ce second art, Buffon ne le compte pas ; il est inférieur. Des trois fonctions que les anciens attribuaient à l'éloquence, plaire, instruire et toucher, Buffon n'en laisse subsister qu'une : instruire. Et s'il permet à l'homme éloquent de pénétrer jusqu'au cœur, c'est en passant par l'esprit : « Toucher le cœur en parlant à l'esprit. » Les anciens, nos maîtres en éloquence, entendaient plutôt la formule à rebours : entraîner l'esprit en parlant au cœur.

Ainsi, par une première abstraction, voilà l'éloquence réduite à une communication purement intellectuelle. Elle est dépouillée de tous ses éléments oratoires, de tout le contingent, de tout le sensible qui tient à la personne même de celui qui s'en sert ; elle devient le « style » ; et de fait, Buffon substitue à la définition de l'éloquence, la définition du style. Et qu'est-ce encore que le style ? « Ce n'est que l'ordre et le mouvement que l'on met dans ses pensées. »

Remarquons d'abord que cette définition a un aspect de simplicité cartésienne. Elle est, dans son genre, un minimum ; la formule même de la phrase l'indique : « Le style *n'est que*.... »

On pourrait croire en effet qu'il est davantage, qu'il est plus complexe et qu'il comprend plus d'éléments divers. Mais c'est qu'on n'aurait pas pénétré jusqu'à sa constitution intime et que l'analyse ne l'aurait pas réduit à sa plus simple expression. Il ne faut à Descartes que deux éléments pour construire le monde ; il ne faut non plus à Buffon que deux facteurs, le mouvement et l'ordre, pour déterminer le style.

« L'ordre, » nous le connaissons pour l'avoir rencontré dans Descartes et dans Boileau. Il est le principe de la logique cartésienne et de l'esthétique classique ; il est même aussi celui de la morale spiritualiste au XVIIe siècle : car la vérité avec Descartes, la beauté avec Boileau, et la moralité avec Malebranche ont également pour principe unique l'*ordre*. Cette idée de l'ordre est, du reste, si familière et si claire aux classiques et aux cartésiens, que Buffon la prend dans leur acception, sans croire nécessaire de l'expliquer.

Mais voici un élément nouveau, du moins en esthétique : le *mouvement*. Cette notion n'est pas aussi précise que la précédente. Aussi Buffon y ajoute-t-il un commentaire : « Si on les enchaîne étroitement (les pensées), si on les serre, le style devient ferme, nerveux et concis ; si on les laisse se succéder lentement et ne se joindre qu'à la faveur des mots, quelque élégants qu'ils soient, le style sera diffus, lâche et traînant. »

Le mouvement c'est donc la marche, le progrès de l'esprit à travers une série d'idées qui se suivent et se relient. Étant posée la série logiquement ordonnée, il faut que l'intelligence qui la doit parcourir procède successivement à la reconnaissance et à la compréhension de chacun de ses termes : elle ne passe au suivant que quand elle a pris possession du précédent. Or cette marche de l'esprit sera d'autant plus rapide que cette prise de possession sera plus facile ; et cette assimilation des idées par l'esprit lui sera d'autant plus aisée que ces idées seront revêtues d'une forme plus promptement intelligible, c'est-à-dire, suivant Buffon, d'une forme plus générale.

On pourrait représenter la pensée de Buffon par une image géométrique. L'esprit qui pense est comme un mobile qui parcourt, d'un point à un autre, un trajet donné. Que faut-il pour que son voyage soit le plus direct et le plus rapide? Il faut d'abord que le mobile prenne le chemin le plus court, c'est-à-dire la ligne droite ; ensuite qu'il soit animé de la plus grande vitesse possible, et ne fasse en route qu'un minimum de stations très rares et très courtes. Or la ligne droite pour l'esprit, c'est l'ordre le plus simple dans lequel doivent être rangés les termes par lesquels il passera : la condition de la rapidité de son mouvement, c'est la rapidité avec laquelle il saisira chacun de ces termes. Enfin les stations, les temps d'arrêt sont ces liaisons purement verbales, qui écartent les idées, mettent entre elles une sorte d'espace nuisible rempli par des mots, et ne nous font rencontrer les pensées que de distance en distance, à longs intervalles, au lieu de nous les présenter dans un enchaînement serré et continu.

Donc l'*ordre* des pensées assurera la brièveté du parcours, tandis que la *généralité* de ces mêmes pensées et leur *rapprochement* assurera la rapidité du *mouvement*.

Nous retrouvons encore ici, sous une autre forme, mais au fond bien identique, la loi cartésienne de la moindre action, qui est, à notre avis, la loi dominante de l'esthétique classique. L'homme qui pense et qui écrit sa pensée doit soumettre cette pensée et le style qui en est solidaire, à cette loi d'un minimum d'effort pour un maximum d'effet. Il choisira donc l'ordre logique pour ainsi dire le plus économique ; et de la série des pensées, rangées suivant cet ordre, il éliminera, toujours par économie, les pensées particulières, qui arrêtent l'esprit plus longtemps que les générales, — parce que leur forme originale exige de lui plus d'attention pour être saisie, — et qui pourtant l'instruisent moins que les générales puisqu'elles sont moins étendues. Du reste Buffon lui-même exprime sa pensée par une image graphique qui justifie l'interprétation que nous venons d'en donner: « Lorsqu'on aura pris la plume, il faudra la conduire successivement sur ce premier trait sans lui permettre de s'en écarter, sans l'appuyer trop inégalement, *sans lui donner d'autre mouvement que celui qui sera déterminé par l'espace qu'elle doit parcourir.* »

On ne saurait trouver, pour représenter le style, une figure plus géométrique que celle-là.

Ainsi le mouvement du style ne consiste pas, comme on pourrait le croire, dans l'abondance et la variété. Ces deux qualités conviennent au *mouvement de l'éloquence*, mais non au *mouvement du style*. L'abondance retarderait l'esprit et la variété le distrairait. Or il ne doit être ni distrait, ni retardé. Point de détours pour suivre les détails; point de halte pour se complaire à repasser le chemin parcouru; point de digressions curieuses; point d'incidents dans la marche, point d'imprévu. La sensibilité, l'imagination sans doute peuvent errer capricieusement à travers un sujet et vagabonder hors de la ligne; mais la vraie pensée va droit. Or le style dont Buffon détermine ici l'idéal, est plutôt celui du philosophe, du savant même, ou tout au moins celui du penseur. Et encore faut-il préciser et restreindre le sens de ce terme de penseur.

Il y a en effet parmi les esprits qui se servent surtout de la raison, les esprits *rayonnants* et les esprits *rectilignes*. Les premiers sont ceux qui remuent les idées, posent les problèmes, soulèvent les questions, dénoncent les contradictions, enfin manifestent leur tempérament philosophique par une curiosité universelle et des interrogations profondes et multipliées sur toute chose, sans pourtant se fixer et sans conclure. Ce sont les Montaigne et les Pascal. Chez ceux-ci la raison procède un peu comme l'imagination, c'est-à-dire par inspiration et par caprice. Ils ont des vues comme des expressions à eux. Ce n'est pas pour eux que Buffon a donné sa définition scientifique du style. Les autres, comme Descartes, s'occupent bien moins de remuer beaucoup d'idées que d'en choisir et d'en ordonner un petit nombre. Ils s'arrêtent à quelques points fixes, s'y cantonnent, s'y organisent, et préfèrent démontrer quelques vérités, que de courir après toutes celles que l'intelligence humaine voudrait atteindre. Aussi leur talent est-il d'exposer, d'éclaircir, de prouver. Ce n'est guère qu'à ces derniers que convient le style dont parle Buffon. Mettre en ordre les idées essentielles et communiquer cet ordre par le langage le plus général, c'est-à-dire par celui qui semble le plus commun à toutes les intelligences : voilà leur ambition et leur rôle. Pour réussir, il leur faut employer cette langue abstraite que Buffon appelle le style. De là ce conseil, tout d'abord étrange, mais qui est expliqué par ce que nous venons de dire : « ne nommer les choses que par les termes les *plus généraux.* »

Cette recherche de la plus haute généralité ne s'applique pas seulement aux expressions, mais encore à la construction même du discours ; si bien que toutes les parties de l'art d'écrire, composition, arrangement des idées, choix des termes, et même détermination du ton sont soumises également à cette loi unique : préférer en tout le *plus général.*

Ainsi, pour Buffon, il y a deux ordres. Celui des

pensées est le moins général : c'est un ordre d'enchaînement d'idées et d'expressions. Mais avant et au-dessus de celui-là, il doit y avoir un ordre plus général de construction et de composition : « Il faut s'en être fait un autre *plus général* et plus fixe, où ne doivent entrer que les premières vues et les principales idées. »

L'écrivain procède ici encore par déduction : il commence par tracer les grandes lignes et ne descend que peu à peu au détail, qu'il réduit encore et restreint à l'indispensable. Comme Descartes dans le *Discours de la Méthode*, comme Boileau dans l'*Art poétique*, comme Racine dans son *Théâtre*, Buffon dans son *Discours sur le style* va du général au particulier ; il pose des définitions dont il donne ensuite un commentaire et les preuves.

Il est facile de prévoir que la faculté la plus précieuse pour Buffon ne sera pas l'*inspiration* mais la *méditation*. Chez les déductifs, ce qu'on pourrait appeler les *facultés de feu* n'obtient que le second rang. Les cartésiens et les classiques sont d'accord, nous l'avons vu, pour s'en défier et les déprécier. Buffon, ici, se joint à eux et donne une formule, devenue célèbre, à leur doctrine, quand il dit : « Le génie n'est qu'une longue patience. »

Cette estime de la méditation, de la patience intellectuelle, n'évoque-t-elle pas tout aussitôt le souvenir de Descartes, son *Discours* préparé et mûri par une réflexion de dix-sept ans, et sa vie solitaire et subjective dans le poêle d'Allemagne ? L'analogie est frappante et le rapprochement s'impose. On sait que Buffon composa toute son œuvre dans un cabinet absolument nu, sans livres et sans les spécimens des êtres et des choses qu'il décrivait. Pas même ces insectes dont Malebranche, un métaphysicien pourtant, disait : « Voilà mes livres. » Seulement aux poignets, dit-on, des manchettes de dentelle, légende peut-être, mais symbole vraisemblable de son élégance aristocratique ; et devant les yeux, pendu à la muraille déserte, un portrait de Newton (1).

Cette mise en scène abstraite peint bien l'homme et explique sa conception du style. Nous voici, avec Buffon, au comble du subjectivisme classique. L'idéalisme se comprend en métaphysique et même en psychologie, et l'on peut défendre le procédé de Descartes qui fuyait le monde extérieur pour mieux voir le monde intérieur. Mais quel étrange spectacle que celui d'un naturaliste qui a peur d'être distrait de la description qu'il fait de la nature par l'observation qu'il en pourrait faire, et qui, au lieu d'étudier la nature d'après nature, préfère s'en donner, à huis clos, une représentation intime ! Buffon a été plus idéaliste et que les philosophes, et que les artistes, et même que les géomètres, parce qu'il l'a été, en savant, dans une science qui est essentiellement d'observation — l'histoire naturelle. Étant un naturaliste classique, Buffon a été nécessairement un naturaliste artiste. Et tout le reste de son *Discours sur le style* prouve qu'il a conçu et traité la science comme un art véritable. D'ailleurs son *Histoire des animaux* le prouve aussi. Mais tenons-nous en au *Discours*.

Outre les vues précédentes, qui s'accordent si bien avec celles de Descartes et de Boileau en les exagérant dans leur propre sens, nous trouvons encore dans ce discours une conception bien cartésienne et classique de l'*unité* : « …Ceux qui craignent, dit Buffon, de perdre des pensées isolées, fugitives, et qui écrivent en différents temps des morceaux détachés, ne les réunissent jamais sans transitions forcées ; qu'en un mot il y a tant

---

(1) « J'ai passé cinquante ans à mon bureau. » (Buffon.)

d'ouvrages faits de pièces de rapport et si peu qui soient fondus d'un seul jet. Cependant tout sujet est un, et quelque vaste qu'il soit, il peut être renfermé dans un seul discours (1). »

Cette doctrine est essentiellement artiste, et elle étonnerait chez Buffon qui est un homme de science, et qui plus est, de science expérimentale, si elle ne confirmait pas ce que nous avons avancé plus haut, à savoir que Buffon a traité l'histoire naturelle en artiste idéaliste.

La science en effet est plutôt *collective*, et l'art au contraire est *personnel*. Tandis que l'œuvre d'art gagne à être l'œuvre d'un seul, les conquêtes de la science au contraire se font par la collaboration continue des générations; tandis que la vérité scientifique est *fille du temps* (2), la beauté est fille d'un seul ouvrier. Aussi cette unité, qui semble indispensable à l'art, ne l'est-elle point à la science ; et si un savant, comme Buffon, la réclame pour la science, cela prouve bien qu'il est moins un savant qu'un artiste.

Si l'on distingue dans les choses et dans les idées la *quantité* et la *qualité*, on peut dire que la science tient plus à la *quantité* et l'art à la *qualité*. Voici ce qu'il faut entendre par là. Pour la science, la vérité est une somme de vérités particulières et successives, qui s'acquièrent peu à peu, s'ajoutent les unes aux autres à travers le temps, et constituent une sorte de domaine im-

---

(1) Fénelon avait dit la même chose dans la *Lettre à l'Académie* : « Tout le discours est un : il se réduit à *une seule proposition* mise au plus grand jour par des tons variés. Cette unité de dessin fait qu'on voit, d'un seul coup d'œil, l'ouvrage entier, comme on voit de la place publique d'une ville, toutes les rues et toutes les portes, quand toutes les rues sont droites, égales et en symétrie. »

(2) « Veritas filia temporis. » (BACON.)

personnel de l'esprit humain, qui est fait pour s'étendre et pour s'élargir sans cesse. Ce à quoi vise la science — la science expérimentale surtout et notamment l'histoire naturelle — c'est à collectionner le plus de faits possibles pour en tirer le plus de lois et augmenter la quantité des connaissances acquises à l'esprit. Pour la science la *matière* est plus précieuse que la *forme*. Aussi Stuart Mill, qui a le tempérament d'un naturaliste, est-il l'ennemi de la logique formelle et pose-t-il en principe au commencement de son *Traité* que la vraie logique n'est pas la logique formelle, mais la logique matérielle, et que bien raisonner n'est pas tant avoir l'esprit virtuellement juste et rompu à la gymnastique déductive ou inductive, que l'avoir bien rempli de notions précises, de connaissances exactes, de vérités prouvées. Bien raisonner n'est pas la faculté pour ainsi dire latente d'appliquer bien son esprit à une matière quelconque, quand l'occasion s'en présentera ; c'est plutôt choisir cette matière, la posséder et l'augmenter sans cesse.

L'art au contraire n'estime que la qualité. Qu'une statue soit en pierre, en marbre ou en or, peu lui importe : ce n'est pas par la matière qu'il s'exprime, mais par la forme. De plus, que la statue soit grande ou petite, peu importe encore. C'est là une question de quantité dont il se désintéresse, parce que la quantité n'est pas une condition de la beauté. Il peut y avoir autant d'art dans une miniature que dans une fresque. C'est bien là, ce semble, ce qu'a voulu dire Boileau dans ce vers fameux :

Un sonnet sans défaut vaut seul un long poème.

A le prendre au pied de la lettre, c'est un paradoxe bien téméraire et qui n'aurait de sens qu'en attestant une erreur de goût et un faible impardonnable pour ce genre, de mode alors, mais en somme frivole et rétréci, qu'on appelle le sonnet.

Nous préférons y voir, sous une forme piquante et un peu brusque, cette conception si chère à l'esthétique classique : qu'il peut y avoir autant d'art dans un petit ouvrage que dans un grand ; dans un sonnet, comme dit Boileau, que dans une épopée ; dans « un simple discours » comme dit Buffon, par exemple dans le *Discours sur le style* que dans toute l'*Histoire des animaux.*

Par conséquent la science c'est tout le monde ; et l'art c'est quelqu'un : la science exprime le progrès collectif et anonyme de l'esprit humain ; l'art exprime la personnalité d'un génie particulier, et un seul trait, bien choisi, peut suffire à cette expression. Que la science, et la science expérimentale surtout, mette son ambition à multiplier les expériences et à accumuler les découvertes, c'est son rôle ; mais l'art ne procède pas ainsi ; il n'a pour ainsi dire jamais rien à découvrir ; et tandis que, du côté des savants, les prédécesseurs sont un secours, du côté des artistes, ils sont plutôt une gêne. Il n'y a pas d'époque où l'art n'ait pu prononcer le mélancolique « tout est dit. » Les Grecs en savaient autant sur le cœur humain que nous en savons aujourd'hui ; et d'autre part, ce que nous en savons par eux, nous aurions pu l'apprendre sans eux. Au point de vue de l'art, les systèmes métaphysiques de Platon et d'Aristote sont aussi actuellement beaux que les plus contemporains, tandis qu'en physique, Archimède est dépassé par des écoliers.

Mais s'il est une science qui se rapproche de l'art, et de l'art ainsi entendu, c'est la géométrie. Aussi l'art classique emprunte-t-il son caractère cartésien au tempérament géométrique de Descartes. Pour le géomètre, le cercle parfait n'est ni grand ni petit ; c'est un idéal, qui fait abstraction de la quantité. Le géomètre démontre aussi bien la vérité d'une proposition sur une figure de deux pouces que sur une figure de deux pieds. Enfin les figures géométriques n'ont pas de matière ; elles n'ont qu'une existence formelle. De là cette analogie entre la science cartésienne par excellence et l'art idéaliste du XVIIe siècle : ni l'un ni l'autre n'ont à compter avec la matière, la quantité, l'accumulation des faits et le temps. Au contraire de la science naturelle et de l'art naturaliste, tous deux sont affranchis des conditions extérieures imposées par la nature ; les objets ne les tyrannisent point ; ils tirent tout de la raison ou de la conscience, et encore une fois « font quelque chose de rien. »

Aussi, que l'œuvre soit considérable ou minime, peu importe : combien de grandes gloires littéraires acquises, au XVIIe siècle, par un seul ouvrage, un petit volume comme les *Maximes* ou les *Caractères* !

Il est certain qu'avec le romantisme, l'art s'inspirant plutôt de l'histoire et des sciences expérimentales, et se faisant savant, introduit de plus en plus en lui-même un élément de quantité dont l'art classique ne faisait point cas. Il tient davantage à sa matière ; il lui attribue une valeur intrinsèque : il la veut authentique et il tend à en employer le plus possible. De plus il expose des théories, soutient des thèses, et fait la plupart du temps une propagande voulue dans un sens intéressé. C'est le XVIIIe siècle qui a commencé cette transformation de l'art et lui a donné cette destination pratique à laquelle les grands classiques n'avaient point songé.

Buffon est encore un artiste du XVIIe siècle au milieu du XVIIIe. Quoique naturaliste, il a le tempérament d'un géomètre. Il écrit l'*Histoire des animaux* a priori. C'est un constructeur de grandes hypothèses, un métaphysicien en géologie, plutôt qu'un observateur et un collectionneur de faits. Ce n'est pas à la quantité des vérités qu'il tient, mais à leur forme, à leur beauté. Il a vu du reste la nature bien plutôt en esthéticien qu'en savant. Pour lui, il y a des animaux vils, et des animaux nobles. Un esprit curieux de la seule vérité trouverait l'araignée et le crapaud aussi intéressants, aussi dignes d'être étudiés et décrits que le lion ou l'oiseau de paradis : la différence du beau et du laid n'existe pas dans la pure science, mais seulement celle du vrai et du faux. Buffon ne se tient pas à ce point de vue exclusivement scientifique. Quelle complaisance, quelle fécondité à peindre les belles espèces ! Et au contraire quelle hâte et quelle répugnance à caractériser les autres !

Arrivons enfin au point culminant du *Discours sur le style*, c'est-à-dire à cette formule fameuse qui en est toute l'expression abrégée et qui apparaît dans sa concision magistrale comme le *Cogito* de la littérature. « Les ouvrages bien écrits seront les seuls qui passeront à la postérité : la *quantité des connaissances*, la singularité des faits, la nouveauté des découvertes, ne sont pas des sûrs garants de l'immortalité : si les ouvrages qui les contiennent ne roulent que sur de petits objets, s'ils sont écrits sans goût, sans noblesse, et sans génie, ils périront, parce que les connaissances, les faits, les découvertes s'enlèvent aisément, se transportent, et gagnent même à être mis en œuvre par des mains plus habiles. Ces choses sont hors de l'homme, *le style est l'homme même.* »

Nous avons fait d'avance et plus d'une fois indirectement le commentaire de cette maxime dans le courant de notre étude. Buffon ne fait en effet qu'étendre au style, c'est-à-dire à l'expression de la pensée, l'explication que Descartes avait donnée de la pensée elle-même. Descartes dit : La matière de la pensée, c'est-à-dire la raison est commune à tous les hommes. L'esprit humain n'invente pas la vérité ; il l'organise, et l'originalité du philosophe ne consiste que dans l'ordre de ses pensées. Buffon dit à son tour : L'écrivain n'invente pas les mots ni les formes du langage ; force lui est de se servir du vocabulaire commun. Mais ce qui lui appartient en propre c'est le choix de ses expressions, leur ordre et le mouvement de son discours. Les pensées sont à tout le monde ; mais le tour que l'auteur donne à ces pensées communes est à lui seul ; les mots aussi sont à tous, mais l'emploi que l'écrivain fait des plus généraux et l'attention de ne se servir que de ceux-là, voilà qui est sa propriété et qui le distingue pour toujours dans la foule de ceux qui écrivent.

Avec Descartes et Boileau l'idéal classique consistait à exprimer les pensées les plus générales par des formes particulières ; avec Buffon il devient : exprimer les pensées les plus générales encore, mais par les formes les plus générales. Par une conséquence dès longtemps menaçante, Buffon a pensé que puisque la généralité était une qualité pour les idées, elle en devait être une aussi pour les mots ; et voilà comment, par une logique fatale, il en a été amené à cette théorie, pour le moins étrange, que la personnalité de l'écrivain doit s'exprimer et par une matière et par une forme également impersonnelles.

La doctrine classique renferme en effet, en elle-même, deux contradictoires qui, longtemps cachées et conciliées par l'art merveilleux des grands écrivains du XVIIe siècle, éclatent dans le *Discours sur le style* et le rendent parfois si inintelligible et si incohérent, malgré le dogmatisme soutenu du ton et la consistance apparente de la composition.

D'une part, l'idéal de l'art classique est de rendre l'universel et de créer des types qui défient le temps et l'espace. De l'autre, la perfection pour l'écrivain c'est d'exprimer sa personnalité par la marque la plus originale. Voilà donc deux éléments contraires, l'un général, l'autre particulier, qui devront se combiner pour former, par leur harmonie, la beauté parfaite.

Mais faire coexister ainsi le particulier et le général dans une même œuvre, n'est-ce pas, au point de vue logique, pécher contre cette loi de l'unité qui domine l'art classique ? Et de ces deux éléments l'un ne doit-il pas condamner, absorber ou s'assimiler l'autre ? Pourquoi la généralité du fond n'appellerait-elle pas la généralité de la forme ? Et pourquoi cette forme n'atteindrait-elle pas à son tour un « point de perfection » qui deviendrait pour elle un type unique et universel ? Pourquoi enfin n'y aurait-il pas un seul style comme il y a une seule logique, et une seule langue comme il y a une seule raison ? — Voilà l'extrémité où l'art classique parvient et s'arrête avec Buffon. Il ne peut pas aller au delà dans cette évolution constante et progressive vers la généralité totale : son terme et nous y sommes, c'est : exprimer les pensées les plus générales par les termes les plus généraux.

Et cet envahissement de tout l'art d'écrire par la généralité est tellement sans réserve, que le *ton* lui-même n'y échappe pas, le ton qui est pourtant le dernier refuge de la personnalité et qui semble être à l'écrivain ce qu'est, au chanteur, le timbre de la voix, c'est-à-dire un indéfinissable je ne sais quoi qui suffirait à mettre une différence entre les talents, quand tout le reste les rendrait semblables : « Le ton n'est que la convenance du style à la nature du sujet : il ne doit jamais être forcé ; *il naîtra naturellement du fond même de la chose et dépendra beaucoup du point de généralité auquel on aura porté ses pensées.* Si l'on s'est élevé aux idées les *plus générales* et si l'objet en lui-même est grand, le ton paraîtra s'élever à la même hauteur (1).... »

Que devient alors le sens de la fameuse définition « le style c'est l'homme ? » Car qu'est-ce que l'homme sinon une personne, et comment l'homme se distingue-t-il de l'homme, sinon par une expression et une marque propres ? Mais cette expression et cette marque, comment le style les retiendra-t-il, s'il n'est qu'un assemblage des termes les plus généraux, et si sa perfection consiste à en éliminer précisément tous les éléments de singularité ?

Il ne faut donc pas prendre la pensée de Buffon dans le sens qui séduit tout d'abord, c'est-à-dire celui qui placerait la valeur du style dans l'originalité individuelle. Cette interprétation serait contradictoire avec le reste du *Discours*. Buffon n'a pas pu prétendre que ce qui exprime le mieux la personnalité, c'est la généralité, et que le tempérament de l'homme, qui est chose si com-

---

(1) Citons encore un passage où Buffon exalte, à un autre point de vue et avec plus de pompe, la valeur du *général* : « Un individu, de *quelqu'espèce qu'il soit*, n'est rien dans l'univers : cent individus ne sont encore rien ; les espèces sont les seuls êtres de la nature ; êtres perpétuels, aussi anciens, aussi permanents qu'elle, que pour mieux juger, nous ne considérons plus comme une collection ou une suite d'individus semblables, mais comme un tout indépendant du nombre, indépendant du temps ; un tout toujours vivant, toujours le même ; un tout qui a été compté pour un dans les ouvrages de la création, et qui, par conséquent, ne fait qu'une unité dans la nature. »

plexe et si concrète, se manifeste chez l'écrivain par la forme la plus universelle et le plus haut degré d'abstraction.

C'est que Buffon n'entend point par l'*homme* ce que nous entendons d'ordinaire, c'est-à-dire une personne qui a son tempérament, son caractère, ses signes distinctifs. Pour lui l'homme est déjà une sorte d'être généralisé et simplifié. Le vrai homme, celui qui, d'après Buffon, est seul capable de se servir du style, n'est pour ainsi dire qu'un esprit, une raison. C'est l'homme métaphysique de Descartes, l'homme dépouillé des facultés accidentelles — qui sont seules diverses et pittoresques — et réduit à la pure pensée.

Pour que la maxime de Buffon ne soit pas contradictoire avec sa théorie littéraire, il faut en équilibrer les deux termes et dire : « Le *style* — mais le style *général* — c'est l'*homme* — mais l'*homme essentiel et abstrait*. » Le style sera l'homme, à la condition que ce soit le style suivant Buffon qui soit l'homme de Buffon.

CONCLUSION.

Arrivés à la conclusion de ce travail, il nous semble presque n'avoir plus à conclure, pour avoir déjà, et peut-être trop souvent conclu.

Nous nous proposions de montrer l'influence de la philosophie cartésienne sur l'art classique ou tout au moins, si l'on conteste l'influence, de marquer les traits communs à l'un et à l'autre. Nous avons voulu retrouver dans la métaphysique de Descartes les principes de l'esthétique classique, et dans sa méthode les procédés et la discipline des grands écrivains du XVIIe siècle.

Or, il nous a paru les y rencontrer si vite, si abondamment et si clairement que nous n'avons pas résisté à faire la constatation de cette rencontre dès les premiers chapitres et à la renouveler dans les autres. Il conviendrait donc que la conclusion finale de cette étude ne fût que l'impression laissée par la somme de ces conclusions partielles et successives. Ainsi, la meilleure conclusion du livre serait à vrai dire le livre lui-même.

L'art classique étant rationnel et sa méthode étant déductive, il est conséquent que l'étude que nous en avons tentée ait pris plus volontiers le caractère de la déduction et ait été retenue, par la nature même de son objet, à graviter pour ainsi dire autour du principe d'identité. Aller de Descartes à Boileau, à Racine et jusqu'à Buffon en passant par La Bruyère, Voltaire et le P. André, c'était, pour nous, aller du même au même.

La doctrine littéraire du XVIIe siècle est, comme la doctrine philosophique de Descartes, si dominée par l'unité et si tournée à la simplicité extrême ; elle constitue un système d'esthétique si puissamment lié et si économiquement construit ; elle a une autorité si exclusive et une sorte d'ubiquité si absolue, qu'un écrivain ne peut pas en accepter quelques lois sans se soumettre par là même à toutes les autres, et que tous les genres, et, dans chaque genre, toutes les œuvres, petites ou grandes, en offrent nécessairement une représentation fixe, exacte et complète. Son essence est cause qu'on la retrouverait aussi bien dans « un simple discours » que dans une épopée, comme on retrouve dans chaque âme quelque chose des éléments de la raison et une réduction fidèle de l'infini. Dès là qu'une composition est reconnue parfaite par le goût, qui est la raison littéraire, il s'ensuit qu'elle ne peut être que l'expression et l'application parfaite de la théorie qui conduit à la perfection. Comme il n'y a *qu'une* perfection, il n'y en a non plus *qu'une* théorie.

De plus, dans cette belle phase de l'art français, à cause de l'extrême valeur accordée à l'idéal et à la raison qui le saisit, les principes sont plus forts que les personnalités, et les ressemblances entre les écrivains sont plus nombreuses et plus frappantes que les différences : tant l'unique type de beauté, claire, abstraite et immobile qui attire les génies, communique à leur activité un mouvement égal, et à leurs œuvres le même ensemble commun et invariable de caractères et de qualités : tant aussi les règles qui gouvernent les talents avec la rigueur rationnelle de leur uniformité, leur imposent la similitude par l'obéissance. Si cette identité ne se manifestait, par une sorte de participation nécessaire, dans le plan et dans le ton de l'étude dont elle est le sujet, ne faudrait-il pas encore qu'elle y fût exprimée par un dessin volontaire et par une intention esthétique ? Mais l'écueil c'est de ne donner au lecteur la sensation de l'identité et de l'unité, que par la répétition et la monotonie.

Ayant à rapprocher une philosophie d'une littérature et à démêler les liens qui rattachent la seconde à la première, nous ne pouvions pas trouver d'ordre plus simple que celui-ci : caractériser d'abord la philosophie, en second lieu la littérature, puis dans une troisième partie faire la comparaison des deux et montrer leur ressemblance.

Mais on a trop écrit, d'une part sur la philosophie cartésienne et de l'autre, sur la littérature classique, pour qu'il ne nous ait pas semblé superflu d'en refaire une fois de plus l'analyse. Sans doute tout ce qu'on en a dit n'a pas épuisé tout ce qu'on en peut dire ; chaque jour, des études nouvelles en s'ajoutant aux anciennes viennent les compléter et les dépasser sans diminuer leur première valeur. Mais il nous suffisait des caractères généraux du cartésianisme et de l'art classique, c'est-à-dire de ces grands traits sur lesquels les critiques sont depuis longtemps d'accord. Nous n'avions à prendre la philosophie de Descartes que sous la forme frappante, et pour ainsi dire pittoresque, par laquelle elle s'est manifestée aux artistes et aux hommes de goût. Ce n'est pas en effet par ses difficultés et ses obscurités, par ses profondeurs métaphysiques qu'un système agit sur les esprits qui ne sont pas exclusivement philosophiques. C'est au contraire par son sens général, par ses solutions les plus claires, et sa manière originale de résoudre les principaux problèmes.

Aussi nous en sommes-nous tenus, et à dessein, à l'interprétation la plus ordinaire du cartésianisme, et renfermés le plus souvent, à dessein aussi, dans la partie du système la plus accessible, c'est-à-dire dans le *Discours de la méthode*.

D'autre part, la littérature du XVIIe siècle n'a pas été moins étudiée que la philosophie de Descartes. De ce côté encore nous trouvions, comme dit Voltaire, « les sentiers battus et la carrière remplie. » Aussi n'avons-nous pas placé l'intérêt particulier de ce travail dans l'analyse séparée du cartésianisme et de la littérature classique, mais seulement dans leur rapprochement. Nous avons cherché l'expression d'une âme cartésienne dans les traits essentiels de ces formes littéraires, parfaitement belles en leur genre, que le génie français a enfantées au XVIIe siècle.

Voici, en résumé, les principaux résultats de cette recherche :

Comme Descartes, les littérateurs empruntent leur matière et créent leur forme. Ce n'est toutefois ni par indifférence à l'égard du fond, ni par dédain de l'originalité. Tout au contraire. Les classiques autant que Descartes tiennent à la vérité, à la valeur des idées, c'est-à-dire qu'ils choisissent avec scrupule leur matière et la veulent digne d'eux. Ils tiennent aussi à la nouveauté de la forme, et leur ambition la plus vive est de penser et d'écrire d'une manière originale. Mais la conception qu'ils ont des rapports de la matière avec la forme de la pensée leur inspire une conception particulière de l'originalité.

Suivant eux la vérité est à tout le monde, la raison est universelle; il n'y a rien à inventer dans l'ordre des notions et des idées : c'est un domaine public, ouvert à tous et qui l'est depuis que l'esprit humain réfléchit. La nouveauté ne peut donc pas être dans l'exploration d'un coin inconnu de ce domaine, puisqu'il est limité et puisque les hommes d'autrefois, en remontant aussi haut qu'on voudra, en ont parcouru toute l'étendue et n'y ont rien laissé à découvrir.

L'originalité n'est possible que par l'arrangement des idées et la combinaison des formes. Il s'agit pour l'artiste et pour le penseur de faire siennes les choses que d'autres ont vues, pensées et décrites avant eux.

Descartes fait siennes, par la méthode qui est à lui, les doctrines des anciens, des scholastiques et l'élément philosophique des dogmes chrétiens. Racine fait siennes par un arrangement qui est à lui les tragédies d'Euripide.

Ce qu'il y a de vrai, d'éternel, dans la philosophie des anciens ou des scholastiques et dans les tragédies d'Euripide n'est pas plus aux anciens, aux scholastiques et à Euripide qu'à Descartes et à Racine. Cela est à la raison humaine, dont Descartes et Racine ne font que prendre leur part légitime et inaliénable.

De là cette théorie commune aux cartésiens et aux classiques, qu'à cause de l'universalité de la raison et de l'unité de la perfection, l'esprit humain est forcé par sa propre nature de s'imiter sans cesse et de s'emprunter à lui-même.

Aussi l'art classique accepte-t-il de la philosophie cartésienne les trois données distinctes qui composent une esthétique : son *idéal*, son *critérium*, et ses *règles de composition*.

Nous les avons étudiés successivement.

L'idéal classique, c'est d'exprimer l'essence universelle

de la personne humaine, en éliminant tout le contingent et le plus possible du sensible.

Le critérium, c'est la clarté. Il y a une évidence de la beauté comme il y en a une de la vérité. Certaines obscurités, pathétiques et troublantes, doivent être exclues de l'art comme elles le sont de la philosophie, afin que le caractère de l'une et de l'autre soit la sérénité rationnelle.

Enfin les règles sont multiples, mais on peut les rattacher à une règle centrale et dominante qui est la tendance à la simplicité et à l'unité. — Réduire la matière de l'œuvre d'art à un minimum ; n'employer qu'un minimum de temps, d'action, de personnages, en un mot un minimum d'éléments extérieurs à l'artiste pour laisser le plus de champ possible à sa liberté et à son invention ; s'affranchir des lois des choses pour ne relever que des lois subjectives de l'esprit, et substituer en tout l'ordre de la pensée à l'ordre de la réalité, de la nature et de l'histoire : tel est l'esprit des règles formulées par Boileau et dont nous avons montré la conformité aux lois de la méthode cartésienne.

Mais cette originalité poursuivie par l'art classique l'a-t-il véritablement atteinte ? — Il l'a cru. Mais en le croyant ne s'est-il pas fait illusion ? Et alors ne pourrait-on pas faire rentrer l'art classique dans d'autres formes soit antérieures soit postérieures ?

A notre avis l'art classique est original dans la mesure où il a cru et voulu l'être. Nous avons essayé de le prouver en montrant en quoi il diffère de l'art antique et en quoi du romantisme. Celui-ci, d'après son propre aveu, est un dualisme de l'élément réaliste et de l'élément mystique, rapprochés violemment et opposés à dessein, comme deux contraires irréconciliables, dans un système d'antithèses accumulées. Or l'art classique étant idéaliste exclut le réalisme et étant rationaliste exclut le mysticisme.

La différence est ici tellement tranchée qu'elle n'a pas besoin de preuves. D'ailleurs l'art classique n'a point eu de relations, au XVIIe siècle, avec le romantisme anglais et allemand qu'il a ignoré. Quant au romantisme français, comme il n'est venu que le second, il n'enlèverait encore rien à la priorité originale du genre classique, même s'il lui ressemblait.

Entre l'art antique et l'art du XVIIe siècle, la différence est plus délicate à affirmer et à saisir : les classiques français en se réclamant, comme ils l'ont fait, de l'antiquité, ont eux-mêmes contribué à dissimuler cette différence et à faire naître l'apparence qu'elle n'existe pas. Pourtant elle est réelle et à certains égards considérable. Nous avons essayé de la déterminer en détail.

Le plus frappant c'est que la métaphysique qui inspire l'art antique est le panthéisme, tandis que l'art classique est inspiré par le spiritualisme le plus pur, et rejette, avec une sorte de précaution jalouse, tous les éléments panthéistiques. Il est analytique et abstrait ; il sépare, presque avec excès, l'âme du corps et Dieu du monde ; il a l'estime et la curiosité exclusive de l'homme et de la personne humaine, avec l'oubli ou le dédain de la nature. Aussi l'art classique est-il presque exclusivement humain et ne dépasse-t-il pas le champ clos de l'âme, tandis que l'art antique, plus large et plus libre, n'exprime jamais l'homme isolément, mais encadré et expliqué par l'univers. De là le subjectivisme de l'art classique et l'objectivisme de l'art antique, s'il est permis d'employer en parlant du beau des termes qui n'ont rien de commun avec lui.

Enfin l'art antique renferme des éléments que, faute d'un terme, plus juste, nous avons appelés romantiques. Il admet, jusqu'à un certain point, le mélange des genres et le rapprochement des contraires. Il fait au corps humain, à la beauté physique une grande place dans son esthétique, et remue la sensibilité par des spectacles et par des effets matériels tout autant qu'il parle à la raison par les idées. L'art classique, au contraire, cherche l'unité par l'abstraction ; il simplifie la personne humaine en la réduisant à n'être qu'un esprit, et de cet esprit il retranche encore le contingent et le divers pour ne garder que l'universel. Il identifie la personnalité esthétique et la personne métaphysique.

Ainsi l'art classique est original en face de l'art antique. Mais comment et par quoi? Est-ce par l'invention de genres nouveaux ? Nullement : il a repris tous les genres des anciens. Est-ce par l'invention des sujets? Pas davantage : il a emprunté également aux anciens leurs fables, leurs personnages, et jusqu'à leurs ornements mythologiques.

Il reste donc que l'originalité des classiques réside dans l'exécution, dans la mise en œuvre, dans l'obéissance à certaines lois de composition établies par eux, en un mot dans *la méthode*.

Enfin, d'où leur vient cette méthode? De la philosophie classique contemporaine — de Descartes.

Mais on pourrait réclamer une part d'influence pour le christianisme, et dire que l'art du XVIIe siècle est bien l'art antique transformé, non seulement par l'esprit cartésien, mais encore par l'esprit chrétien. L'influence du christianisme sur les *idées* est incontestable au point qu'il nous a semblé superflu de la signaler. De plus, elle est de même nature que l'influence cartésienne, et grâce au respect que Descartes a toujours professé pour les vérités de la foi, sa métaphysique est une fidèle expression humaine et rationnelle des dogmes religieux.

Mais, au point de vue de l'art, l'influence chrétienne sur la *forme* serait beaucoup plus importante et plus curieuse. Or, il ne nous semble pas qu'elle se manifeste assez pour qu'on en tienne compte. D'une part c'est l'antiquité qui fournit aux classiques leur idéal. De l'autre, la forme romantique, comme les adeptes de l'école l'ont eux-mêmes prétendu, est beaucoup plus chrétienne que la forme classique. De telle sorte que, ou bien l'influence chrétienne rentre dans l'influence cartésienne ; ou bien elle se manifeste beaucoup moins dans l'art classique que dans l'art nouveau qui a justement combattu et détrôné, pour un temps, l'art classique au nom de l'esprit chrétien.

Enfin, après avoir étudié la littérature du XVIIᵉ siècle à son apogée et dans la phase magnifique où elle a réalisé son idéal, nous avons cherché en elle-même les causes de sa décadence ; nous les avons trouvées dans ses propres principes et dans ses théories les plus chères : *théorie de la perfection unique — théorie de la beauté par l'universel — théorie de l'identité des lois esthétiques, comme des lois logiques, à travers le temps et l'espace —* enfin *théorie de l'imitation, volontaire d'abord, puis nécessaire, puis fatale.*

Cette décadence ne nous a pas paru autre chose que la conséquence d'un excès de cartésianisme dans l'art, c'est-à-dire le subjectivisme, le rationalisme, l'idéalisme et la méthode analytique de Descartes poussés à outrance. La littérature classique qui n'est alimentée ni renouvelée ni par la psychologie expérimentale, ni par l'histoire, ni par l'étude de la nature, se consume elle-même, se vide et périt pour ainsi dire d'inanition.

Mais si l'essence de l'art est d'être créateur, il n'en reste pas moins acquis que jamais art humain n'eut un idéal plus élevé, une ambition plus généreuse, une discipline plus digne et une méthode plus fière que l'art classique français au XVIIe siècle. Il a voulu tout tirer de lui-même comme Descartes et comme le dieu cartésien; il a réduit volontairement sa matière à un minimum, par mépris pour la matière et par le souci de s'affranchir de toutes ces ressources extérieures qu'il appelait des entraves. Semblable à l'artiste audacieux qui, dit-on, brisait exprès trois cordes de son violon et achevait sur la dernière seule, avec une confiance éclatante, le morceau commencé sur l'instrument complet, la littérature classique elle aussi a rompu, à dessein, la plupart des cordes humaines pour exécuter des prodiges sur le peu qu'elle en conservait. Emportée par une sorte de bravoure idéaliste, elle s'est créé des difficultés et des périls pour se donner le mérite de les affronter et l'orgueil de les vaincre. Elle a rêvé et poursuivi la gloire singulière « de faire quelque chose de rien. » Quelques rares génies ont réussi dans ce projet presque divin ; et encore est-ce en qualifiant de « rien », par une illusion, ce qui était pourtant et grandement « quelque chose », je veux dire les richesses antiques. Mais cette espèce de miracle ne put pas se prolonger. Il est arrivé que cet art, qui en raison de sa constitution, devait vivre par l'imitation, fut justement celui de tous celui qui la souffrit le moins. Il devait aussi plus qu'aucun autre développer et sauvegarder la personnalité et la liberté : il perdit la première dans la généralité et la monotonie universelle ; il écrasa la seconde sous le poids des règles, si bien qu'étant devenu à la fin le contraire de lui-même, quand les novateurs et les révolutionnaires, légitimement suscités par cette décadence, se sont levés, ils n'ont porté la main que sur une contrefaçon languissante, sur un fantôme défiguré.

Le vrai art classique, au-dessus de leurs atteintes, s'était assuré, auprès des « connaisseurs », l'immortalité.